reinhardt

Corinna Scherwath • Sibylle Friedrich

Soziale und pädagogische Arbeit bei Traumatisierung

Mit 5 Abbildungen und 7 Tabellen

Ernst Reinhardt Verlag München Basel

Corinna Scherwath, Dipl.-Sozialpädagogin, Kinder-/Jugendtherapeutin, Fachberaterin für Psychotraumatologie und Traumapädagogik (zptn), leitet das Pädagogisch-Therapeutische Fachzentrum in Hamburg.

Dr. Sibylle Friedrich, Dipl.-Psychologin, ist wissenschaftliche Mitarbeiterin am Fachbereich Psychologie der Universität Hamburg.

Bibliografische Information der Deutschen Nationalbibliothek

Die Deutsche Nationalbibliothek verzeichnet diese Publikation in der
Deutschen Nationalbibliografie; detaillierte bibliografische Daten
sind im Internet über <http://dnb.d-nb.de> abrufbar.
ISBN 978-3-497-02321-9 (Print)
ISBN 978-3-497-60079-3 (E-Book)

Printed in Germany
Cover unter Verwendung einer Fotografie von © fotofrank – Fotolia.com
Satz: FELSBERG Satz & Layout, Göttingen

Ernst Reinhardt Verlag, Kemnatenstr. 46, D-80639 München
Net: www.reinhardt-verlag.de E-Mail: info@reinhardt-verlag.de

Inhalt

Hinweise zur Verwendung der Icons

Informationsquellen print und online

Beispiel

Übung

Einleitung

Noch ein Buch zum Thema Trauma! Fast inflationär erscheinen seit Mitte 2000 Veröffentlichungen und Berichterstattungen, die sich dem Verständnis von Trauma und seinen Folgen widmen. Ist Trauma also ein Modethema? Eine moderne Diagnose? Ein neues Label für längst bekannte Phänomene?

Aus unserer Perspektive hat die erhöhte Aufmerksamkeit, die dieses Thema erlangt hat, vielfältige Ursachen, die wir an dieser Stelle nur ausschnittsweise beleuchten werden. Eine davon ist sicher, dass aktuelle wissenschaftliche Erkenntnisse aus den Bereichen der Neurobiologie, der Bindungsforschung und der Psychotraumatologie einen neuen Blick auf *alte Phänomene* ermöglicht haben. Parallel dazu kam es im klinischen Bereich Anfang der 1990er Jahre – ausgelöst durch die Nervenärztin und Psychoanalytikerin Luise Reddemann – zu einer Aufbruchsbewegung einiger PsychiaterInnen und PsychotherapeutInnen, die zunehmend bereit waren, real erlebten Traumata eine zentrale Bedeutung bei der Entstehung schwerer Störungsbilder einzuräumen. Diesbezüglich kam es auch zu einer kritischen Auseinandersetzung mit etablierten Therapiekonzepten. Diese verdeutlichte, dass viele herkömmliche psychotherapeutische Behandlungsmethoden bei traumatisierten Menschen eher kontraindiziert denn hilfreich waren. Hieraus entwickelte sich ein Paradigmenwechsel in der Arbeit mit Menschen, die unter komplexen psychischen und psychosomatischen Symptomen litten, der seinerseits für vielfältige Veränderungen in einigen Bereichen medizinisch-therapeutischen Denkens und Handelns sorgte: Auf den Handlungsebenen rückten stabilisierende und ressourcenorientierte psychotherapeutische Ansätze in den Vordergrund. Sie stellten bisherige Vorgehensweisen, die zum Beispiel das konfrontative *Durcharbeiten* eines Traumas zur Bedingung für Heilungsprozesse machten, fortan in einen kritischen Diskurs.

Zum anderen kam es zu einem neuen Symptomverständnis: Psychische Störungsbilder wie Ängste, Depressionen oder Anpassungs- und Bindungsstörungen wurden neu ausgewertet und nicht länger ausschließlich als Ausdruck und Folge neurotischer Fehlentwicklung interpretiert, sondern real traumatischen Hintergrunderfahrungen zugeordnet. Dies löste einen wichtigen Haltungswechsel gegenüber Mensch und Symptomatik aus. „Traumatisiert worden zu sein ist keine Störung oder Krankheit", schreibt Michaela Huber in ihrem Standardwerk ‚Trauma und die Folgen' (2009a, 111).

Neurobiologische Erkenntnisse über neuronale Prozesse und Veränderungen in den Hirnstrukturen während und nach einem Trauma verdeutlichten, dass Symptome nicht pathologisch zu interpretieren sind, sondern im Sinne dessen, wie der Mensch konstruiert ist, eine ganz normale Reaktion – auf ein unnormales Ereignis – abbilden.

In diesem Sinne wäre die Begrifflichkeit *traumatisiert* zwar tatsächlich ein neues Label. Dies impliziert aber in der Interpretation eines modernen Traumaverständnisses eine Pathologisierung des Ereignisses und nicht des Menschen. Dennoch ist es sicher notwendig, den Prozess aufmerksam zu verfolgen und in achtsamer Haltung zu bleiben, damit die Zuschreibung *traumatisiert* nicht zur Stigmatisierung und Etikettierung von Menschen beiträgt. Gerade die sozialpädagogische Arbeit mit ihrer historisch-kritischen Haltung gegenüber Schubladendenken und Diagnostik als Herrschaftsinstrument ist sicher aufgefordert, sich kritisch mit der Begrifflichkeit auseinanderzusetzen und sich gegen jede Form der Vereinfachung und Typisierung aufzulehnen. Bei aller modernen Erkenntnis: *Den* traumatisierten Menschen gibt es nicht. Es bleibt die grundlegende Aufgabe, in respektvoller Haltung der Einmaligkeit jeder Biografie gegenüber zu bleiben und zu überprüfen, ob und welche der definierten traumaorientierten Handlungsansätze für einen Menschen hilfreich sind.

Es stellt sich dennoch noch einmal die Frage, warum überhaupt speziell ein Buch über Trauma für den sozialpädagogischen Bereich gebraucht wird. Effektiv wurde das Trauma-Thema lange in pädagogischen Arbeitsfeldern ausgeklammert und zum „Hoheitsgebiet psychologisch-therapeutischer Wirkungsfelder" (Scherwath 2011, 47) erklärt. Die Zahlen dazu, wie viele Menschen im Laufe ihres Lebens im Sinne eines erweiterten Traumaverständnisses (→Kap. 2) von Traumatisierungen betroffen sind, schwanken zwischen 30% und 60%. Nur ca. ein Drittel dieser Betroffenen entwickelt langfristige und komplexe Folgestörungen (Huber 2009a). Neben der hohen Verletzlichkeit, die der Mensch gegenüber traumatischen Ereignissen mitbringt, ist er offensichtlich zugleich mit guten Selbstheilungs- und Selbstaktualisierungspotenzialen ausgestattet. Die Frage jedoch, ob diese sich gegen die Wucht der Belastung aufrichten können, steht in Abhängigkeit zu den jeweiligen persönlichen und sozialen Schutzfaktoren und resilienten Kräften, die ihm zur Verfügung stehen.

Ob ein Trauma überwunden werden kann, ist abhängig von vielfältigen Risiko- und Schutzfaktoren und ihren Wechselwirkungen. Gerade Adressaten sozialpädagogischer Hilfen weisen häufig lebensgeschichtlich ein hohes Maß an Risikofaktoren bei vergleichsweise geringen schützenden Einflüssen auf. Somit kann die Anzahl traumatisierter Menschen in sozialpädagogischen und therapeutischen Kontexten deutlich höher eingeschätzt werden als im Bevölkerungsdurchschnitt. Vielfältige Auffälligkeiten, Symptome und Hilfeanlässe im Arbeitsfeld können entsprechend als traumabasiert interpretiert werden.

Traumatisierung macht also nicht Halt vor der Tür pädagogischer Arbeitsfelder. Ihre Folgen sind allgegenwärtig und gehören zum *biografischen Gepäck* der jeweiligen Menschen. Trauma als Thema aus sozialpädagogischer Zuständigkeit auszuklammern, erscheint entsprechend paradox. Traumatisierungen sind Teil von Lebensgeschichten, ihre Folgesymptomatiken an sich nicht krank. Sie bedeuten zunächst vor allem für die betroffene Person eine massive Einschränkung ihrer emotionalen Lebensqualität und bringen gleichermaßen eine Menge Folgeschwierigkeiten für das soziale Miteinander mit sich. Die sozialpädagogische Praxis kann hier also ihre Kernkompetenz wahrnehmen und dafür sorgen, dass auch aus und unter schwierigen Bedingungen stabile Entwicklungen möglich werden. Es geht dabei nicht um eine Therapeutisierung von Sozialpädagogik, ebenso wenig wie um Heilung in heilkundlichem Sinne. Sozialpädagogik hat ihr Wirkungsfeld häufig dort, wo es zunächst um Begleitung von Entwicklungen und Verbesserung von Lebensumständen geht. Beides kann heilsame Prozesse auslösen. Schützende, stabilisierende, nährende und stärkende Ansätze, wie sie allen sozialpädagogischen Interventionsformen zugrunde liegen, können dabei zur Linderung von biografischem Schmerz und zu persönlichem Wachstum beitragen. Nährböden zu schaffen, von denen gute Entwicklungen ausgehen können, ist seit jeher eine wichtige Aufgabe der Pädagogik. Menschen in ihrer Selbstbemächtigung und Selbstkompetenz zu stärken, ist Auftrag einer lebensweltorientierten Sozialen Arbeit.

„Umgang mit Traumatisierung an der Schnittstelle zwischen Psychologie, Pädagogik und Sozialer Arbeit“ hieß die 3. Sommeruni in Hamburg im Sommer 2010. Eines der zentralen Anliegen dieser Veranstaltung und des daraus erwachsenen Sammelbandes (Friedrich 2011) war es aufzuzeigen, wie wichtig es ist, dass jede Profession ihre jeweils spezifischen Kompetenzen zur Linderung traumainduzierter Not und zur Verbesserung von Bedingungen beiträgt. Für die Betroffenen kann dieser Prozess nur dann hilfreich gestaltet werden, wenn sich die verschiedenen Fachdisziplinen nicht gegeneinander abgrenzen, sondern ihre Erkenntnisse, Ansätze und Ressourcen füreinander nutzbar machen. So kann sozialpädagogische Arbeit durch *sichere Orte* und ressourcenvolle Stabilisierungsarbeit dazu beitragen, dass Grundlagen für weiterführende psychotherapeutische Behandlungsprozesse geschafft werden.

Auch kann sie gerade dort wirksam werden, wo aufgrund der bestehenden gegenwärtigen Mangellage nicht ausreichend ambulante und stationäre Plätze für traumaspezifische Therapien zur Verfügung stehen. Zudem befinden sich in den sozialpädagogischen Hilfen, aber auch in den Betreuungseinrichtungen viele Menschen mit frühen und komplexen Traumatisierungen, die auch aktuell noch unter irreversiblen belastenden psychischen, körperlichen oder sozialen Bedingungen zu leiden haben. Hier ist meist eine psychotherapeutische Behandlung im Sinne konfrontierender Interventionen nicht sinnvoll, da keine ausreichende äußere Sicherheit hergestellt ist und die Belastung somit zu hoch sein könnte. Erschwerend kommt hinzu, dass Kliniken und TherapeutInnen auf die Multidimensionalität der Problematik (zum Beispiel körperliche und geistige Formen der Behinderung) meist nicht ausreichend eingestellt sind. Eben hier kann und muss die sozialpädagogische Praxis ihre Verantwortung wahrnehmen. Sie braucht dazu aber ihrerseits die beratende oder medizinische Unterstützung von psychiatrisch versierten und psychotherapeutisch geschulten FachkollegInnen. Es geht also darum, Brücken zwischen den Professionen aufzubauen (Friedrich 2011), ohne sie in ihrer jeweiligen Souveränität zu beschränken.

Traumapädagogik ist ohne diesen fließenden interdisziplinären Übergang letztlich nicht denkbar. Die Grundlagen aktueller traumapädagogischer Ansätze beziehen einen Großteil ihres Wissens aus psychologisch-psychiatrischen Handlungsfeldern. Aktuelle Aufgabe der Traumapädagogik ist es dabei, den Teil zu adaptieren, der hilfreiche Erkenntnisse auch für das eigene Arbeitsfeld bietet und dort zu modifizieren und eigene Positionen zu entwickeln, wo Ausgangslagen und professionelles Selbstverständnis eigenes Handeln erfordern.

Analog zu den klinisch-therapeutischen Erfahrungen erleben

auch pädagogische Fachkräfte vielfältige Hilfe- und/oder Betreuungsprozesse, in denen bewährtes pädagogisches Handwerkszeug nicht ausreichend erscheint, um zur Verbesserung prekärer Ausgangslagen beizutragen: Hilfepläne scheitern, Menschen werden im Hilfesystem hin- und hergereicht, häufige Beziehungsabbrüche und zunehmende Verschlechterungen von Symptomatiken können Hinweise darauf sein, dass andere Zugänge notwendig sind. Praktische Erfahrungen der letzten Jahre haben gezeigt, dass für Menschen mit traumabasierten Symptomatiken nicht nur veränderte psychotherapeutische Zugänge notwendig waren, sondern auch ebenso neue pädagogische Pfade eingeschlagen werden mussten, um eben diejenigen zu erreichen, die allzu oft durch die Maschen des Hilfesystems fallen, weil sie scheinbar nicht *tragbar* oder *hilferesistent* sind. „Wenn etwas nicht geht, tue etwas anderes“ ist ein systemischer Grundsatz. In diesem Sinne sollte die sozialpädagogische Arbeit zunächst ihre Konzepte überprüfen und in ihnen ein Maß an Flexibilität herstellen, das dem jeweiligen Subjekt gerecht wird.

Traumapädagogik bemüht sich um subjektorientierte Zugänge in radikaler Akzeptanz individueller Entwicklungslogiken. Sie arbeitet im transparenten Dialog mit den betroffenen Menschen. Gerade im Zusammenhang mit Traumatisierungen gewinnt das Verständnis von Sozialer Arbeit als Menschenrechtsprofession (Staub-Bernasconi 2003) an besonderer Bedeutung. Das Wiederherstellen von Würde durch Wertschätzung, Verständnis und Wahrung von Rechten ist dabei ein zentrales Ziel. Wenn wir traumapädagogische Seminare geben, äußern sich KollegInnen häufig, in dem sie sagen: „Das, was wir hier lernen, müsste das nicht im Grunde Orientierung und Grundlage aller sozialpädagogischen Arbeit sein?“ Was stimmt, ist, dass alle Ansätze und Haltungen der Traumapädagogik letztlich im Kern geeignet sind, um gute Beziehungen zu Menschen zu gestalten und damit tragfähige Grundlagen für Entwicklungs- und Veränderungsprozesse zu schaffen. So gesehen können zwar einige herkömmliche pädagogische Konzepte schädlich auf Menschen mit Traumatisierungen wirken; traumapädagogische Konzepte hingegen bringen Impulse mit sich, die auch Anregung für die sozialpädagogische Basisarbeit beinhalten.

In dem vorliegenden Buch wollen wir zum einen den aktuellen Fachstand aus dem Bereich der Psychotraumatologie in komprimierter und für pädagogische Arbeitsfelder angemessener Art und

Weise zusammenfassen. Zum anderen reflektiert und beschreibt es dialogische Praxiserfahrungen aus der traumapädagogischen Beratungsarbeit sowie der supervisorischen und lehrenden Tätigkeit von Corinna Scherwath. Hieraus erklären sich – trotz grundsätzlicher Doppelautorenschaft – die zeitweiligen Ich-Formulierungen im Buch. Mit ihnen versuchen wir auch kenntlich zu machen, dass Wissen nur bedingt objektivierbar ist und dass das Sich-in-Beziehung-zu-Menschen-und-Prozessen-Setzen eine wichtige Grundhaltung traumaorientierter Arbeit ist. Alle dargelegten Praxisbeispiele enthalten persönliche Momente, sind dabei aber insoweit verändert, als damit die Persönlichkeitsrechte der Betroffenen bewahrt bleiben. Sibylle Friedrich hat die Entstehung des gesamten Buches als Co-Autorin eng begleitet. Darüber hinaus hat sie es durch ihre wissenschaftlichen Forschungen und spezifischen Fachkompetenzen um die Kapitel zu den Themenkomplexen Selbstfürsorge und Psychotherapeutische Hilfen ergänzt und bereichert.

Sozialpädagogische Arbeit findet immer in einem hoch sensiblen Feld statt. Menschen können durch sie ebenso geschützt wie verletzt werden. Es braucht ein Bewusstsein dafür, dass auch pädagogische Fachkräfte zum Risikofaktor werden können, wenn ihr Handeln nicht ausreichend reflektiert und fachlich fundiert gesteuert wird. Gerade in der Auseinandersetzung mit dem Thema Traumatisierung ist es Teil einer unangenehmen Wahrheit, dass auch innerhalb des Arbeitsfeldes Menschen von direkten Traumatisierungen, und Retraumatisierungen betroffen sind. Die Hintergründe hierfür sind vielfältig: Sie entstehen aus persönlich unverarbeitetem lebensgeschichtlichen Material von HelferInnen, struktureller und persönlicher Hilflosigkeit, aber auch aus Unwissenheit und unangemessenen Deutungsmustern. Sich der Verantwortung diesbezüglich bewusst zu sein, impliziert, die eigene Arbeit als einen stetigen professionellen Reflektionsprozess zu betrachten.

Burkhardt Müller beschreibt Professionalität in sozialpädagogischen Handlungsfeldern als Dreiklang, bestehend aus Fachwissen, Handlungsgeschick und Selbstreflektion (Müller 2010). Diesen Aspekten versuchen wir in der Aufteilung des Buches gerecht zu werden und somit einen Beitrag zur Professionalisierung unter traumapädagogischen Gesichtspunkten zu leisten. Das erste Kapitel dient der Erweiterung von Fachwissen und soll einen Einblick ins Traumaverstehen geben. Der größte Teil des Buches sind die Leitlinien des Kapitels 2, deren Anliegen es ist, das Handlungsgeschick im Umgang mit traumatisierten Menschen zu erhöhen. Im Kapitel 3 geht es um den Selbstfürsorgeaspekt, der zugleich auch noch einmal auf die Bedeutung selbstreflektorischer Aspekte in der traumapädagogischen Arbeit hinweist. Im abschließenden Teil des Buches werden neben den vorab dargestellten Handlungsleitlinien einige gesellschaftspolitische Aspekte zum Thema benannt und notwendige Voraussetzungen formuliert, die grundlegend sind, um die in diesem Buch formulierten Leitlinien umzusetzen.

Eine besondere Herausforderung beim Schreiben dieses Buches war es, dem breiten Spektrum des sozialpädagogischen Arbeitsfeldes gerecht zu werden. Während viele Erstveröffentlichungen zu Traumapädagogik sich vor allem auf Kinder- und Jugendliche konzentrierten, war es uns ein Anliegen, ein Buch zu schreiben, das letztlich allen pädagogischen FachkollegInnen aus Kita, Schule, Jugendwohnungen, ambulanten Hilfen, Beratungsstellen, ebenso wie aus der Behindertenhilfe, der Flüchtlingsarbeit, der Arbeit mit psychisch erkrankten Menschen und Pflegefamilien gleichfalls Anregungen gibt. Entsprechend steht der Ausdruck *sozialpädagogisches Arbeitsfeld* ebenso wie *pädagogische Fachkraft* synonym für die gesamte Bandbreite pädagogischer und sozialer Handlungsfelder. Wir haben uns bemüht, dieser Vielschichtigkeit durch verschiedene Beispiele und der Darstellung unterschiedlicher Zugänge und Bedeutungen gerecht zu werden. Es bleibt dennoch die Aufgabe der einzelnen Fachkraft, ggf. Anschlüsse, Brücken und Übersetzungen der verschiedenen Aspekte für ihr spezifisches Feld zu finden, denn: Manches lässt sich übertragen und vieles muss entlang der Spezifika von Mensch und Umstand noch weiterentwickelt werden. Traumaorientiertes Arbeiten in sozialpädagogischen Feldern steht in vielerlei Hinsicht noch ganz am Anfang.

Nicht zuletzt möchten wir noch auf einen Aspekt besonderer sozialpädagogischer Verantwortung aufmerksam machen. Viele der heutigen Erwachsenen, die unter schweren Traumafolgesymptomen leiden, haben diese Traumata während ihrer Kindheit durchlebt. Fast alle waren während dieser Zeit in Kindergärten und Schulen betreut. Sich mit dem Thema Trauma vertraut zu machen, bedeutet somit nicht nur, sich um die Folgen biografischer Verwundungen zu kümmern, sondern auch in unbequemer Aufmerksamkeit zu bleiben, wann Verhaltensweisen von Kindern ein Signal dafür sind, dass sie akut von emotionaler, körperlicher, sexueller oder gar ritueller Gewalt betroffen sind. Die Zahl von Menschen, die diesem Leid in ihrer Kindheit ausgesetzt werden, ist erschreckend hoch. Jede Erzieherin, jede Lehrerin, jede Sozialpädagogin (die männlichen Kollegen eingeschlossen) wird im Laufe ihrer Berufstätigkeit Kindern begegnen, die unter traumatischen Bedingungen leben.

Die Bereitschaft hinzuschauen, *das Unmögliche als möglich mit zu bedenken*, den Mut es auszusprechen, sich kollegiale Hilfe zu holen und konsequent an der Aufdeckung und Beendigung von Gewalt im Leben von Kindern zu arbeiten – auch und gerade das ist ein wichtiger Bestandteil traumasensibler Pädagogik!

Bedanken möchten wir uns bei unseren Ausbildern und geistigen Lehrern, insbesondere bei Lutz Besser, Karl-Heinz Brisch, Gerald Hüther, Thomas Hensel und Bärbel Benzel, die unser traumaspezifisches Denken geprägt und unser Wissen erweitert haben. Unser besonderer Dank gilt jedoch vor allem denjenigen Menschen, die uns an ihren Lebensgeschichten teilhaben lassen, für unser Verstehen sorgen und uns in unserer Arbeit ermutigen – ohne sie hätte dieses Buch niemals geschrieben werden können.

1 Was ist ein Trauma?

Nicht nur in der gegenwärtigen Fachsprache der Pädagogik und Psychologie ist *Trauma* ein zunehmend häufig verwendeter Begriff. Auch alltagssprachlich wird er oft inflationär genutzt. Sätze wie „Die Mathearbeit gestern war voll das Trauma!“ oder „Unser letzter Urlaub war wirklich traumatisch!“ werden zum Ausdruck gebracht, um dem Gegenüber die Dramatik oder Schwere einer Situation zu verdeutlichen. Hierbei handelt es sich jedoch normalerweise um Situationen, die vom Erzählenden zwar als besonders konflikthaft, ärgerlich oder belastend wahrgenommen wurden, jedoch weder im Ereignis noch in seinen Folgen dem fachlichen Verständnis des Traumabegriffs entsprechen. Problematisch bei dieser umgangssprachlichen Begriffsverwendung ist gerade aus Sicht traumatisierter Menschen die Bagatellisierung dessen, was in ihrem eigenen Leben in höchstem Maße zu Zerrüttung mit häufig langfristigen bis lebenslangen Folgen geführt hat.

Ursprünglich kommt der Traumabegriff aus dem Altgriechischen und bedeutet *Verletzung* oder *Wunde*. Während sich diese *Verwundung* im medizinischen Feld zunächst auf eine Schädigung des Körpers bezieht, bezeichnet sie in der Psychologie die Verletzung der menschlichen Psyche, das sogenannte *Psychotrauma*.

Im klinischen Kontext wird das Traumaverständnis erst einmal über das ICD 10 (WHO/Internationale Klassifikation von Krankheiten) und das DSM-IV (US-amerikanisches – international genutztes – diagnostisches Handbuch für psychische Krankheiten) definiert.

So versteht das ICD 10 Trauma als „ein belastendes Ereignis oder eine Situation außergewöhnlicher Bedrohung oder katastrophenartigem Ausmaßes (kurz oder langhaltend), die bei fast jedem eine tiefe Verzweiflung hervorrufen würde“ (WHO 2000, 169). Auffällig ist, dass in dieser Definition *Trauma* ausschließlich auf das Ereignis bezogen wird, während die Begriffsbestimmung des Traumas als *Wunde* ursprünglich deutlicher auf die Bedeutung und Folgen für den Betroffenen hinweist. In diesem Punkt wird das DSM-IV deutlicher, indem es Trauma definiert als potenzielle oder reale Todesbedrohung, ernsthafte Verletzung oder eine

Bedrohung der körperlichen Unversehrtheit bei sich oder bei anderen, auf die mit intensiver Furcht, Hilflosigkeit oder Schrecken reagiert wird (American Psychiatric Association 1996). Beide Definitionen werden in der modernen Traumaliteratur zwar als leitend aufgegriffen, aber entlang aktueller Forschungen und Erfahrungen auf dem Gebiet der Psychotraumatologie von führenden FachkollegInnen erweitert und modifiziert. Entsprechend beziehen wir uns im weiteren Verlauf des Buches vor allem auf die nachfolgenden definitorischen Aspekte.

Der Psychiater und Traumaexperte Lutz Besser bezeichnet Traumata als „plötzliche oder langanhaltende oder auch sich wiederholende objektiv und subjektiv existenziell bedrohliche und ausweglose Ereignisse, bei denen Menschen in die Schutzlosigkeit der ‚Traumatischen Zange' geraten" (Besser 2011, 22). Diese Definition verdeutlicht, dass ein Trauma sich aus der Korrelation objektiver Faktoren und subjektiver Wahrnehmungs-, Bewertungs- und Handlungsaspekte zusammensetzt. Mit einer deutlichen Akzentuierung auf die traumatische Erfahrung erläutern Fischer und Riedesser in ihrem Lehrbuch der Psychotraumatologie das psychische Trauma als „vitales Diskrepanzerleben zwischen bedrohlichen Situationsfaktoren und den individuellen Bewältigungsmöglichkeiten, das mit Gefühlen von Hilflosigkeit und schutzloser Preisgabe einhergeht und so eine dauerhafte Erschütterung von Selbst- und Weltverständnis bewirkt" (Fischer/Riedesser 2009, 84).

In Abgrenzung zu schweren oder belastenden Lebensereignissen kann eine traumatische Situation von dem betroffenen Menschen hiernach nicht mehr im Rahmen seiner üblichen Anpassungs- und Bewältigungsstrategien gelöst werden, sondern stellt für ihn ein Ereignis oder eine (Lebens)situation dar, die – von absoluter Unabsehbarkeit, Heftigkeit und Ausweglosigkeit geprägt – das übliche Selbstwirksamkeits- und Verarbeitungsvermögen außer Kraft setzt. Der menschliche Organismus hat in diesen Situationen nur die Wahl, auf diejenigen genetisch determinierten Notprogramme umzuschalten, die dem Überleben dienen. Das Auslösen und Aktivieren dieser Notprogramme bleibt jedoch häufig nicht ohne Folge und führt zu langfristigen Störungen in der neuronalen Hirnstruktur. Gerald Hüther, einer der führenden deutschen Hirnforscher, definiert Trauma entsprechend als

> *„eine plötzlich auftretende Störung der inneren Struktur und Organisation des Gehirns, die so massiv ist, dass es in Folge dieser Störung zu nachhalti-*

gen Veränderungen der von dieser Person bis zu diesem Zeitpunkt entwickelten neuronalen Verschaltung und der von diesen Verschaltungen ausgehenden und gesteuerten Leistungen des Gehirns kommt. Eine solche Traumatisierung kann durch physische oder psychische (psychosoziale) Einwirkungen ausgelöst werden" (Hüther 2002, 29).

Diese Erkenntnisse der neuen Hirnforschung heben die hirnorganische Bedeutung des Themas hervor und verdeutlichen, dass ein biografisch erlebtes Trauma nicht einfach vorbei geht, sondern neuronal verankert in uns liegt und so seine Spuren tief und weit in der Persönlichkeitsentwicklung hinterlässt.

1.1 Psychobiologische Reaktionen auf ein Trauma

Die traumatische Zange

Das Spezifische an einem traumatischen Ereignis oder einer traumatischen Situation ist also, dass die normalen psychischen Verarbeitungsmöglichkeiten, die ein Mensch bis hierher für sich erworben hat, vollständig überstiegen werden. Bettina Bonus bezeichnet ein Trauma entsprechend als ein „Erlebnis, das größer ist man als selbst" (Bonus 2006, 33). Um mit dieser Größenordnung äußerer Bedingungen fertig zu werden, muss das Gehirn andere Wege gehen, um zur Bewältigung der Situation beizutragen. Bewertet das Gehirn also eine Situation als übermächtig und existenziell bedrohlich, verändert es sofort sein neurophysiologisches Gleichgewicht. Herzfrequenz, Atemfrequenz und Muskeltonus werden erhöht oder verändert und es kommt zu einer verstärkten Ausschüttung von Adrenalin, Noradrenalin, Dopamin und Cortisol. Adrenalin, Noradrenalin und Dopamin sorgen dafür, dass die notwendige Körperspannung und Beweglichkeit für Flucht- oder Kampfhandlungen aufgebaut wird. Das Cortisol steigert das Angstempfinden und lässt den Organismus hochwachsam reagieren (Uttendörfer 2009). Gleichermaßen werden Funktionen der Großhirnrinde (Frontalhirn, Sprachzentrum, Hippocampus), die normalerweise unser Denken und Handeln steuern und ordnen, *außer Betrieb* gesetzt und alle Energie des Organismus bereitgestellt, die im Hirnstamm angesiedelten Notfallprogramme zu aktivieren. Die Amygdala, das Angstzentrum des Organismus, schlägt Alarm und sorgt so für die Auslösung der archaisch angelegten Überlebensprogramme:

- **Flüchten** – der Situation entkommen können – oder
- **Kämpfen** – sie aus eigener Kraft heraus durch Gegenwehr abwehren zu können.

Gelingt dies und kann dadurch zur Bewältigung der Situation beigetragen werden, kann im Normalfall eine Traumatisierung verhindert werden. Können diese Handlungsoptionen jedoch nicht zur Lösung der Situation genutzt werden, gerät der betroffene Mensch in die sogenannte *traumatische Zange* (Huber 2009a). Die reflexartig aufgerufenen Handlungsimpulse bleiben im Ansatz stecken und können nicht vollzogen werden. Es entsteht die ein Trauma kennzeichnende Situation – *No flight, no fight* – die jetzt diejenigen Maßnahmen des Gehirns aufruft, die notwendig sind, um in der aktuellen Situation *psychisch überleben* zu können, jedoch zugleich die Grundlage vielfältiger traumabasierter Symptombildung darstellen.

Wenn es also innerhalb der traumatischen Situation nicht gelingt, durch reales Handeln der Situation zu entkommen, kann das Gehirn dieses Entkommen nur durch eine Veränderung seiner Wahrnehmungsleistungen herstellen. Dieses geschieht zunächst durch die sogenannte *Freeze-Reaktion. Freeze* bedeutet *einfrieren* und kann als eine Art Lähmung verstanden werden, die bewirkt, dass der Mensch sich vom Geschehen innerlich distanzieren kann und in den Zustand einer Unterwerfungsreaktion (Submission) wechselt. Ausgelöst durch eine Flut von Endorphinen sind Gefühle und Körperzustände im Freeze-Zustand wie betäubt (Huber 2009a). Dissoziative Phänomene wie Derealisation (die Umgebung wird als fremd und unwirklich wahrgenommen) und Depersonalisation (die eigene Person oder den eigenen Körper nicht spüren und sich unbeteiligt fühlen) werden ausgelöst (Huber 2009a). Während dieses Prozesses werden die einzelnen Wahrnehmungsdetails (sensorisches, emotionales, körperliches, kognitives Erleben) fragmentiert und die

> *„räumlich-zeitliche Einordnung (Hippocampus) und die assoziativen Fähigkeiten des Bewusstseins (Frontalhirnfunktionen), die normalerweise den sensorischen Input zu einem zusammenhängenden Erlebnis und einer später abrufbaren Erinnerung verknüpfen, außer Kraft gesetzt“* (Hüther et al. 2010, 22).

Lutz Besser vergleicht diesen fragmentarischen Speicherungsprozess mit der Zersplitterung eines Spiegels, dessen Einzelteile unverbunden im Gedächtnis abgelegt werden (Besser 2009). In dem bekannten Werk ‚*Das Attentat*' beschreibt Harry Mulisch in eindrucksvoller Weise diesen Fragmentierungsprozess aus der Perspektive des kleinen Antons, als dieser miterleben muss, wie seine Familie gewaltvoll von Nazioffizieren bedroht wird:

> *„Anton sah und hörte alles, war aber irgendwie abwesend, ein Teil von ihm war bereits irgendwo anders, oder nirgends mehr. Er war unterernährt und nun auch steif vor Kälte, aber das allein war es nicht. Dieser Augenblick – der Vater am Tisch als schwarzer Schatten im Schnee, die Mutter draußen auf der Terrasse im Licht der Sterne – blieb auf ewig stehen, machte sich frei von allem, was vorangegangen war und was folgen würde, kapselte sich ab und begann eine Reise durch Antons zukünftiges Leben."* (Mulisch 2008, 27)

Neurobiologische Auswirkungen traumatischer Erfahrungen

Die dem Extremfall angemessenen und wirksamen Notfallreaktionen des Organismus beginnen – wie Mulisch es ausdrückt – tatsächlich eine „Reise durch das zukünftige Leben" (Mulisch 2008), in dem sie zu erfahrungsabhängigen Veränderungen in der Hirnstruktur des Menschen führen. Des Weiteren strukturiert sich, wie die Hirnforscher sagen, das menschliche Gehirn nach seinen Nutzungsbedingungen (Hüther 2005a; Schmitt et al. 2008). Mit dieser These hat die moderne Hirnforschung in den letzten Jahren immer wieder auf die Bedeutsamkeit interaktiver Prozesse bei der Hirn- und Persönlichkeitsentwicklung des Menschen hingewiesen. Die dieser Theorie zugrundeliegenden Erkenntnisse verdeutlichen, dass das Gehirn keine überwiegend genetisch determinierte Maschine ist, sondern sich in Abhängigkeit von Erfahrungen neuroplastisch entwickelt. Die damit einhergehende Fähigkeit zur Anpassung an Bedingungen und die Möglichkeit zum lebenslangen Lernen stellen dabei sowohl viele Chancen der Potenzialentfaltung und Weiterentwicklung bereit, als sie auch das Risiko bergen, durch negative Einflussfaktoren langfristige Schädigungen hervorzurufen. Alles, was wir früh erleben und tun, alles, was mit starken Gefühlen verbunden ist, und alles, was wir häufig wiederholen, bildet die stabilsten neuronalen Netze in unserem Gehirn, die unser Denken, Fühlen und Handeln steuern (Hüther 2004).

Traumatische Situationen sind immer mit starken Affekten verbunden und somit prädestiniert, sich nahezu ins Hirn einzubrennen und tiefe neuronale Prägungen zu hinterlassen. Insbesondere das Stresssystem des Menschen wird im Rahmen traumatischen Erlebens neu codiert. Davon betroffen sind die Regler bzw. die neurochemischen Parameter zur Reizverarbeitung. Diese werden dauerhaft zu hoch eingestellt, was erhöhte Wachsamkeit und Bereitstellung eines Energieüberschusses, der für Flucht- oder Kampfhandlungen geeignet ist, zur Folge hat. Ebenso ist es möglich, dass die Wahrnehmungsfunktionen dadurch beeinträchtigt sind, dass das Gehirn gelernt hat, sich ständig gegenüber Schmerz abzuschotten und so laufend eine *Überdosis* Endorphine bereitstellt, die helfen soll, Schmerz zu vermeiden. Dies führt in der Folge dazu, dass der Betroffene (situativ) abgestumpft und schmerzfrei erscheint (Uttendörfer 2009).

In seinem Buch ‚Biologie der Angst' beschreibt Hüther, wie unbewältigbare Belastungen durch damit einhergehende neuroendokrine Veränderungen zu Destabilisierung und Auflösung bisheriger stabilerer neuronaler Verschaltungen und somit zu grundsätzlichen Veränderungen des Denkens, Fühlens und Handelns eines Individuums führen können (Hüther 2002).

Dementsprechend nennt Michaela Huber ein Trauma einen „Anschlag auf die Identität" des Menschen (Huber 2009a, 68), wobei Dauer und früher Zeitpunkt in der Entwicklung aufgrund ihrer besonderen Relevanz bzgl. neuronaler Prägungsprozesse als besondere Risikofaktoren für Symptombildungen nach traumatischem Erleben gelten.

1.2 Symptombildung als Traumafolge

Sowohl im ICD 10 als auch im DSM-IV sind Traumafolgestörungen derweil als eigenständige Störungsbilder benannt. Ebenso wie bei der Traumadefinition finden sich hier durchaus hilfreiche Diagnosekriterien bzgl. der Symptombeschreibungen. Einig sind sich jedoch auch hier viele der aktiven TraumatherapeutInnen, dass diese Klassifizierungen längst nicht die Spannbreite der durch Traumatisierungen verursachten Symptome und Phänomene erfassen. Van der Kolk, einer der renommiertesten Traumaforscher, sagt dazu:

„Obwohl sie bemüht ist, die grundlegenden Reaktionen der Betroffenen auf Traumatisierung zu erfassen, ist die Diagnose PTBS weit davon entfernt, die ganze Komplexität dessen zu beschreiben, wie Menschen auf überwältigende Erfahrungen reagieren." (Van der Kolk 2000, 40)

Entsprechend werden in den folgenden Abschnitten neben der Darstellung der klassischen PTBS-Symptomatiken auch weitere mögliche Folgeerscheinungen aufgezeigt, die unseres Erachtens für ein umfassendes Verständnis der Traumafolgephänomene notwendig sind.

Posttraumatische Belastungsstörungen

Akute Belastungsreaktion

Grundsätzlich wird diagnostisch zwischen einer akuten Belastungsreaktion, die während des traumatischen Ereignisses eintritt und nach wenigen Stunden oder Tagen wieder verschwindet, und einer ausgeprägten sogenannten *Posttraumatischen Belastungsstörung (PTBS)*, im Amerikanischen auch PTSD (Posttraumatic Stress Disorder) genannt, unterschieden (Huber 2009a).

Typische und ganz normale Belastungsreaktionen wie Verstörung, sich betäubt fühlen, Unruhe, Schlafstörungen, oder kurzfristige Amnesie unterscheiden sich im Wesentlichen nicht von den Reaktionsbildungen der Posttraumatischen Belastungsstörung. Sie sind lediglich von vorübergehender Dauer und können innerhalb von Stunden oder Tagen im Rahmen eines Selbstheilungsprozesses des Organismus überwunden werden. Dieses ist insbesondere dann der Fall, wenn die aktivierten Notfallprogramme *Flucht* oder *Kampf* helfen, der traumatischen Situation etwas entgegenzusetzen oder wenn andere Schutzfaktoren (→Kap. 1.5) in der Lage sind, die Wucht der Belastung abzufangen.

Posttraumatische Belastungsstörung (PTBS)

Erst wenn die unter traumatischem Stress entstandenen Symptome sich intensivieren, ausbreiten und nach vier Wochen keine deutliche Linderung eintritt, kann von einer Posttraumatischen Belastungsstörung ausgegangen werden (Huber 2009a). Darüber hinaus ist es auch möglich, dass sich spontane Belastungsreaktionen zwar zunächst zurückbilden und der Mensch in seinem Alltagsleben *gut funktioniert*, traumatisches Material jedoch nicht verarbeitet und vom Organismus so weit in den Hintergrund verdrängt und abgespaltet wurde, dass es wie eine Zeitbombe jederzeit durch erneute Belastungen gezündet werden kann. Man spricht von einer *verzögerten* PTBS (Fischer/Riedesser 2009), die laut Huber auf ca. ein Viertel der Posttraumatischen Belastungsstörungen zutrifft (Huber 2009a). Die zentralen Phänomene der Posttraumatischen Reaktion sind

- **Übererregung** (Hyperarousel),
- **Wiedererleben** (Intrusion) und
- **Vermeidung** (Konstriktion).

Der Zustand der **Übererregung (Hyperarousel)** ist gekennzeichnet durch eine fortwährende erhöhte Wachsamkeit (Hypervigilanz). Das innere System ist in jedem Moment darauf eingestellt, dass etwas passieren könnte, was es notwendig macht, flüchten oder kämpfen zu müssen. Man kann es als *Erdmännchenphänomen* bezeichnen, da der Mensch sich – ähnlich dem Erdmännchen – aus seiner subjektiven Perspektive dauerhaft in einer schutzlosen und bedrohlichen Lebenssituation sieht, die es notwendig macht, diese ununterbrochen zu kontrollieren und auf der Hut zu sein. Entsprechend stellt der Organismus immer eine erhöhte Menge an Stresshormonen bereit, um die Notfallprogramme schnellstmöglich aktivieren zu können. Diese Stressüberflutung führt dazu, dass tatsächlich bedrohliche Situationen nicht mehr gut von harmlosen Alltagsbelastungen unterschieden werden können, was in der Folge oft zu Überängstlichkeit oder extremer Stresssensibilität führt. Zugleich wirkt das ständig auf Alarm programmierte Stresssystem wie ein Brandstifter in der gesamten Hirnregion. Insbesondere das Frontalhirn reagiert auf Stress sehr störanfällig und so zeigen sich auf dieser Ebene Symptome der Übererregung durch

- allgemeine Unruhe,
- Konzentrations- und Leistungsschwächen,
- plötzliche aggressive Impulsdurchbrüche,
- Überschusshandlungen oder Orientierungslosigkeit.

Beeinträchtigt zeigen sich auch die Speicherfunktionen des Hippocampus, so dass die Merkfähigkeit und damit auch das Lernen erschwert sind.

Darüber hinaus bilden sich Übererregungszustände bis zur Hyperaktivität auch auf den motorischen Ebenen ab. Diese lassen sich u. a. aus dem hormonell bereitgestellten Energieüberschuss erklären, der für eine Erhöhung des Muskeltonus und größere Beweglichkeit zur Vorbereitung auf Flucht- und Kampfhandlungen sorgt. Unruheverhalten und aggressive Durchbrüche lassen sich entsprechend als Versuch des Organismus verstehen, Energie entladen zu wollen, um Spannungen und Blockaden abzubauen.

Abgesehen von der dauerhaften emotionalen und körperlichen Anspannung und der daraus resultierenden Belastung, die für den betroffenen Menschen selbst aus diesem Zustand der Übererregung erwächst, haben diese Symptome massive Auswirkungen im sozialen Kontext der Menschen. Unberechenbarkeit, scheinbar grundlose Ausbrüche und Gereiztheit sowie die Einbußen auf den Leistungsebenen führen zu Missverständnissen und negativen Reaktionen beim Gegenüber (Krüger 2007). Abwertungen, Reglementierungen, einengende Begrenzungen und scharfe Konsequenzen sind die Folgen, die jedoch dem Stresssystem traumatisierter Menschen nur neue Nahrung geben und die Übererregung weiter befördern.

Intrusionen (Wiedererleben) bedeuten das vollständige oder teilweise Wiedererleben der traumatischen Situation in Form von Bildern, Empfindungen, Gedanken und Albträumen. Man bezeichnet sie als *Flashbacks,* in deren Verlauf der Mensch sich in einem *alten Film* befindet. Das Gehirn unterscheidet in diesem Zustand nicht zwischen *hier und jetzt* und *dort und damals*, sondern verwechselt die aktuelle Situation mit der ursprünglich traumatischen Ausgangslage.
Ausgelöst werden diese Flashbacks normalerweise durch sogenannte *Trigger*. Trigger sind Schlüsselreize, die an Aspekte des Traumas erinnern und über neuronale Affektbrücken Alarmreaktionen, Zustände und Bilder aufrufen, wie sie während des Traumas erlebt und durchlebt wurden. Sie können auf allen Ebenen der Wahrnehmung wie etwa durch

- Gerüche,
- Bilder,
- Orte,
- Bewegungen,

- bestimmte Worte,
- Berührungen,
- Empfindungen,
- Verhaltensweisen und sogar Jahreszeiten

ausgelöst werden. Dabei ist es vor allem möglich, dass Auslöser und Reaktionen aufgrund des fragmentierten Speicherungsprozesses in der traumatischen Situation von dem Betroffenen nicht zugeordnet werden können. Eine Klientin beschrieb dies einmal so:

„Gestern bog ich auf dem Weg zum Einkaufen um eine Hausecke. Plötzlich stand dort in unmittelbarer Nähe ein Mann, der die Straße fegte. Ich gerate völlig in Panik, fange an zu zittern, mir wird übel, ich spüre meine Beine kaum noch. Ich wollte weglaufen und fühlte mich stattdessen wie erstarrt und konnte keinen Schritt mehr weitergehen. Ich verstehe überhaupt nicht, was eigentlich los war …“

Offensichtlich wurden einzelne Erinnerungsfragmente getriggert, die zwar starke körperliche und emotionale Symptome aus der Ursprungssituation auslösten, aber die Bilder dazu konnten nicht abgerufen werden, so dass die Klientin das Ganze wie einen Spuk erlebte.

Flashbacks dürfen also nicht mit einfachen Erinnerungen gleichgesetzt werden (Krüger 2007). Sie unterscheiden sich von diesen vor allem dadurch, dass sie nicht willentlich aufgerufen oder beiseite geschoben werden können und sich somit der Steuerbarkeit entziehen. Auch tauchen oft – wie im obigen Beispiel – nur fragmentierte Teilaspekte oder Bruchstücke auf, die erneut nicht zugeordnet werden können, weil der Gesamtkontext der Erinnerung fehlt. Intrusionen können verstanden werden als „Gefühls- oder Bilderstürme“ (Krüger 2007, 39) mit heftiger emotionaler und sensorischer Begleitsymptomatik in Form von

- Panikzuständen,
- Schwitzen,
- erhöhtem Herzschlag,
- Zittern,
- Schwindel,

- Übelkeit oder plötzlicher Taubheit.

Gleichzeitig können während des Flashbacks tatsächliche oder unterdrückte Handlungsimpulse aus der traumatischen Ursprungssituation aktiviert werden. Dies erklärt sich darüber, dass unvollendete Handlungen und Prozesse im Menschen immer zur Vollendung streben.

> *„Für die Vermeidung einer Traumatisierung ist es entscheidend, dass der gesamte Energieüberschuss beim Bewältigen der Bedrohung aufgebraucht wird. Energie, die nicht vollständig entladen wurde, verschwindet nicht einfach; sie bleibt im Körper eingeschlossen und schafft das Potential für traumatische Symptom …"* (Levine 2008b, 24)

Die während eines Traumas nicht zu Ende geführten Abreaktionen des Organismus tauchen nun also wieder auf. Daneben kann es auch zur Prozession eines in der traumatischen Sequenz beobachteten Verhaltens kommen, beispielsweise in der Übernahme des gewalttätigen Verhaltens eines Täters (→Kap. 2.6). Derartige Abläufe können als *Re-Inszenierungen* bezeichnet werden, wobei die betroffene Person keinesfalls die Regie über Ablauf und Rollenidentität hat, sondern sich wie ferngesteuert in ihren Emotionen und Aktivitäten erlebt.

Flashbacksituationen stellen für den betroffenen Menschen eine extreme psychische, aber aufgrund der somatosensorischen Symptome zusätzlich auch körperliche Beanspruchung dar. Als Nachwirkung zeigen sich nicht selten Merkmale einer akuten posttraumatischen Belastungsreaktion (Schlafstörungen, Verwirrung, emotionale Instabilität) sowie Anzeichen von Müdigkeit und Erschöpfung.

So belastend diese Überflutungssymptomatiken auch sind, müssen Intrusionen dennoch als Heilungsversuche des Organismus verstanden werden. Das Gehirn holt nicht eingeordnetes traumatisches Material an die Oberfläche, mit dem Ziel, bisher „unverarbeitete Informationssplitter" (Korritko 2010, 36) dem biografischen Gedächtnis zuzuführen und Lösungen für bisher ungelöste und offene Erfahrungssequenzen zu suchen. Findet diese Wiederholung aber ohne eine therapeutische Integration statt, wird sie lediglich als Retraumatisierung erlebt. Der Betroffene erfährt sich dabei wiederum als ausgeliefert, weil sich Erleben und Symptome erneut seiner Steuerungsfähigkeit und Beeinflussung entziehen. Traumatisierte Menschen befinden sich somit allzu oft in einer traumatischen Schleife, innerhalb derer sich das Trauma immer und immer wieder zu wiederholen scheint. Das bewirkt, dass das Gefühl von Sicherheit und persönlicher Handlungsfähigkeit fortlaufend infrage gestellt wird.

Im Gegenstück zu den beiden vorab genannten Symptomatiken kann die **Vermeidung (Konstriktion)** als der Versuch des Organismus verstanden werden, für Beruhigung und Erholung zu sorgen (Krüger 2007). Gemeint ist hiermit einerseits das willkürliche Vermeiden, bei dem der Mensch bewusst Situationen, Menschen, Anlässen und Gesprächen aus dem Weg geht, die ihn an das traumatische Erlebnis erinnern oder starke Stresszustände in ihm auslösen. In der Folge zieht dieses Muster nicht selten eine zunehmende Einengung in der eigenen Lebensgestaltung nach sich. Das Leben ist zum *Tretminenfeld* geworden, auf dem jeder Schritt wohl überlegt sein will. Auch Drogenkonsum oder Suchtverhalten kann eine Bewältigungsstrategie im Sinne der Konstriktion sein, indem durch das *Vernebeln* Abstand zu unverarbeiteten Gefühlen und Bildern genommen werden kann.

Gleichzeitig umfasst der Begriff der Konstriktion auch die unwillkürliche und reflexartig vom Organismus herbeigeführte Änderung des Bewusstseins in sogenannte *dissoziative Zustände*, wie sie als Notfallreaktion während des traumatischen Erlebens aufgerufen wird. Diese Dissoziationen sind veränderte Bewusstseinszustände, die als „Überlastungsschutz" (Krüger 2011) gegen Übererregung wirken. Das bedeutet, dass traumatisierte Menschen häufig nicht im vollen Alltagsbewusstsein präsent sind, sondern sich laufend oder situativ als abgespalten von sich und der gerade stattfindenden Situation erleben oder deutliche Amnesien gegenüber aktuellem Geschehen oder Befinden haben. In der alltäglichen Arbeit mit traumatisierten Menschen zeigt sich dies dann in Reaktionsformen von verzögerten oder ausbleibenden Reaktionen, scheinbarer Vergesslichkeit („Das weiß ich gar nicht mehr!"), Abstreiten („Das hast du mir nicht gesagt!"), Verleugnen eigener Handlungen („Das war ich nicht!") u.Ä., die von PädagogInnen ohne traumaspezifisches Wissen dann schnell als Verweigerungshaltung, Lügen oder dumme Ausreden interpretiert werden. Häufig schwanken traumatisierte Menschen zwischen intrusivem Erleben und konstriktiven Bewältigungsversuchen hin und her, ohne diese jedoch selbst regulieren zu können.

Auch den Prozess aus Intrusion und Konstriktion beschreibt Harry Mulisch aus der Innenperspektive des kleinen Antons, nachdem dieser in Zeugenschaft einer massiven Demütigung und Gewalttat gegenüber seinem Vater geriet:

> *„Er (Anton) dachte zurück, an vorhin, im Esszimmer, dachte daran, wie der Mann mit dem Hut im Esszimmer seinen Vater abgekanzelt hatte. Die Erinnerung war plötzlich unerträglich – viel unerträglicher als das Geschehen selbst (= Intrusion, Anm. d. Verfasserin). Sein Vater hatte den Hut abnehmen müssen... Anton verscheuchte das Bild und wollte nie wieder daran denken müssen, es durfte nicht geschehen sein. Nie im Leben würde er eine Melone tragen, und niemand dürfte nach dem Krieg noch einen Hut tragen! (= Konstriktion, Anm. d. Verfasserin)."* (Mulisch 2008, 33)

Komplexe Posttraumatische Belastungsstörung – DESNOS

Michaela Huber (2009a) verweist in ihrem Werk ‚Trauma und die Folgen' darauf, dass von der klassischen PTBS die komplexe Posttraumatische Belastungsstörung abzugrenzen ist. In diesem Zusammenhang wurde auch von amerikanischen KollegInnen der Begriff DESNOS developing, der *Disorder of Extreme Stress Not Otherwise Specified* bedeutet.
Die komplexe PTBS, die sich bei chronisch traumatisierten Menschen entwickeln kann, zeichnet sich neben den oben benannten Hauptmerkmalen einer klassischen PTBS durch ein breiteres Symptomspektrum im Bereich der Gefühlsregulation aus. Vor allem

- selbstverletzendes Verhalten,
- chronisches Empfinden von Sinn- und Hoffnungslosigkeit verbunden mit Suizidgedanken oder Suizidalität

werden auf der deskriptiven Ebene benannt (Huber 2009a). Komplexe Traumatisierungen entwickeln sich unter langfristigen Bedingungen von Misshandlungen, sexueller Gewalt und Vernachlässigung in früher Kindheit und werden auch als *Entwicklungstrauma* bezeichnet. Ebenso können sie Folgen sadistischer und ritueller Gewalt sein, die leider schon lange nicht mehr als extreme Einzelfälle angesehen werden können, sondern eine verbreitete Form brutalster Misshandlungen darstellt (Huber 2009a), mit der sich auch SozialpädagogInnen als mögliche biografische Realität eines Klienten oder einer Klientin auseinandersetzen müssen. Bisher gibt es für diese komplexe Form der PTBS kein eigenes Diagnosekriterium, obwohl dies aus der Perspektive richtungsweisender TraumaexpertInnen für ein besseres Symptomverständnis dringend erforderlich ist (Fischer/Riedesser 2009).

Im Rahmen des ICD 10 wird zur Klassifizierung von komplexen Traumastörungen häufig die Diagnose *andauernde Persönlichkeitsänderung nach Extrembelastung* vergeben. Hier wird zumindest in der fachlichen Ausführung ein Hinweis auf einen möglichen Zusammenhang mit posttraumatischem Stress gegeben. Ebenso häufig aber werden gerade bzgl. der oben benannten Hauptsymptome Diagnosen aus dem weiteren Spektrum der Persönlichkeitsstörungen erteilt, insbesondere die Zuschreibung einer *Borderline-Persönlichkeit*. Hier bleibt es bei der Deskription und der Verlagerung der Problematik auf die betroffene Person selbst ohne Berücksichtigung des auslösenden realtraumatischen Hintergrunds.

Entwicklungstrauma

Entwicklungstraumata können ebenfalls als komplexe PTBS verstanden werden. Auch für diese spezifische Form der Traumatisierung gibt es im eigentliche Sinne keine eigene Klassifikation. Folgen von Entwicklungstraumata werden häufig über allgemeine Entwicklungsstörungen identifiziert und entlang einzelner Symptomatiken spezifiziert (z.B. ADHS, Bindungsstörungen), ohne dass jedoch der Gesamtzusammenhang erkannt wird.

Zum besseren Verständnis von Verhaltenssymptomatiken gerade frühtraumatisierter Menschen ist deshalb eine eigenständige Einordnung notwendig und hilfreich. Daher werden als Entwicklungstraumata Prozesse charakterisiert, die sich infolge einer tiefgreifenden Schädigung der Gesamtentwicklung des Kindes durch Vernachlässigung sowie emotionale und physische Gewalteinwirkungen entwickeln (Weinberg 2010).

Gemäß der neurobiologischen Formel, dass all das besonders gut gelernt wird, was den Menschen *früh*, *häufig* und *affektiv aufgeladen* erreicht, scheint es logisch, dass in der Kindheit ein besonders hohes Risiko für komplexe Traumafolgestörungen liegt, denn: Die Neuroplastizität und damit Sensibilität sowie Erfahrungsbereitschaft des Hirns sind in den ersten sieben Lebensjahren besonders hoch (Hüther 2004). In dieser Zeit werden die grundlegenden Landkarten unserer Selbst- und Weltwahrnehmung geprägt. Joachim Bauer schreibt dazu:

> *„Im Gehirn werden in der Kindheit und Jugend die Nervenzell-Netzwerke angelegt, die später darüber entscheiden, wie eine Person ihre Umwelt einschätzt und interpretiert, wie sie ihre Beziehungen gestaltet und wie sie mit Herausforderungen umgeht, die das Leben bereit hält."* (Bauer 2006a, 177)

Das heißt, dass während der ersten Lebensjahre grundlegende Erfahrungen und aus diesen Erfahrungen heraus resultierende Verhaltensmuster generalisiert werden. In chronischen Traumatisierungskontexten bedeutet dies, dass sich das kindliche Hirn „traumatoplastisch" (Besser 2011) strukturiert.

Es ist, als wolle man ein Haus während starker Unwetter aufbauen: Vorhandenes Material wird durch Regen und Sturm zerstört, neues kann aufgrund der schwierigen Bedingungen nicht herangeschafft werden. Der Boden bildet durch Überschwemmungen ein schlechtes Fundament. Der Baumeister ist während des Baus ständig nur damit beschäftigt, die Baustelle abzusichern und die Grundpfeiler zu erhalten; er kommt nicht zu seiner eigentlichen Arbeit, die Grundmauern aufzubauen und Stockwerke zu errichten, um sich dann mit der Einrichtung zu befassen.

> *„Die existentielle Angst unter traumatischen Lebensbedingungen hinterlässt beim Kind offenbar eine Spur von tiefgreifenden Veränderungen im Gehirn und nachfolgend bei Organstrukturen, die durch die Steuerzentrale im Kopf in ihrem Aufbau geformt werden. Dabei handelt es sich um vielfältige Wechselwirkungen zwischen Hormonsystemen, Botenstoffsystemen, Immunsystem u.a."* (Krüger 2007, 44)

In dieser Situation spielt vor allem das Stresssystem eine zentrale Rolle, das den Organismus durch laufende Überflutungen mit Stresshormonen in einen Dauererregungszustand versetzt und das neuronale Material angreift. Die damit einhergehende Stresssensibilität des Kindes wird auf hohem Niveau gebahnt und stellt sich auf ein Leben in Alarmbereitschaft ein. Ein Kind, das früh auf *Überleben* trainiert ist, wird sich zu einem perfekten Überlebenskämpfer entwickeln. Das heißt, dass seine Notfallprogramme *Flüchten, Kämpfen, Dissoziieren* und *Vermeiden* in die *Pole-Position* des individuellen Verhaltensrepertoires aufgenommen werden und so eine zentrale Grundlage für die Strukturierung der Gesamtpersönlichkeit bilden.

Die Auswirkungen dieser Entwicklungstraumata finden wir sehr häufig bei Kindern und Jugendlichen in stationären Einrichtungen, Pflege- und Adoptivfamilien – aber auch bei Erwachsenen, die dann allzu oft mit einer Diagnose aus dem Bereich der Persönlichkeitsstörung in psychiatrischen Kontexten betreut werden. Michaela Huber erklärt:

> *„80% aller Persönlichkeitsstörungsdiagnosen lassen sich aus Traumatisierungen wie frühe Vernachlässigung, Verwahrlosung, körperliche, seelische und/oder sexuelle Gewalt erklären."* (Huber 2009a, 118)

Es gilt also, im pädagogischen und psychosozialen Kontext zu verstehen, dass Menschen, die unter den Folgen eines Entwicklungstraumas zu leiden haben, häufig mit einem sehr brüchigen Fundament ihrer Persönlichkeit und einer großen, vom Sturm des Lebens zerfurchten Entwicklungsbaustelle mit wenig eigenem Baumaterial zu PädagogInnen kommen.

Wie bereits erwähnt, gibt es neben den klassischen posttraumatischen Belastungssyndromen eine Vielzahl weiterer Symptome, die dem Traumaspektrum zugeordnet werden können. Im Folgenden sollen ergänzend mögliche Zusammenhänge zwischen traumatischem Erleben und dem Symptombild von allgemeinen Reifungsverzögerungen sowie spezifischen Aufälligkeiten in der Bindungsentwicklung noch einmal besonders hervorgehoben werden.

Entwicklungsverzögerungen als Folge traumatischer Erschütterungen

Wie bereits im vorangegangenen Abschnitt zum Entwicklungstrauma dargestellt, liegt das Fundament unserer Entwicklung in der frühen Kindheit. Tauchen in dieser Zeit spezifische Belastungen und vor allem traumatische Ereignisse und Lebenslagen auf, so nehmen diese Einfluss auf den gesamten Entwicklungsverlauf. In der extremsten Form der komplexen Frühtraumatisierung kann es zu einer traumaadaptiven Anpassungsreaktion der neuronalen Hirnentwicklung kommen. Dies automatisiert die Überlebensmuster zum Hauptakteur des Empfindens und Verhaltens. Neben diesem basalen Störungsbild hirnorganischer Funktionen gibt es vielfältige Symptomatiken, die eher Teilbereiche der Entwicklung betreffen und in diesen zu Auffälligkeiten und besonderen Verhaltensmerkmalen führen.

Ein Trauma wirkt wie eine Erosion im Lebensverlauf. Liegt sein Epizentrum in früher Kindheit, werden die Zerstörungen insbesondere die Entwicklungsbereiche treffen, die sich zu diesem Zeitpunkt im Aufbau befinden und somit kaum Stabilität erworben haben. Erleben und Bewältigen des Ausmaßes der traumatischen Verstörung binden diejenigen Kräfte des Individuums, die normalerweise für den Ausbau seiner Persönlichkeitsentwicklung genutzt werden. Im Spannungsfeld zwischen dem Versuch des Menschen, das Erlebte zu verarbeiten, entstandene Schäden zu heilen und seinem Streben nach Wachstum und Reifung können sich viele Facetten seiner kognitiven, emotionalen, motorischen und sozialen Entwicklung nur bruchstückhaft entfalten, müssen notdürftig zusammengebaut werden oder bleiben brach liegen.

Entsprechend wirken betroffene Kinder dann allgemein entwicklungsverzögert oder erhalten Diagnosen im Bereich von Teilleistungsstörungen oder Störungen des Sozialverhaltens. Hierzu schreibt Krüger (2007), dass Einschläge in frühen Jahren eine grundlegende Wirkung auf alle Entwicklungsaufgaben des Kindes haben. Dabei versteht man unter Entwicklungsaufgaben jene Aufgaben, die sich einem Menschen zu einer bestimmten Zeit im Leben stellen und als besondere Herausforderungen der jeweiligen Phasen bewältigt werden müssen. Die Entwicklungsenergie konzentriert sich in dieser Zeit insbesondere auf die zur Bewältigung anstehenden Themen.

Eine erfolgreiche Bewältigung führt zu physischer und psychischer Grundstabilität und bildet die jeweilige Basis für die Entwicklung nachfolgender Aufgaben. Misserfolg hingegen führt vielfach zu Identitätskrisen oder sozialen Anpassungsproblemen und erschwert die Bewältigung höherer Entwicklungsaufgaben und Herausforderungen (Resch 1996; Oerter/Montada 2002). Betrachten wir diese Entwicklungsaufgaben nach ihren altersspezifischen Schwerpunkten, so ergeben sich folgende, logisch aufeinander abgestimmte Schrittfolgen menschlicher Entwicklung in der Kindheit (Resch 1996; Oerter/Montada 2002; Haug-Schnabel/Bensel 2005):

0.–1. Lebensjahr

- Bindungsentwicklung
- Sensomotorische Organisation
- Grundlegende motorische Fertigkeiten (Fortbewegungsentwicklung, Greifen)

1.–3. Lebensjahr

- Exploration und Erkundung
- Explosion der Sprachentwicklung
- Interesse an Funktion/Mechanik
- Ich-Findung (ca. 18. Monat)
- Autonomiephase
- Verfeinerung motorischer Fähigkeiten
- Emotionale Ausdifferenzierung

3.–6. Lebensjahr

- Sauberkeitsentwicklung
- Selbstkontrolle/Selbststeuerung
- Standpunktwechsel
- Magisches Erleben und Realitätsprüfung
- Beziehung zu Gleichaltrigen gestalten/soziale Kooperation

6.–11. Lebensjahr

- Schul-/Leistungsfertigkeiten
- Entwicklung von Moral- und Wertesystemen
- Interessensbildung/Hobbys

11.–18. Lebensjahr

- Akzeptieren der körperlichen Gestalt
- Personale Autonomie (Ablösung von Eltern/Erwachsenen)
- Aufbau intimer Partnerschaften
- Peergroup-Bezogenheit
- Entwicklung eigener Lebenskonzepte

Je früher dieser Aufbau irritiert wird, desto wahrscheinlicher ist es also, dass auch die *oberen Stockwerke* nicht fertiggestellt werden können oder auf wackeligen Säulen stehen. Setzen wir das Traumaprofil eines Menschen in Verbindung zu den Entwicklungsaufgaben, können viele Auffälligkeiten besser zugeordnet werden. Sie erscheinen als logische Folge eines traumatischen Einschlages in das jeweilige Entwicklungsfeld, von dem aus sich *traumatische Ringe* – gleich einem Stein, der ins Wasser geworfen wird – in alle Lebensphasen – auch ins erwachsene Leben – hineinziehen. Es ist wie Bruchrechnen, das nur schwer zu lernen ist, wenn keine Zeit war, zunächst in Ruhe das Zählen zu erlernen. So kann eben auch Empathiefähigkeit als Grundlage des sozialen Miteinanders schwer erworben werden, wenn die Grundlage einer sicheren Bindungsentwicklung fehlt.

Begleitet ist dieser Prozess des Erwerbs personaler und sozialer Fähigkeiten und Fertigkeiten zugleich von Fragen der Identitätsbildung. Somit nimmt das Bewältigen oder Scheitern an einer Entwicklungsaufgabe Einfluss auf das Selbstbild des Menschen, das die Grundlage für Selbstwert, Selbstvertrauen und Selbstwirksamkeitskonzepte bildet. Reesch stellt diese Selbstkonzeptentwicklung entlang der einzelnen Entwicklungsphasen dar (Tab. 1).

Tab. 1: Entwicklungsaufgaben in Anlehnung an Resch 1996

Entwicklungsperiode	Identitätsbildung	Störungen der Entwicklungsphase
0.–1. Lebensjahr	Vertrauen lernen „Ich bin, was man mir gibt."	Misstrauen „Ich bin ohne Halt."
1.–3. Lebensjahr	Autonomie „Ich bin, was ich will."	Scham/Zweifel „Ich bin wertlos."
3.–6. Lebensjahr	Initiative „Ich bin, was ich mir zu sein vorstelle."	Schuldgefühle „Ich bin schlecht."
6.–11. Lebensjahr	Leistung „Ich bin, was ich lerne."	Minderwertigkeitsgefühle „Ich bin unfähig."
11.–18. Lebensjahr	Identität/Selbstständigkeit „Ich bin, was ich werde."	Identitätsverlust „Ich verliere mein Selbst."

Deutlich wird hier noch einmal, wie sehr späteres Selbstempfinden und Selbstüberzeugungen in frühen Stadien unserer Entwicklung geprägt werden. Gerade frühtraumatisierte Menschen zeichnen sich entsprechend oft auch langfristig durch sehr manifeste negative Selbstüberzeugungen aus.

Störungen der Bindungsentwicklung als traumabasierte Folgeerscheinungen

Kinder äußern von Geburt an emotionale und soziale Bedürfnisse nach Nähe, Berührung sowie Zärtlichkeit und reagieren auf Zuwendung und angemessene Resonanz mit Beruhigung und Zufriedenheit. Werden diese Grundbedürfnisse des Kindes von der erwachsenen Bezugsperson hinreichend beantwortet, entwickelt das Kind zu dieser eine emotional-sichere Bindung. Diese Bindung ist

> *„dadurch gekennzeichnet, dass sie ein zwar unsichtbares, aber fühlbares Band ist, das eine Person zu einer anderen Person anknüpft und das diese Menschen über Raum und Zeit sehr spezifisch miteinander verbindet. Diese Bindung ist für das Überleben eines Menschen so grundlegend wie etwa die Luft zum Atmen, Ernährung und Schlaf."* (Brisch 2008, 89)

Bindung gehört somit zu den zentralen Grundbedürfnissen eines Menschen. Sind diese Grundbedürfnisse ausreichend versorgt, kann der Mensch sich höheren Entwicklungsaufgaben zuwenden. Entstehen auf dieser Ebene gravierende Mängel, fühlt der Mensch sich existenziell bedroht.

Entsprechend sind die motivationalen Entwicklungssysteme ausschließlich darauf ausgerichtet, für den Ausgleich dieses Mangelerlebens zu sorgen. Ein hungriger Mensch wird sich immer zuerst um seine Nahrungsbeschaffung kümmern, bevor er wieder Interesse an anderen Aktivitäten zeigt; ein Mensch, der längere Zeit unter Schlafmangel gelitten hat, ist in seiner Leistungsfähigkeit in höchstem Maße eingeschränkt; das Gefühl, nicht ausreichend mit Sauerstoff versorgt zu sein, löst tiefste Panik im Organismus aus und sorgt für die Aktivierung aller biologischer Notfallprogramme.

Ähnlich verhält es sich, wenn Kinder keine Bindungssicherheit entwickeln können, denn sie kommen extrem unterwickelt und in absoluter Abhängigkeit von schutzbietenden Erwachsenen auf die Welt. Entsprechend sind sie darauf programmiert, Bindung herzustellen, um ihr Überleben zu sichern. Die Grundlagen dieser Sicherheit werden während des ersten Lebensjahres gelegt und in den kommenden zwei Jahren weiterentwickelt.

Bindung zu finden kann somit zunächst als zentrale Entwicklungsaufgabe des ersten Lebensjahres angesehen werden. Das Kind bindet sich normalerweise zunächst einmal an eine Person, die es als seinen *sicheren Hafen* nutzen kann. Dieser sichere Hafen wird von dem Kind immer dann angelaufen, wenn es sich aus seiner Wahrnehmung heraus in einer unsicheren und bedrohlichen Situation befindet. Dann wird das Bindungssystem des Kindes aktiviert und zeigt sich durch

- Weinen,
- Nachlaufen oder
- Anklammern.

Können die Bindungsbedürfnisse des Kindes befriedigt werden, beruhigt sich das Bindungssystem und der Stress des Kindes wird reguliert.

Je kleiner ein Kind ist, desto stärker ist es darauf angewiesen, dass seine Bedürfnisse und Gefühle von außen kanalisiert werden. Abwarten und Aushalten sind Fähigkeiten, die erst im Laufe der Kindheit erworben werden, aber Kleinstkindern nicht zur Verfügung stehen. Das bedeutet, dass ein kleines Kind in Not schnell in extreme Stressüberflutungen gerät. Diese führen zu Übererregungen und lösen aufgrund der starken Angststimulation das biologisch programmierte Alarmsystem aus. Da das Kleinstkind sich aus eigener Kraft heraus nicht aus seiner individuellen Notlage befreien kann, erlebt es sich als vollständig ausgeliefert und wird von „fundamentalen Verlassenheits- und Vernichtungsängsten" (Fischer/Riedesser 2009, 167) überwältigt.

Kleinstkinder sind insofern in besonderer Gefahr, schnell in den Zustand der *Traumatischen Zange* zu geraten, wenn kein ausreichendes Bindungsangebot zur Verfügung steht, das das Kind aus diesem Extremstress herausführt. Pädagogische Maßnahmen, wie Kinder einfach schreien zu lassen, können demnach bereits zu einer frühen Bahnung einer erhöhten Stresssensibilität führen. Diese provoziert mindestens eine besondere Vulnerabilität in weiteren potenziell traumatisierenden Situationen und kann schlimmstenfalls, bei chronischen Erfahrungen mangelnder Unterstützung in der Stressregulation, selbst traumatisierend wirken. Insbesondere bei Frühtraumatisierungen durch Vernachlässigungen werden hierüber Traumata mit langfristigen Folgen ausgelöst.

Noch schwerwiegendere Folgen für die Bindungsentwicklung

hat es, wenn die Bedrohung des Kindes zugleich von der Person ausgeht, die seine potenzielle Bindungsperson ist. Traumatisches Erleben, das nicht durch ein gutes Bindungsangebot gemildert werden kann oder sogar durch die Bindungspersonen selbst ausgelöst wird, hat vielfältige Folgen für die Gesamtentwicklung.

Da Bindung das Fundament der körperlichen und psychischen Entwicklung des Menschen bildet, zeigen sich bei Bindungsverletzungen im Zusammenhang mit traumatischem Erleben gravierende Folgen. Peichl schreibt dazu:

> *„Traumatische Ereignisse in der Kindheit [...] sind immer eingewoben in einen Beziehungskontext und sind letztendlich der Zusammenbruch einer Beziehungsrelation, deren basales Versprechen plangerechte Förderung und liebevolle Unterstützung war."* (Peichl 2008, 52)

Neben den bereits in den vorigen Abschnitten beschriebenen traumabasierten Folgeerscheinungen in allen Entwicklungsbereichen des Kindes kann man davon ausgehen, dass ein Kind, das in „der frühen Entwicklungszeit traumatische Erfahrungen mit seinen Bindungspersonen gemacht hat, die eigentlich für Schutz und Sicherheit zuständig sind, eine Bindungsstörung entwickelt" (Brisch 2009c, 148). Diese sogenannten *Beziehungstraumata* hinterlassen ihre Spuren als „organisierte Verhaltensstörungen in bindungsrelevanten Situationen" (Brisch 2009c, 148); sie sind stabile Muster, die regelhaft über einen längeren Zeitraum als Verhaltensoption genutzt werden. Klassische Bindungsstörungen zeigen sich bei Kindern und Jugendlichen in folgenden Ausprägungen (Brisch 2009b, 102 f.):

- **Kein Bindungsverhalten:** Das Kind wendet sich auch in Extremsituationen wie Unfällen nicht an eine Bindungsperson.
- **Undifferenziertes Bindungsverhalten:** Das Kind zeigt erhöhte soziale Promiskuität und Wahllosigkeit gegenüber Bindungspersonen.
- **Stark erhöhtes Unfallverhalten:** Das Kind hat das Bedürfnis nach Fürsorge, das aus der Perspektive des Kindes nur in großer Not oder bei körperlicher Verletzung von seinen Bezugspersonen beantwortet wird.
- **Übermäßiges Klammern:** Ein exploratives Verhalten des Kindes kann nur in der Nähe der Bezugsperson stattfinden. Trennungen können kaum oder nur unter massivem Widerstand des Kindes durchgeführt werden.

- **Starke Hemmung in der Nähe der Bindungsperson:** Das Kind ist neben seinen vertrauten Bindungspersonen wie erstarrt und kommt erst in Aktivität, sobald diese nicht mehr in seiner Nähe sind.
- **Vorwiegend aggressive Kontaktform:** Verdeckte Bindungsbedürfnisse des Kindes äußern sich in Provokation und Aggressivität in der zwischenmenschlichen Interaktion.
- **Rollenumkehr:** Die eigenen Schutzbedürfnisse werden zugunsten von übermäßigem Fürsorgeverhalten Erwachsenen gegenüber zurückgestellt.
- **Psychosomatische Auffälligkeiten:** Auf Irritationen im Bindungserleben reagiert das Kind mit starker körperlicher Symptomatik.

Frühe Bindungsstörungen bilden dabei häufig ein Kontinuum in der Beziehungsgestaltung, das sich auch im Jugend- und Erwachsenenalter zeigt. Erwachsene, die vor dem Hintergrund von Traumatisierungen in der Kindheit eine Bindungsstörung entwickelt haben, leiden unter einer mangelnden Beziehungsfähigkeit, zeigen wenig prosoziales Verhalten in Konfliktsituationen und neigen dazu, eigene Beziehungstraumata an ihre Kinder weiterzugeben (Korritko 2010; Brisch 2009b).

Schuld- und Schamgefühle

Viele Menschen leiden nach traumatischem Erleben an extremen Schuldgefühlen. Insbesondere Kinder, die aufgrund ihrer altersbedingten Selbstbezogenheit noch wenig von sich persönlich abstrahieren können, sind in Gefahr, die Verantwortung für ein Geschehen bei sich selbst zu suchen. Das *böse Ereignis* wird dann Teil eines *bösen Selbst*, das zu negativen Selbstbildprozessen beiträgt. In der Folge stellt sich oft Beschämung über das eigene Versagen, ein Ereignis ausgelöst und es nicht verhindert zu haben, ein. Besonders schlimm werden diese emotionalen Besetzungen dann, wenn sie nicht nur als Selbstwahrnehmung auftauchen, sondern an sich Teil des traumatischen Geschehens sind.

Dies wird beispielsweise bei sexueller Gewalt vom Täter häufig gezielt eingesetzt (und gesellschaftlich bestätigt), indem als Auslöser für die Gewalttat die *Verführung* durch das Opfer genannt wird. Andere Beispiele wären hier Situationen, in denen extreme Demütigungen oder gewaltvolles Handeln gerechtfertigt werden mit der *Dummheit*, *Hässlichkeit* oder *Nutzlosigkeit* der betroffenen Person. Diesen grausamen Prozess extremster Herabwürdigungen und schuldhafter Selbstbesetzung beschreibt Constance Briscoe in ihrem autobiografischen Buch ‚Wie kann man nur so hässlich sein' in sehr schmerzvoller Weise (2007).

Auch starke Schuldzuweisungen bzgl. eines traumatischen Geschehens an sich können zu Traumatisierungen führen. Wird zum Beispiel ein großer Bruder beschuldigt, den schweren Unfall seines kleinen Bruders nicht verhindert zu haben, so wird die *Größe der übertragenen Verantwortung* zum bedrohlichen Teil, der die eigene Existenz in seinen Verarbeitungsmöglichkeiten überfordert. Das Kind kann sich dieser Situation weder entziehen, noch kann es sie rückgängig machen, so dass die *traumatische Zange* ausgelöst werden kann. Wird der Vorwurf zugleich von den Bindungspersonen an das Kind gerichtet, kann es sie nicht nutzen, um sich emotional in Sicherheit zu bringen, so dass die klassischen Notfallreaktionen zur Bewältigung ausgelöst werden können. Zum anderen kann das Entwickeln von nicht induzierten Schuldgefühlen auch als Copingstrategie gegen Hilflosigkeit angesehen werden. „Schuldgefühle wirken wie ein Gegengift gegen die traumatischen Ohnmachtserfahrungen" (Krüger 2007, 69), da sie implizieren, dass anderes eigenes Handeln das Geschehen hätte verhindern können.

Auch im Rahmen von Beziehungstraumata können Schuldgefühle eine wichtige Funktion haben. Bei großer Abhängigkeit von derjenigen Person, von der die Bedrohung ausgeht, wird das *psychische Überleben* dadurch gesichert, dass die Bedrohung ins eigene Selbst verlagert wird. Damit bleibt die Möglichkeit bestehen, sich das Gegenüber als „schützende Bindungsperson" zu erhalten (Fischer/Riedesser 2009, 167). Hierin liegt auch eine der möglichen Begründungen für täterloyales Verhalten: Wenn *ich* es doch zu verantworten habe, dann darf nicht der Andere bestraft werden. Der Andere ist gar nicht wirklich schlecht, sondern *ich* bin es.

Eine weitere Folge dieser Verlagerung der Bedrohung ins eigene Ich zeigt sich manchmal auch in Form von Somatisierungsprozessen oder hypochondrischer Selbstwahrnehmung. Im Rahmen hypochondrischer Prozesse wird plötzlich der eigene Körper zur Bedrohung und wendet sich gegen einen selbst. Die Auseinandersetzung mit dieser inneren Bedrohung verlagert die Aufmerksamkeit auf die eigene Person und lenkt damit ggf. auch von real erlebten oder aktuell stattfindenden Bedrohungserlebnissen im äußeren Rahmen ab.

Schuld- und Schamgefühle als Identifikation mit dem eigenen Versagen gehören bei traumatisierten Menschen zu den mit am leichtesten *triggerbaren* emotionalen Fragmenten. In der pädagogischen Arbeit ist es deshalb besonders notwendig, darauf zu achten, dass Beschämung jeder Art ebenso vermieden wird wie das Auslösen von Schuld, zum Beispiel durch Bemerkungen wie „Es hätte so ein schöner Nachmittag werden können, wenn du nicht …“, „Guck mal, was du da angerichtet hast …“ oder „Das wundert mich nicht, dass das passiert ist, bei deinem Verhalten …“

1.3 Traumaspezifisches Symptomverstehen

Betrachten wir die vorangegangenen Ausführungen, wird klar, dass nahezu alle Bereiche sozialer, emotionaler, kognitiver und sensorischer Kompetenzen von traumatischem Erleben beeinflusst werden können. Eine Vielzahl klassischer Auffälligkeiten wie

- Probleme in der Aufmerksamkeitsregulation,
- Aggressivität,
- Impulsdurchbrüche,
- Depressionen,
- selbstverletzendes Verhalten,
- Schlafstörungen,
- motorische Unruhe,
- Leistungseinbrüche und Antriebslosigkeit

sind als Folgeerscheinungen von Traumatisierungen möglich. Letztlich kann somit jede – nicht anders erklärbare – Auffälligkeit des Kindes, Anlass sein, sich aus traumaspezifischer Sicht auf Forschungsreise zu begeben.

Betrachten wir die oben benannten Phänomene durch die *Traumabrille*, wird bereits deutlich, dass bzgl. des Symptomverständnisses von Menschen, die im sozialpädagogischen Kontext begleitet werden, ein deutliches Umdenken notwendig ist. Vor dem Hintergrund der ganzheitlichen Auswirkungen eines Traumas, das seine Spuren in allen Entwicklungsbereichen (Fühlen, Denken, Handeln, Körperempfindungen, Interaktion/Bindungsentwicklung) hinterlassen kann, ist es dringend erforderlich, präsentierte Verhaltensweisen und Auffälligkeiten, die ja häufig Auslöser für Hilfeanlässe sind, unter diesem Aspekt zu betrachten.

Eine traumasensible Perspektive schützt vor vorschnellen Diagnosen wie einer Gleichsetzung von Unruheverhalten und Aufmerksamkeitsproblemen mit der Diagnose ADHS. Diese Diagnose wird in der Konsequenz häufig medikamentös behandelt und lebenskontextuelle Aspekte werden gleichzeitig vernachlässigt. Die traumasensible Perspektive hilft also, emotionale Durchbrüche ggf. nicht als Tyrannenverhalten, Anstellerei oder Unerzogenheit zu interpretieren und Leistungsversagen nicht mit Faulheit und Bequemlichkeit zu verwechseln.

Um nun aber einer inflationären Benutzung und Vereinfachung des Traumabegriffes entgegenzuwirken, ist es notwendig, zwischen Symptom und Diagnose zunächst die *biografische Erkundung*, im klinischen Fachjargon *Anamnese* genannt, zu setzen.

Bei der biografischen Erkundung geht es zum einen darum, über das Erzählen und Informieren Hintergrundwissen zu Erlebnissen und Erfahrungen aus der Vorgeschichte des Menschen zu erhalten. Dieses Vorgehen kann hilfreich sein, um Abgrenzungen oder Zuordnungen bezüglich einer möglichen Traumatisierung zu treffen.

> *„Nicht in den Bereich der Traumatisierung gehören:*
> *Erlebnisse/Erfahrungen mit intensiven Gefühlen negativer (oder positiver) Qualität wie*
> - *Ärger, Trauer, „Schmerz", Wut, Neid, Eifersucht,*
> - *Enttäuschungen bei Zurückweisungen, Verlusten und Mangel im Normbereich,*
> - *Frustrationen oder herausfordernde Lebenssituationen verschiedenster Art […], [die zu] gesunden oder so genannten neurotischen inneren und äußeren Reaktionen wie neurotischen Konfliktlösungen und Symptombildern führen,*
> - *erlernte oder aktuelle dysfunktionale Beziehungsmuster bzw. belastende Interaktionen oder körperliche Erkrankungen als Ursache für Symptome und Störungen im Erleben und Verhalten von Menschen." (Tammerle-Krancher 2009, 9)*

Demgegenüber stehen Prozesse mit hohem Traumatisierungspotenzial, die es zu erkennen gilt. Hierzu zählt das Wahrnehmen traumatischer Situationsfaktoren ebenso wie die Auseinandersetzung mit klassischen Risikofaktoren und subjektiven Vulnerabilitätsfaktoren. Aufgabe von SozialpädagogInnen ist es dabei nicht, Diagnosen im klassischen Sinne zu stellen, sondern Beobachtungen, biografische Informationen und Selbstdeutungen der KlientInnen so zusammenzubringen, dass eine hypothetische Grundlage für sozialpädagogische Handlungsplanung und Intervention zur Verfügung steht. Dabei hilft ein individuelles Fallverstehen, das zunächst das Geworden-Sein eines jeden Menschen als einzigartigen Prozess anerkennt. Darüber hinaus braucht es Fachwissen, zu dem in diesem Fall neben einem allgemeinen Symptomverständnis, wie im vergangenen Abschnitt dargestellt, auch Wissen über die situationsspezifischen Einflussfaktoren und Entstehungszusammenhänge gehört. Diese sollen im Folgenden näher erläutert werden.

1.4 Biografische Erkundungen

Auch wenn, wie bereits eingangs dargestellt, nicht das Ereignis an sich das Trauma ist oder bewirkt, sondern das Erleben von existenzieller Bedrohung bei gleichzeitiger Schutz- und absoluter Hilflosigkeit, können sowohl traumatische Situationsfaktoren wie auch lebensgeschichtliche Risikofaktoren benannt werden, die die Wahrscheinlichkeit einer Traumatisierung mit Traumafolgesymptomatiken erhöhen.

Traumatische Situationsfaktoren

Dauer und Intensität

Grundsätzlich kann man davon ausgehen, dass sich wiederholende oder langandauernde bedrohliche Situationsfaktoren ein höheres Risiko für eine Traumatisierung bergen als einmalige Ereignisse. In der Klassifizierung von Traumata unterscheidet man deshalb:

Monotrauma: Darunter versteht man ein einmaliges traumatisches Erlebnis wie beispielsweise einen Unfall.
Multitrauma: Hierbei handelt es sich um eine *Anreicherung* traumatischer Erlebnisse. Diese sind im Prinzip unabhängig voneinander und treten *schicksalhaft* gehäuft im Leben eines Menschen auf. Während erste und zweite traumatische Schicksalsschläge möglicherweise bewältigt werden konnten, übersteigen weitere Ereig-

nisse das Maß der eigenen Stresstoleranz. Fragen wie „Warum immer ich?“ stellen das Sinnerleben infrage und münden in dem Gefühl, einer feindseligen Macht gegenüberzustehen, die es auf das eigene Leben abgesehen hat. Aussagen wie „Das ist jetzt wirklich zu viel“, machen deutlich, dass jetzt die Anzahl der Ereignisse zu dem Gefühl führt, dass das Schicksal *größer ist als man selbst.*

Sequenzielle Traumatisierungen: Hierzu zählt man alle traumatischen Ereignisse, die länger andauern und/oder in ihrem Verlauf immer wieder neue Bedrohungsspitzen enthalten. Dies ist beispielsweise im Zusammenhang mit Naturkatastrophen der Fall, in denen auf den ersten Moment der Erschütterung häufig lange Zeiten großer Schutzlosigkeit, Niedergeschlagenheit oder Perspektivlosigkeiten folgen. Diese führen wiederum dazu, dass die Diskrepanz zwischen Bewältigungsmöglichkeiten und Situationsanforderungen immer wieder negativ wahrgenommen wird. Auch schwere Erkrankungen wie Krebs können in eine sequenzielle Traumatisierung führen, wenn beispielsweise nach einem Heilungsprozess erneut ein Tumor festgestellt wird. Bei einer erstmaligen Erkrankung kann sich möglichweise das *Prinzip Hoffnung* und das Vertrauen in die eigene Kraft oder die Kompetenz der Ärzte (→Kap. 1.5) mildernd auf den Traumatisierungseffekt auswirken.

Die Erfahrung, die Krankheit überwunden zu haben, kann von einem Menschen auch als individueller Wachstums- und Reifungsprozess erlebt werden. Luise Reddeman bezeichnet derartige Prozesse als „traumatic growth“ (Reddemann 2007, 53). Wiederholt sich jedoch die Erkrankung oder werden weitere Tumore gefunden, kann das zu einer tiefen und nachhaltigen Erschütterung des Selbstvertrauens („Ich schaffe es nicht!“) und Weltvertrauens („Niemand kann mir helfen!“) führen. Auch das sogenannte Entwicklungstrauma, das einhergeht mit frühen chronischen Misshandlungen und Vernachlässigungen, gehört zu den sequenziellen Traumatisierungen und wiegt in seiner Bedeutung für die Entwicklung langfristiger Traumatisierungen besonders schwer.

Der vermutete Schweregrad einer traumatischen Beeinträchtigung steigt – in Abhängigkeit zu den Schutzfaktoren – vom Monotrauma zu sequenziellen Traumatisierungsformen deutlich an. Häufigkeit und Langfristigkeit bestimmen – bei gleichzeitig fehlenden oder mangelnden Schutzfaktoren – das Ausmaß der Traumatisierungen und ihrer Folgesymptomatiken deutlich mit.

Auch wenn diese Formel nur allzu logisch erscheint und sich auch eine gute Orientierung bzgl. der Einschätzung von Folgesymptomatiken daraus ergibt, bleibt es wichtig, im Einzelfall davon abweichen zu können. So ist es durchaus denkbar, dass ein Monotrauma für einen Menschen zu einem so gravierenden Einschnitt in seinem Leben führt, dass er dauerhaft davon verwundet bleibt und keinen Weg in sein Leben zurück findet. Wichtig bleibt es also bei aller Klassifizierung, der subjektiven Bedeutung für das Individuum Aufmerksamkeit zu schenken, um nicht zu Bagatellisierungen und Herabwürdigungen persönlicher Verwundungen zu kommen.

Plötzlichkeit und Heftigkeit

Ereignisse, die das Individuum als Schocktrauma unvorbereitet und zeitlich überraschend treffen, haben einen „Überrumpelungseffekt", der sich negativ auf die Bewältigungsmöglichkeiten auswirken kann (Fischer/Riedesser 2009, 159). Völlig unvorbereitet auf Ereignis und Ausmaß zu sein, bedeutet, dass das Ereignis im Gesamtzusammenhang des eigenen Lebenskontextes nicht eingeordnet werden kann. Es ergibt keinen Sinn. Dinge und Erlebnisse in einen Sinnzusammenhang im eigenen Leben bringen zu können, ist jedoch eine wichtige Verarbeitungsvoraussetzung. Huber schreibt dazu: „Wer sich keinen Reim auf das Erlebnis machen kann, steckt hinterher in größeren Schwierigkeiten als jemand, der dem Ereignis möglichst rasch danach eine Bedeutung im Leben geben kann." (Huber 2009a, 76)

Übersteigen Ereignisse unseren Erwartungshorizont, stehen entsprechend keine Handlungskompetenzen als Antwort zur Verfügung. Menschen sagen dann häufig so etwas wie „Ich hätte nie gedacht, dass mir/uns so etwas passieren kann!"

> Ein Polizist beispielsweise, der an einen Unfallort gerufen wird, wird zwar möglicherweise mit Bildern des Schreckens konfrontiert, ist aber in seiner Rolle und Funktion auf derartige Ereignisse vorbereitet. Unfälle gehören zu seinem Alltag, so dass er normalerweise handlungsfähig sein wird. Bei Großunglücken wie der Zug-Katastrophe von Eschede im Jahr 1998 können aber auch gut trainierte Einsatzkräfte dekompensieren und Traumatisierungen erleiden, da das Ausmaß dessen, was sie nun erleben, alles übersteigt, was sie sich bisher haben vorstellen können.

Und auch bei der Reaktorexplosion in Fukushima/Japan im Jahr 2011 konnte an der Reaktion der Menschen der Verlauf der Traumatisierung gut beobachtet werden. Während zunächst kurz nach dem Erdbeben viele Menschen mit erstaunlicher Ruhe reagierten, weil Erdbeben für sie zu ihrer kalkulierten Lebensrealität gehören, veränderten sich mit dem Bekanntwerden des Ausmaßes der Katastrophe und der langandauernden Bedrohung mit ungewissem Ausgang durch den glühenden Reaktor die Reaktionen im Fühlen und Handeln der Menschen deutlich.

Natur-/Technikkatastrophen versus Beziehungstrauma

„Je näher eine traumatische Situation einem Kind (oder Menschen, Anm. d. Verfasserin) und seiner vertrauten Umgebung kommt, desto gravierender sind die psychischen Folgen." (Krüger 2007, 56) Das Miterleben von Naturkatastrophen oder Unfällen ist für viele Menschen ein traumatischer Moment. Der Verlust von Heimat als *sicherem Ort*, das Vertrauen in die Zuverlässigkeit der Natur, die Plötzlichkeit eines Unfalls, die Erschütterung der eigenen Handlungsfähigkeit in Zeugenschaftssituationen – all dies bedeutet ein hohes Risiko für Traumatisierungen. Stehen jedoch in derartigen Situationen für den betroffenen Menschen andere Menschen als Ersthelfer, Retter oder soziale Unterstützer zur Verfügung, die ihm in seiner Not helfen, so können diese Ereignisse kurz- oder langfristig häufig gut verarbeitet werden. Der Moment der Schutzlosigkeit wird reguliert und kann heilsam auf den traumatischen Prozess wirken.

Während bei Natur- oder Technikkatastrophen möglicherweise das Weltvertrauen und das Vertrauen in die eigene Wirksamkeit, diesem Unglück entkommen oder dagegen ankämpfen zu können, erschüttert werden, wird ein Mensch, der durch andere Menschen verletzt wird, in seinem Vertrauen in menschliche Beziehungen verwundet. Der Impuls, Schutz zu suchen, um dem Ereignis zu entkommen oder mindestens Linderung zu erfahren, wird frustriert und zutiefst herabgesetzt. Je vertrauter ein Mensch dem anderen ist, je mehr Zuneigung er diesem gegenüber verspürt, je abhängiger er von ihm und je unmittelbarer die Bedrohung ist, desto schwerwiegender werden die Erschütterungen bleiben, die oft als langfristige Verunsicherungen oder Störungen im Bindungserleben und -verhalten der Betroffenen erhalten bleiben. „Wer von Menschen verletzt wurde, wird Menschen gegenüber misstrauisch bleiben", schreibt Susanne Lambeck in einem Tagungsbericht zur Situation traumatisierter Pflege- und Adoptivkinder (Lambeck 2006, 38). Fischer/Riedesser bezeichnen Traumatisierungen, bei denen das Opfer in engem Verhältnis zum Täter stand, als sogenannte *Beziehungstraumata*. Hierbei sind zunächst vor allem klassische Situationen häuslicher Gewalt und psychischer und physischer Vernachlässigung gemeint, in denen Kinder durch ihre Bindungspersonen verletzt werden. Sie umfassen aber auch Erfahrungen, in denen beispielweise Frauen vom Ehepartner, Freunden oder Angehörigen vergewaltigt werden oder im Rahmen einer therapeutischen Beziehung sexueller Gewalt ausgesetzt sind (Fischer/Riedesser 2009).

Mittelbare versus unmittelbare Betroffenheit

Wie bereits erwähnt, kann auch das mittelbare Miterleben von traumatischen Situationen ein Trauma auslösen. Der traumatisierende Moment in Zeugenschaftssituationen besteht vor allem in einer Überflutung mit Eindrücken, ohne dass direkt Einfluss auf die Situation genommen werden kann.

Ein afghanischer Freund, der in seiner Heimat schwerer Folter ausgesetzt war, berichtete einmal, dass er das Mitanhören und Mitansehen der Folterung von anderen Menschen als quälender und schlimmer erlebt hatte als die eigenen Folterungen. Er begründete es damit, dass er den eigenen Qualen noch mit Schreien und dem Versuch sich zu wehren begegnen konnte, sich jedoch völlig ausgeliefert fühlte, als er seinen Mitgefangenen nicht helfen konnte.

Auch ein Kind, das miterleben muss, wie sein Vater seine Mutter misshandelt, wird unter extremem Stresseinfluss stehen, weil es der Mutter nicht helfen kann und gleichzeitig selbst in existenzieller Gefahr ist, da seine schützende Bindungsperson bedroht wird.

Dennoch gilt, dass selbst erfahrene körperliche Verletzungen, die mit starken Schmerzen einhergehen, eine Traumaverarbeitung besonders erschweren (Huber 2009a). Das mag möglicherweise auch mit der *hohen Betäubungsdosierung*, die der Organismus zur Verfügung stellen muss, damit der akute Moment bewältigt werden kann, zusammenhängen. Damit einhergehende Dissoziationen behindern eine Integration des Erlebten ins episodische Gedächtnis, so dass traumainduziertes Erleben auf den Körperebenen gespeichert bleibt und den Organismus belastet. Insbesondere sexuelle Gewalt, die durch Eindringen in die Körperebenen die leiblich-seelische Integrität des Menschen zerstört (Huber 2009a), bringt fast immer schwerwiegende Traumafolgestörungen mit sich.

Verlusterfahrungen

Verlusterfahrungen durch vorübergehende oder endgültige Trennungen oder Tod von nahestehenden Personen gehören zur normalen Lebensrealität von Menschen, die zwar eine starke Beanspruchung der emotionalen Stabilität bewirken, aber normalerweise – in guter Relation von Risiko- und Schutzfaktoren – im Rahmen von (längeren) Trauerprozessen bewältigt werden können. Ein besonderes Traumatisierungsrisiko bilden sie dann, wenn sich ein Kind aufgrund seines Entwicklungsstandes noch in existenzieller Abhängigkeit zu seiner Bindungsperson befindet. Säuglinge und Kleinkinder interpretieren aufgrund der noch mangelhaft ausgebildeten Objektkonstanz bereits kurze Abwesenheitsphasen der Bindungsperson als bedrohliche Verlusterfahrung. Ist diese Trennung von längerer Dauer oder Endgültigkeit, „ist dieses in der Regel traumatisch“ (Tammerle-Krancher 2009, 43).

Ob dieses traumatische Erleben langfristige Folgen hat, wird weitestgehend davon abhängen, ob sekundäre Bindungspersonen zur Verfügung stehen, die dem Kind ausreichend Schutz bieten und es in seinem Trauerprozess begleiten können. Ist das nicht der Fall, können bereits längere Abwesenheitsphasen der primären Bindungsperson traumaspezifische Störungen in der Entwicklung des Kindes mit sich bringen.

> Marina ist 3 Jahre alt, als ihre Mutter aufgrund einer plötzlichen Blinddarmentzündung ins Krankenhaus muss. Die Mutter lebt mit ihrer Tochter alleine und ist sozial recht isoliert. Zu ihrer Familie hat sie aufgrund einer eigenen hoch belasteten Vergangenheit keinen Kontakt. Die Mutter bittet in ihrer Not einen flüchtigen männ-

lichen Bekannten, der alleine lebt, ob er sich um das Mädchen kümmern kann. Dieser stimmt zu und nimmt das Kind zu sich. Während des Krankenhausaufenthaltes gibt es keinen Kontakt zwischen Mutter und Kind. Als die Mutter nach 10 Tagen nach Hause kommt, erkennt ihr Kind sie nicht mehr. Das kleine Mädchen zeigt keinerlei emotionale Regung, als die Mutter wieder auftaucht. Es begegnet ihr wie einer Fremden, lässt aber widerstandslos *wie eine Puppe* alles mit sich machen. In der Folge entwickelt Marina eine starke Angstsymptomatik. Jedes Mal, wenn es an der Tür klingelt, zuckt das Mädchen zusammen und erstarrt. Geht ihre Mutter mit ihr nach draußen, wirkt Marina oft wie *apathisch*, sobald sie unter Menschen sind. Nachts wacht sie häufig auf, läuft nassgeschwitzt und schreiend durch die Wohnung und ist in diesem Zustand für eine Kontaktaufnahme durch die Mutter nicht erreichbar.

1.5 Risiko- und Schutzfaktoren

Zusätzlich zu den oben benannten traumaspezifischen Situationsfaktoren wird Grad und Schwere der Traumatisierungsfolgen auch davon abhängen, auf welchen *situativen und biografischen Boden* ein traumatisches Ereignis oder traumatisierende Bedingungen treffen. Traumaspezifische Situationsfaktoren stehen somit immer in enger Wechselwirkung zu persönlichen Vulnerabilitäten und lebengeschichtlich bedingten Risiko- und Schutzfaktoren, die ihren Effekt verstärken oder abmildern können.

Risikofaktoren und Vulnerabilitäten

Unter Risikofaktoren werden diejenigen Faktoren verstanden, die belastete oder traumatische Situationen negativ beeinflussen. Durch ihre destabilisierenden Effekte wird die Wahrscheinlichkeit von Folgestörungen erhöht. Risikofaktoren beziehen sich dabei vor allem auf lebensgeschichtliche oder psychosoziale Umstände, die situationsverschlimmernd wirken.

Ergänzend zum Risikokonzept betrachtet man die sogenannten Vulnerabilitätsfaktoren, die sich auf die individuellen Merkmale und Voraussetzungen der Person beziehen. Weder ein Risiko- noch ein Vulnerabilitätsfaktor alleine kann dabei als auslösende Größe für eine PTBS angenommen werden. Es handelt sich lediglich um Indikatoren, die mit erhöhter Wahrscheinlichkeit das Belastungsausmaß einer Situation verschärfen und somit als „Gefährdungsfaktoren in das individuelle Traumaprofil eines Menschen eingehen können“ (Fischer/Riedesser 2009, 163).

Psychosoziale und lebensgeschichtliche Risikofaktoren

In der epidemiologischen Risikoforschung werden folgende Aspekte als potenziell risikoerhöhende Bedingungen benannt (Wustman 2004; Fooken/Zinnecker 2009; Fischer/Riedesser 2009; Huber 2007 u.a.):

- niedriger sozial-ökonomischer Standard/Armut,
- geringe soziale Einbindung und Unterstützung,
- dysfunktionale Familienstrukturen,
- Trennungs-/Verlusterlebnisse in der Vorgeschichte,
- psychische Erkrankungen und Sucht in der Familie.

Vulnerabilitäten

Als Vulnerabilitäten werden biologische und psychologische Dispositionen bezeichnet, die in Kombination mit kontextbedingten Risikofaktoren und belastenden oder traumatischen Situationsfaktoren risikoerhöhend wirken. Im Folgenden werden einige Vulnerabilitätsfaktoren benannt werden, die bezüglich des Traumageschehens relevant erscheinen.

Reife: Bereits in den Ausführungen zu der Bedeutung von Frühtraumatisierungen während der Kindheit haben wir darauf hingewiesen, dass hier ein erhöhtes Gefährdungspotenzial für die Entwicklung der Gesamtpersönlichkeit vorliegt. Außer den dort beschriebenen Folgen traumatischer Stressauswirkungen ist die Vulnerabilität gegenüber traumatischen Situationen in frühen Entwicklungsstadien dadurch erhöht, dass aufgrund mangelnder Lebenserfahrung, eingeschränkter Handlungskompetenzen und reifungsbedingten Verarbeitungseinschränkungen (Sinnverstehen, Sprachentwicklung)dem traumatischen Geschehen wenig entgegengesetzt werden kann. Je jünger ein Mensch ist, desto wahrscheinlicher ist es, dass ein Ereignis *größer ist als er selbst*. Im Gegensatz zu früheren Annahmen, in denen Kindern die Möglichkeit einer psychischen Schädigung alleine deshalb abgesprochen wurde, weil sie ja noch *klein* sind, ist das Traumatisierungsrisiko in dieser Lebensphase besonders hoch. Dringend notwendig ist es deshalb, im biografischen Fallverstehen auch solche Ereignisse zu berücksichtigen, die die frühkindliche Entwicklung betreffen. Dazu gehören in der

- **pränatalen Entwicklungsphase:** *Extremstresserfahrungen* der schwangeren Mutter, die durch enge biologische Verbindung das Kind mit Stresshormonen überflutet, während das kindliche Stresssystem noch im Aufbau begriffen ist und entsprechend keine Regulationsmöglichkeiten hat – gleiche Reaktionen lösen auch *direkte massive physische Einwirkungen* auf die Mutter und den schwangeren Bauch durch Unfälle oder schlimmstenfalls Gewalteinwirkungen aus;
- **perinatalen Entwicklungsphase:** *Geburtstraumata* wie extremer Sauerstoffmangel, körperliche Verletzungen, abrupte Trennung von der Mutter und Schmerzerfahrungen;
- **postnatalen Entwicklungsphase:** *Inkubatorzeiten* und *überwältigende Sinneseindrücke*, die in Quantität und Qualität nicht reifungsangemessen sind sowie *fehlende Bindungsangebote*.

Die Frage der Reifung bezieht sich also in erster Linie auf das tatsächliche Lebensalter eines Kindes. In zweiter Linie betrifft es aber auch die individuelle Reife. Auch Entwicklungsverzögerungen oder kognitive Einschränkungen aufgrund einer Behinderung erhöhen die subjektive Verletzbarkeit gegenüber einem traumatischen Geschehen, da die protektiven Faktoren (erfassen können, darüber sprechen können, handeln können) möglicherweise eingeschränkt sind.

Unsichere Bindung: Als einer der zentralen negativen Wirkfaktoren wird die Grundposition einer unsicheren Bindungsstruktur betrachtet. Im Gegensatz zu denjenigen Bindungsstörungen, die direkt als Traumatisierungsfolge auftreten können (→Kap. 1.2), sind unsichere Bindungsmuster zunächst einmal nur kompensatorische, interaktive Anpassungsmuster an entsprechende Bindungsangebote der Umwelt. In stressrelevanten Situationen erhöhen sie jedoch das Risiko, diese akut oder nachhaltig schwerer zu bewältigen. Sichere Bindungen stellen einen festen und soliden Boden der Gesamtentwicklung dar, der auch in *stürmischen Zeiten* nicht so leicht aufzuweichen ist. Unsichere Bindungen hingegen stellen eher ein schmales und weiches Fundament, das Belastungen gegenüber wenig widerstandsfähig ist (Brisch 2009b). Dies mag sowohl auf das mangelnde Urvertrauen zurückzuführen sein wie auch darauf, dass Bindung als Bollwerk gegenüber Schutzlosigkeit und Unterstützung bei der Stressregulation von bindungsunsicheren Menschen nicht ausreichend genutzt werden kann.

Die Grundlagen der Charakterisierung und die Erforschung von Bindungsverhalten und der sich in diesem Zusammenhang konstituierenden Bindungsmuster gehen in ihren Anfängen auf Studien von John Bowlby und Mary Ainsworth zurück (Grossmann/Grossmann 2003). Anhand vielfältiger Studien konnten deutliche Zusammenhänge zwischen Bindungsmustern und Stressregulationsfähigkeiten erwiesen werden. Als sicheres Bindungsverhalten bei Kindern gelten demnach Verhaltensweisen, in denen sich Kinder in verunsichernden, neuen und belastenden Situationen an ihre Bindungsperson wenden, um sich dort Unterstützung und Trost zur besseren Bewältigung des Stresserlebens abholen zu können. Werden diese Bedürfnisse zuverlässig und feinfühlig beantwortet, kann das Kind sich schnell wieder in die Exploration begeben und sich der Welterkundung zuwenden.

Unsicheres Bindungsverhalten ist hingegen davon gekennzeichnet, dass Kinder die erwachsenen Bindungspersonen nicht ausreichend nutzen können, um für Entlastung und Selbstberuhigung zu sorgen. Dies geht einher mit einem permanent erhöhten Stresspegel des Kindes, der Einbußen auf den Ebenen einer angemessenen Emotionsregulation sowie bzgl. der Explorationsentwicklung mit sich bringt. Früh etablierte Bindungsmuster bleiben häufig die Grundlage späterer Beziehungsgestaltung, wenn sie nicht durch konsequente Korrektiverfahrungen reguliert werden. Die am häufigsten vorkommenden unsicheren Bindungsqualitäten sind der unsicher-vermeidende Bindungsstil und der unsicher-ambivalente Bindungsstil, die sich wie folgt unterscheiden:

- Menschen mit **unsicher-vermeidendem Bindungsmuster** wenden sich mit ihren Bedürfnissen und Emotionen – außer in extremer Not – wenig an andere Menschen. Bei Kindern ist eine besondere *Coolness* zu beobachten. Sie beziehen sich wenig auf ihre Bezugsperson und reagieren auf diese weder bei Trennung noch bei Rückkehr mit besonderer emotionaler Resonanz. Ihr Spiel dient der Ablenkung von ihren Bindungsbedürfnissen, bleibt aber häufig eher oberflächlich, da durch die nachgewiesene hohe innere Stressrate (erhöhter Cortisolspiegel, erhöhte Herzfrequenz) nicht zureichend Entspannung eintreten kann. Insgesamt zeigen sie sich häufig scheinbar unverwundbar („Indianerherz kennt keinen Schmerz!") und lehnen Zuwendung zum Beispiel in Verletzungssituationen eher ab („Hat gar nicht weh getan!"). Unsicher-vermeidende Bindungsqualitäten entwickeln sich als Resonanz, wenn früh die Erfahrung gemacht wurde, dass die primären Bindungspersonen wenig oder nicht empfänglich für die Signale des Kindes waren – entweder weil diese Schwierigkeiten mit offen geäußerten Bindungsbedürfnissen und Schwächen haben und Kinder nicht zu *Heulsusen* erziehen wollen, oder weil sie selbst aufgrund eigener innerer oder äußerer Belastungen nicht in der Lage sind, die Signale der Kinder feinfühlig zu interpretieren und angemessen darauf zu reagieren. „Die Kinder lernen, dass sie ihren Bezugspersonen nur dann nahe sein können, wenn sie sich in der Äußerung ihrer Bindungsbedürfnisse zurücknehmen und passen ihr Verhalten bei Unsicherheit optimal darauf an" (Suess/Burat-Hiemer 2008, 62). Das Bindungsverhalten wird bei unsicher-vermeidendem Bindungsstil insgesamt minimiert.

- Bei **unsicher-ambivalenten Bindungsmustern** zeigt sich hingegen ein stark maximiertes Bindungsverhalten. In fremden und stressreichen Situationen reagieren unsicher-ambivalent gebundene Menschen fast panikartig und mit klammerartigem Bindungsreflex gegenüber ihrer Bezugsperson. Auffällig ist dabei, dass im Gegensatz zur Schutzsuche bei sicher gebundenen Menschen kaum Beruhigung in der Nähe der Bindungsperson eintritt. Bei Kindern kann zudem in diesen Situationen insofern eine hohe Ambivalenz beobachtet werden, als sie sich einerseits an der erwachsenen Person festhalten, andererseits aber auf deren tröstende Angebote mit wütendem Treten, Kneifen, Hauen und Beschimpfungen reagieren. Das Explorationsverhalten der Kinder ist oft eingeschränkt, weil sie sich im ständigen *Bindungsalarm* befinden und entsprechend wenig *Entdeckermotivation* ausbilden können. Unsicher-ambivalente Bindungsmuster können sich entwickeln, wenn Kinder erleben, dass ihre primären Bindungspersonen mal einfühlsam gegenüber ihren Signalen waren und dann wieder erstaunlich unsensibel (Suess/Burat-Hiemer 2008). Das Verhalten der Bezugsperson ist extrem abhängig von deren eigenen Stimmungen und somit für das Kind nicht durchschaubar. Das Kind weiß nie, in welcher Verfassung/Stimmung es seine Bezugsperson antrifft und verwendet entsprechend viel Energie darauf, sich mit ihr auseinanderzusetzen, mit dem Wunsch sie beherrschbar – im Sinne von einschätzbar – und damit verlässlich zu machen. Gleichzeitig wiederholt sich in seinem eigenen ambivalenten Verhalten auch die erworbene innere Repräsentanz des *mal so, mal so*-Bindungsverhaltens der Bezugsperson.

- Abzugrenzen von diesen beiden Bindungsstilen ist das **unsicher-desorganisierte Bindungsmuster.** Es handelt sich hier um Verhaltensweisen, die keine einheitliche Bindungsstruktur erkennen lassen. In Trennungs- oder anderweitig belasteten Situationen verhalten sich diese Kinder sehr widersprüchlich. Verhaltensimpulse wie das Zulaufen auf ihre Bindungsperson werden plötzlich unterbrochen, das Kind wirkt wie erstarrt, schaut ins Leere, dreht abrupt ab oder bewegt sich unschlüssig hin und her. Eben diese Phänomene der *Erstarrung* und *stereotyper Bewegungsanteile* sind kennzeichnend für eine unsicher-desorganisierte Bindungsqualität.

> *„In einem desorganisierten Bindungsmodell ist der Bindungspartner sowohl als Quelle der Sicherheit, als auch des Erschreckens abgespeichert [...] Bezugspersonen, die ihre Kinder durch Verhalten immer wieder erschrecken indem sie sie anbrüllen, manchmal ohne Vorwarnung, oder die im Spiel nicht merken, dass ihr Kind nicht mehr lacht, sondern erschreckt reagiert, tragen zur Entwicklung eines solchen Orientierungsmodells bei."*
> (Suess/Burat-Hiemer 2008, 66)

Michaela Huber weist daraufhin, dass ungelöste Traumageschichten oder eine Panikstörung der Eltern, die also „ihrerseits chronisch zutiefst erschreckt sind" (Huber 2009a, 94) ebenfalls dieses Bindungsverhalten bei ihren Kindern auslösen können. Die eigene Schreckhaftigkeit kann dazu führen, dass sie ihr eigenes Kind oft als erschreckend empfinden und ihm dieses widerspiegeln. Häufig entwickeln diese Kinder extreme Kontrollmechanismen gegenüber ihren Bezugspersonen. Um Unvorhergesehenes zu vermeiden, initiieren sie häufig Situationen, deren Verlauf für sie dann kausal kalkulierbar wird (zum Beispiel provozieren sie – dann rastet das Gegenüber verlässlich aus). Die Explorationsenergie bleibt hinter der aufgebrachten Bindungsenergie deutlich zurück.

K. H. Brisch stellt fest, dass dieser Bindungsstil häufig auch im Zusammenhang mit schweren Traumatisierungen wie Misshandlungen, Missbrauch oder dem plötzlichen, unerklärlichen Verlust einer Bindungsperson bei Menschen gefunden wurde (Brisch 2009). Entsprechend kann der desorganisierte Bindungsstil sowohl als Risikofaktor wie auch als eigenständige Traumafolge gelten. Er befindet sich damit im Unterschied zu den vorab benannten Bindungsmustern eher im fließenden Übergang zu den pathologischen Bindungsstörungen.

Generative Vorbelastungen in der Familie – Traumaansteckung

Immer mehr gewann in den vergangenen Jahren auch eine generationsübergreifende Perspektive bei der Auseinandersetzung mit Traumatisierungen an Bedeutung. Biografische Studien, die sich beispielsweise mit den Auswirkungen von Kriegstraumata auf die nachfolgenden Generationen (Bode 2009; Ustorf 2008 et al.) beschäftigten, ebenso wie Berichte aus dem Bereich der Bindungs- und Gewaltforschung (Papoušek/Wollwerth de Chuquisengo 2009; Schechter et al. 2009) verdeutlichen, dass es eine Weitergabe von traumatischem Erleben von einer Generation in die nächste gibt. Dieses Phänomen wird als *transgeneratives Trauma* bezeichnet. Menschen, die von einem transgenerativen Trauma betroffen sind, zeigen ähnliche Symptome wie bei einer klassischen PTBS, ohne dass sie jemals direkt einem traumatischen Ereignis ausgesetzt waren. Emotionale Zustände von tiefer Trostlosigkeit, massiven Ängsten, Verunsicherung, absoluter Leere und fehlendem Selbstwirksamkeitserleben bis hin zu völliger Wertlosigkeit, Scham- und Schuldgefühlen, die sich nicht direkt erklären lassen, bestimmen das psychische Erleben (Baer/Frick-Baer 2010). Traumatisierungen in den Vorgeschichten von Familien können also zu einem eigenen Risikofaktor werden, Traumafolgestörungen auszubilden.

Dass traumatisches Erleben die Generationsbrücken überschreiten kann, hat seine Ursachen auf verschiedenen Ebenen des menschlichen Miteinander-verbundenen-Seins. Zu unterscheiden wären dabei pränatale und postnatale Prozesse, die zum Trauma-Überträger werden. So besteht während der Schwangerschaft eine erhöhte Vulnerabilität für traumatische Ansteckung vor allem über die pränatale Stressübertragung.

> *„Wenn die Mutter ein aufregendes, stresshaftes Ereignis durchmacht, vergrößert sich die Menge an Kortisol im Blut. Das Kortisol geht über die Mut-*

> *terkuchen auch in den Kreislauf der Feten über. Auf diese Weise wird die Entwicklung der kindlichen Stressregulation in den Anfangsmonaten der Schwangerschaft ganz entscheidend vom Stresserleben der Mutter geprägt. [...] Wie groß im späteren Leben die Stresstoleranz des Kindes einmal sein wird, hängt sehr vom Ausmaß und Erleben der mütterlichen Stresserfahrungen während der Schwangerschaft ab."* (Brisch 2010, 74)

Deutlich wird hierin, dass sicher einerseits ein unmittelbares traumatisches Ereignis durch den *Stressschock* direkte Auswirkungen auf die Formierung des psychischen Systems des Kindes haben kann. Zugleich wird vor allem vorstellbar, welchen Einfluss die stark erhöhte Stressensibilität bei traumatisierten Müttern auf die embryonale Kindesentwicklung nehmen kann, wenn das Stresssystem des Kindes früh im Bereich traumatischer Stressparameter geprägt wird. Ohne also direkt von einem Trauma betroffen zu sein, durchlebt das Kind auf den physiologischen Ebenen zentrale Aspekte der Traumatisierung und wird diese im so genannten Körpergedächtnis (Bauer 2006) ablegen.

Auch postnatal liegt ein zentrales Übertragungsmoment des traumatischen Erlebens zunächst in der neurobiologischen Struktur des Menschen. In dem Buch ‚Warum ich fühle, was du fühlst' beschreibt Joachim Bauer eindrucksvoll die Bedeutung der Spiegelneuronen im menschlichen Miteinander. Spiegelneuronen sind der Teil unserer biologischen Ausstattung, der quasi dafür sorgt, dass das Verhalten und Erleben des Anderen unwillkürlich in uns abgebildet und somit zum Bestandteil unseres eigenen Empfindens wird. „Die Arbeitsweise der Spiegelneuronen zeigt, auf welche Weise wir andere verstehen: Einen Menschen zu erleben geschieht dadurch – man könnte auch sagen: hat zur Folge, dass etwas ihm Entsprechendes in uns selbst aktiviert wird." (Bauer 2006b, 88) Spiegelneuronen unterscheiden also nicht zwischen Ich und Du. Der Andere wird spürbar in uns, als wären wir er selbst. So kann die emotionale Identität, die Besorgnisse, die Erregung, das Vermeidungsverhalten des Gegenübers zum eigenen werden. „Dies kann so weit gehen, dass selbst traumatische Trigger wie bei den traumatisierten Eltern auch bei der zweiten Generation traumatisches Erleben auslösen." (Baer/Frick-Baer 2010, 50) Neben diesen grundlegenden Aspekten der neuronalen Traumaübertragung gelten traumainduzierte Bindungsmuster (→Kap. 1.2) als Erklärungsgrundlage für generative Traumaübertragungen. „Die in einer Generation erlittene Traumatisierung führt häufig zu Beziehungs-

und Bindungsstörungen, die wiederum die Wahrscheinlichkeit von Traumatisierungen in der nächsten Generation erhöhen" (Korritko/Pleyer 2010, 41). Traumatisierten Menschen mit unverarbeiteten Traumata stehen häufig bindungsrelevante Kompetenzen nicht ausreichend zur Verfügung. Das sind zum Beispiel

- feinfühliges Interpretieren der Signale des Kindes,
- ausreichende emotionale Präsenz oder
- Unterstützung bei der Stressregulation.

Dies resultiert aus den eigenen inneren Belastungen, der erhöhten Stressanfälligkeit und dissoziativen Zuständen, so dass eine sichere Bindung als Schutzfaktor gegenüber traumatischen Prozessen oftmals nicht hinreichend entwickelt werden kann. Gleichermaßen haben Kinder traumatisierter Eltern nicht selten mit Auswirkungen ungebremster Affekte ihrer Eltern zu tun. So lösen Kinder in Eltern ungewollt vielfach altes traumatisches Erleben aus. Das kann das Schreien eines Babys sein, das als Trigger an eigenes stundenlanges Schreien in einer Vernachlässigungssituation erinnert, ebenso wie das Gefühl von Hilflosigkeit, weil sich ein Kind nicht beruhigen lässt; Letzteres erweckt plötzlich Kampf- und Fluchtimpulse einer vergangenen Ohnmachtssituation. Das Kind befindet sich entsprechend gemeinsam mit seinem Elternteil in einem *Zeitkollaps*, in dem sich die Zeit, in der die traumatisierten Eltern gefangen sind, und die Zeit der eigenen Gegenwart überlappen (Baer/Frick-Baer 2010). Daraus hervorgehende traumatische Atmosphären vergegenwärtigen sich im Leben des Kindes, das sekundär von diesen angesteckt und berührt wird.

Die Berücksichtigung des Aspektes der generativen Traumaübertragung ist im sozialpädagogischen Arbeitsfeld dort zentral, wo traumaspezifische Symptomatiken bei Menschen auftauchen, die aus ihrer persönlichen Biografie keine klassischen Traumaereignisse benennen können. „Ein Traumaerleben ohne ein Traumaereignis zu spüren, ist eine nicht greifbare Last" (Baer/Frick-Baer 2010, 95), die greifbarer gemacht werden kann, wenn Fachkräfte sich für generationsübergreifende Traumageschichten interessieren und so für besseres Selbstverstehen im psychoedukativen Sinne (→Kap. 2.5) sorgen können. Zugleich spielen Erkenntnisse aus diesem Feld des Traumaverstehens dort eine große Rolle, wo mit Eltern und Kindern gearbeitet wird. Die Arbeit mit traumatisierten Eltern sollte möglichst auch die Kinder mit in den Blick nehmen, um frühzeitig über gute systemische Arbeit und Förderung von Schutzfaktoren zur Entlastung und Stabilisierung der Kinder beizutragen, um das Maß der transgenerativen Traumaübertragungen zu begrenzen.

Schutzfaktoren

In den vorangegangen Abschnitten dieses Buches wurden Traumafolgestörungen als logische Konsequenz einer Potenzierung aus traumaspezifischen Situationsfaktoren, Risikokonstellationen und Vulnerabilitätskriterien dargestellt. Entwicklungen werden jedoch nicht allein durch das Maß der vorhandenen Gefährdungen bestimmt, sondern sind das komplexe Ergebnis des Zusammenwirkens von vielfältigen Risiko- und Schutzfaktoren (Wustmann 2004). Während Risikofaktoren und spezifische Vulnerabilitäten als negative Indikatoren in die *Traumabiografie* eines Menschen eingehen, können Schutzfaktoren abwehrend, mildernd oder heilend Einfluss nehmen. Insbesondere die Resilienzforschung, die sich mit der psychischen Widerstandsfähigkeit von Menschen unter Extrembelastung beschäftigt, hat hierzu vielfältige Forschungen vorgelegt.

Als Schutzfaktoren werden diesbezüglich Prozesse, Eigenschaften und Bedingungen bezeichnet, die die Wucht von Belastungen abmildern können und Menschen nach einem Niederschlag in ihr eigentliches Gleichgewicht zurückbringen (*Stehaufmännchen-Qualitäten*). In den Ergebnissen der Resilienzforschung wird deutlich, dass immerhin bis zu ein Drittel derjenigen Menschen, die risikoreichen Lebenssituationen ausgesetzt waren, ohne langfristige Folgen eine stabile Entwicklung nehmen konnte. Entsprechend bietet die Resilienzforschung eine gute und wichtige Orientierung bzgl. stabilisierender Entwicklungsfaktoren, die sowohl präventiv, akut und rehabilitativ Bezugspunkte sozialpädagogischer Handlungsausrichtung sein sollten. Immerhin bedeuten sie, dass dort, wo es gelingt, die entsprechenden Schutzfaktoren zu installieren oder anzuregen, die Chance und Wahrscheinlichkeit zur Bewältigung traumatischer Prozesse deutlich verbessert werden kann. Unterschieden werden im Schutzfaktorenkonzept

- **personale Faktoren** wie günstige Disposition bzgl. Temperamentsstruktur, Konstitution und Intelligenz,
- **eigentliche Resilienzfaktoren**, die ein Mensch in „der Interaktion mit seiner Umwelt sowie durch die erfolgreiche Bewältigung

von altersspezifischen Entwicklungsaufgaben im Verlauf erwirbt“ (Wustmann 2004, 46), zu denen ein positives Selbstbild, Selbstwirksamkeitsüberzeugungen und Ausbildung von optimistischen Grundhaltungen gehören sowie
- **umgebungsbezogene Faktoren** wie eine sichere emotionale Bindung zu einer Bezugsperson, positive Rollenmodelle und das Erleben sozialer Unterstützung (Wustmann 2004; Welter-Enderlin/Hildenbrand 2006; Fooken/Zinneker 2009 et al.).

Das Erkennen und die Auseinandersetzung mit diesen protektiven und stabilisierenden Faktoren in der menschlichen Entwicklung spielt in den Ansätzen der modernen Traumaarbeit eine wichtige Rolle. Sie sind deshalb auch in diesem Handbuch der Kompass für die zentrale Richtungsbestimmung traumapädagogischer Handlungsansätze.

2 Leitlinien traumabezogener Interventionen im sozialpädagogischen Alltag

2.1 „Erst verstehen – dann handeln“ (P. Moor)

Die Hilfeanlässe, aus denen heraus Menschen zu Adressaten sozialpädagogischer Angebote werden, sind vielfältig. Meist sind jedoch persönliche und soziale Nöte oder Bedarfe, die im Zusammenhang mit biografischen Verletzungen und Mangelerleben entstanden sind, der Grund. Nicht selten stehen diese Nöte im Zusammenhang mit verschiedensten Verhaltenssymptomatiken, die Auslöser oder Begleiter der sozialpädagogischen Hilfeleistungen sind. Dabei gerät manches Mal die Symptomatik stärker als das innere Leid der Betroffenen in den Fokus der beteiligten Fachkräfte. Ohne ausreichende Kasuistik entstehen Hilfepläne, die Gefahr laufen, vor allem den Abbau störender Verhaltensweisen anzustreben und scheinbar dysfunktionale Muster in funktionale Strukturen verwandeln zu wollen.

Eben diese Hilfeprozesse, denen kein ausreichendes Sinnverstehen zugrunde liegt, führen leicht zum Scheitern. In der Konsequenz wird dieses Scheitern dann so manches Mal den Hilfesuchenden aufgebürdet, indem es zu Zuschreibungen kommt, *nicht richtig mitzuarbeiten*, *sich zu verweigern*, *nicht wirklich zu wollen*. An dieser Stelle herrscht bisweilen ein merkwürdiges fachliches Selbstverständnis in therapeutischen und sozialen Berufsfeldern, in dem stagnierende oder scheiternde Prozesse dem Klienten angelastet werden. Ich stelle mir manchmal vor, wie ich reagieren würde, wenn ich zum Friseur ginge und dieser mir die Haare völlig verschneiden würde, um mir dann mitzuteilen, dass der misslungene Schnitt an der Struktur meiner Haare läge oder daran, dass ich vielleicht nicht richtig gewollt hätte, und ich deshalb den vollen Preis zahlen müsste.

Auch wenn die Profession Sozialer Arbeit mit Sicherheit kein klassisches Handwerk ist, braucht sie dennoch die Grundhaltung, dass es in *ihrer* Verantwortung liegt, den Prozess zugunsten des Adressaten zu gestalten. Dies umfasst zunächst die Entwicklung eines hinreichenden Verständnisses der Problematik, um dann auf der Handlungsebene für angemessene individuelle Lösungsansätze zu sorgen. Am Anfang jeder fachlichen Intervention steht also immer das *Enträtseln*, wie der Kinderpsychiater Karl-Heinz Brisch es gerne nennt. Anders ausgedrückt: Es geht um einen verstehensorientierten Zugang als Grundlage jeder Prozessgestaltung. Das folgende Beispiel soll dies noch einmal veranschaulichen:

Eine 32-jährige Klientin, Frau M., erhält aufgrund einiger Verhaltensauffälligkeiten ihrer 4-jährigen Tochter sozialpädagogische Familienhilfe. Die Hilfe gestaltet sich aus der Perspektive der Familienhelferin Frau S. oft mühsam. Die Familienhelferin hat den Eindruck, dass Frau M. die Probleme ihrer Tochter gar nicht richtig wahrnimmt. Auch einer Auseinandersetzung über ihre eigenen Schwierigkeiten mit der Erziehung und Versorgung ihrer Tochter weicht Frau M. meist aus oder wiegelt ab. Nachdem die Familienhelferin bereits einige Zeit in der Familie arbeitet, taucht plötzlich ein Gerichtsvollzieher auf. Es stellt sich heraus, dass Frau M. neben den besagten Erziehungsproblemen offensichtlich eine Menge Schulden aufgrund nicht beglichener Rechnungen hat. Hiervon wusste Frau S. bislang nichts. Frau S. meldet ihr Unverständnis an, bemüht sich um Schadensregulierung und bittet Frau M. inständig, ihr gegenüber mit *offenen Karten* zu spielen. Frau M. teilt mit, dass sie immer wieder vergessen habe, die Rechnungen zu bezahlen und versichert, dass dieses so nicht wieder vorkommen würde und auch, dass ansonsten *nix wäre*, was sie Frau S. nicht gesagt hätte. Nach ca. einem halben Jahr erhält Frau M. plötzlich einen Haftbefehl, da sie eine ihr gerichtlich auferlegte Geldbuße nicht bezahlt hatte. Frau M. gibt gegenüber der Sozialpädagogin an, sie, Frau S., habe das offensichtlich *verschludert*.

Verhaltensorientierter Zugang: Die Familienhelferin ist außerordentlich verärgert, dass Frau M. ihr wiederholt etwas verschwiegen hat und somit ständig neue Probleme schafft. Sie äußert Frau M. gegenüber Unverständnis über dieses Verhalten und teilt ihr auch mit, dass sie enttäuscht über den Verlauf wäre. Sie kündigt Frau M. an, die jetzige Hilfe beenden zu wollen, wenn diese nicht deutlicher mitarbeiten würde, ggf. müssten dann *„andere Maßnahmen“* eingeleitet werden.

Verstehensorientierter Zugang: Die Familienhelferin versucht mit Frau M. zu *enträtseln* und einzuordnen, wofür ihr Verhalten ein

Ausdruck sein könnte. Durch diesen feinfühligen Zugang kann die Familienhelferin zur Entwicklung einer vertrauensvollen Beziehung als Grundlage für Lernprozesse beitragen. Sie weiß, dass Frau M. aus einer hochbelasteten familiären Lebenssituation kommt. Neben sozialer und materieller Armut war sie über viele Jahre chronischer körperlicher und emotionaler Gewalt in ihrer Herkunftsfamilie ausgesetzt. Eine mögliche Erklärung für das Verhalten von Frau M. wäre, dass sie im Zusammenhang mit einem Kindheitstrauma gelernt hat, *Unangenehmes* zu vermeiden oder zu verdrängen (Konstriktion). Sie schützt sich damit vor jeder Art negativer Reize, da diese als Trigger fungieren und Intrusionen auslösen könnten. Wenn Frau M. also Probleme ihrer Tochter nicht wahrnimmt oder Mahnungen nicht erinnert, so ist es durchaus möglich, dass dies ein lebensgeschichtliches Überlebensmuster ist, das auftaucht, wenn Schuldgefühle (Probleme der Tochter) angesprochen werden oder Gefahr (Geldforderungen, Mahnungen) droht.

Es wird diesbezüglich wenig nützen, an Frau M.s Vernunft zu appellieren, es beim nächsten Mal anders zu machen, da in Stresssituationen nicht der Verstand, sondern die Erregung das Verhalten kontrolliert. Die Familienhelferin wird entsprechend insgesamt stabilisierend arbeiten. Bzgl. der Post-/Rechnungsproblematik könnte sie mit Frau M. klären, welche Unterstützung diese benötigt, um *schlechten Nachrichten* oder alltäglichen Herausforderungen begegnen zu können. Dazu könnte auch ein Angebot zum gemeinsamen Öffnen von Rechnungen gehören (Stressreduktion durch Bindungsangebot).

Manches Mal besteht unter sozialpädagogischen Fachkräften die Sorge, dass zu viel Verständnis ein Freifahrtschein für alle Verhaltensweisen sein könne. Verstehensorientiertes Arbeiten heißt nicht jedes Verhalten gut, es versucht jedoch, dieses zu ergründen, um ggf. an den Wurzeln und nicht nur an den Symptomen arbeiten zu können. *Verstehen* heißt nicht immer, auch einverstanden zu sein. Auch unter einem verstehensorientierten Zugang ist es möglich, sich in angemessener Weise klar in Bezug auf Fehlverhaltensweisen zu positionieren. Dies ist vor allem dann notwendig, wenn Grenzen oder Integrität anderer Menschen verletzt werden. Parallel dazu sollte aber immer auch ein Verstehensangebot gemacht werden, auf dessen Basis Neuorientierungen besser möglich werden als auf der Grundlage von Ermahnungen und Bestrafungen. Es geht also nicht um das Rechtfertigen von unangemessen Verhaltensweisen, sondern darum, sich einen Zugang zu verschaffen zu der inneren Not, die die Schaltzentrale dieser Verhaltensweisen ist.

Das Konzept des guten Grundes

Richtungsweisend für diesen Zugang kann das in der Praxis verbreitete Denkmodell des „Konzept des guten Grundes“ sein. Dieses basiert auf Grundannahmen, die davon ausgehen, dass das Verhalten von Menschen normalerweise nicht destruktiv motiviert ist, sondern aus dem inneren System des Menschen heraus Sinn ergibt. Um sich diesem Sinn anzunähern und damit zu tieferem individuellen Fallverstehen zu gelangen, können folgende Axiome hilfreich sein:

Menschen verhalten sich immer aus ihren Bedürfnissen heraus: Dieses Prinzip entschlüsselt Verhalten von Menschen im Zusammenhang mit ihren Bedürfnissen. Auffälligkeiten werden entsprechend nicht als Störung, sondern als besondere Bedürfnisse interpretiert. Gerade traumatisierte Menschen haben vielfältige Verletzungen und Mangelerlebnisse bzgl. ihrer Grundbedürfnisse erleiden müssen. Die sich hieraus ableitende Kernfrage lautet: Welche Grundbedürfnisse, die aktuell nicht befriedigt werden oder biografisch mangelhaft versorgt wurden, kommen in der wahrgenommenen Symptomatik zum Ausdruck? Handlungsziele, die sich aus diesem Zugang ergeben, gelten der Bearbeitung und (soweit möglich) Beseitigung des Mangelerlebens.

Der kleine Louis fällt in der Kita immer wieder durch provokantes und aggressives Verhalten auf. Die Gruppenerzieherin meint: „Man muss ihn im Grunde die ganze Zeit im Auge haben.“ Entsprechend häufig gibt es Ärger mit Louis. Regelmäßig wird Louis deutlich für sein Verhalten gemaßregelt oder muss sich eine *Time-out*-Zeit nehmen, bei der er im Nebenraum auf einem Stuhl sitzt. Obwohl die Kolleginnen sich konsequent verhalten und Louis ihnen immer wieder versichert, sich zu bessern, beklagen sie, dass die Auffälligkeiten des Kindes sich eher weiter verschlechtern. Betrachtet man Louis Verhalten aus der Perspektive seiner Bedürfnisse, so könnte Folgendes deutlich werden: Louis wuchs als einziges Kind bei seiner alkoholkranken Mutter auf. Mit zweieinhalb Jahren wurde er deutlich unterernährt und entwicklungsverzögert vom Jugendamt aus der Familie genommen. Zunächst war Louis für einige Wochen im Kinder-/Jugendnotdienst einquartiert, von dort kam er in eine Kurzzeitpflegefamilie, bei der er 6 Monate lang versorgt wurde. In dieser Zeit wurde deutlich, dass Louis nicht wieder zurück zu seiner Mutter konnte, so dass er in einer Langzeitpflegefamilie untergebracht wurde. Betrachtet man Louis' Verhalten aus der Perspektive seiner Bedürfnisse, so könnte die darin enthaltene Botschaft ein Bindungsbedürfnis sein, das gegenwärtig von ihm nicht anders zum Ausdruck gebracht werden kann. Wird Louis' Verhalten nun also ausschließlich mit *Ärger bekommen*, negativen Konsequenzen und *Time-out* beantwortet, entwickelt sich ein Teufelskreis, da neue Mangelerlebnisse und Verwundungen entstehen, die Louis' Verhalten weitere Nahrung geben. Wird jedoch Louis' Bedürfnis nach Bindung und Sicherheit zur Grundlage des pädagogischen Handelns, würden im Vordergrund der Aktivitäten – neben notwendigen Begrenzungen in Akutsituationen – vor allem Ansätze bindungsorientierten Arbeitens stehen (→Kap. 2.3).

Hinter jedem Verhalten steckt eine positive Absicht: Häufig sagen wir: „Das hat er mit Absicht gemacht!" und meinen dann: „…, um den Anderen zu ärgern oder zu verletzen." Die Unterstellung liegt also in feindseligen, berechnenden Absichten, die dazu da sind, dem Anderen zu schaden. Die Grundannahme, hinter jedem Verhalten stecke eine positive Absicht, erfordert einen Perspektivwechsel. Sie lenkt die Aufmerksamkeit weg vom (negativen) Effekt hin zu den inneren Zielen der ausführenden Person.

Die Kernfrage lautet in diesem Zusammenhang also: Was versucht jemand mit diesem Verhalten für sich zu erreichen oder sicherzustellen? Ähnlich wie bei der Frage nach den Bedürfnissen ermöglicht ein Zugang über die positiven Absichten, den Menschen darin zu unterstützen, ggf. andere Möglichkeiten für die gleichen Absichten zu erproben. Nach dem Motto *Absicht gut – Weg verkehrt*, kann zunächst wieder für sinnhaftes Einordnen des Verhaltens und dann für Alternativen gesorgt werden.

Werden positive Absichten nicht gewürdigt, blockieren sie erfahrungsgemäß den Veränderungsprozess. Ausschließlich verhaltensorientierte Zugänge wie bspw. in der Drogenarbeit provozieren ständige Rückfälle. „Niemand schmeißt das Licht aus, bevor er keine Gaslaterne installiert hat. Es sei denn, er will im Dunkeln sitzen" (Sprichwort). Verhaltensänderungen können nach diesem Konzept also nur stattfinden, wenn verlässliche Alternativen oder neu etablierte Muster gefunden wurden.

Hinter traumabasierten Symptomatiken finden sich oft positive Absichten bzgl. des Wiedererlangens von Macht und Kontrolle, des Schutzes vor neuerlichen Gefahren, des Vermeidens von Schmerz, des Sicherns von Überleben.

Der 12-jährige Roger lebt aufgrund einer Körperbehinderung in einer Wohneinrichtung. Roger kam mit 9 Jahren erstmalig in ein Kinderheim, nach dem er viele Jahre zuhause schweren Misshandlungen und Vernachlässigungen ausgesetzt war. Neben einer ausgeprägten Angstsymptomatik handelte sich Roger regelmäßig Ärger mit den Betreuern ein, weil er nachts heimlich an den Kühlschrank ging, um dort Essen zu entwenden, was er dann unter seinem Bett hortete. Da es trotz vieler Gespräche mit Roger zu keiner Veränderung seines Verhaltens kam, wurde als Maßnahme ein Vorhängeschloss für den Kühlschrank besorgt, so dass die Kinder und Jugendlichen nicht mehr ohne Absprache an den Kühlschrank konnten. Kurz darauf wird Roger dabei ertappt, wie er einem anderen Kind morgens sein Pausenbrot aus dem Ranzen herausnimmt.
Betrachten wir Rogers Verhalten nicht aus einer moralischen Perspektive, sondern im Zusammenhang mit positiven Absichten, so können wir davon ausgehen, dass Roger versucht sein *Überleben* sicherzustellen. Vor dem Hintergrund alter Erlebensmuster war Rogers Grundversorgung nie verlässlich sichergestellt. Bis heute vertraut Roger diesbezüglich niemandem und versucht entsprechend für *schlechte Zeiten* vorzusorgen.

Ausschließlich verhaltensorientierte Pädagogik würde sich vermutlich überwiegend auf die Umsetzung von Konsequenzen konzentrieren. Aus traumasensibler Perspektive könnte jedoch versucht werden, über die *positive Absicht* für Verständnis und Lösung zu sorgen. Möglich wäre also, mit Roger den Zusammenhang zu früheren Erlebnissen herzustellen, um ihn diesbezüglich nicht zu beschämen. Rogers *alte Not* könnte auch gegenüber den anderen Kindern deutlich gemacht werden, damit sie nicht zu abwertenden Urteilen ihm gegenüber kommen.

Gleichzeitig könnte mit Roger überlegt werden, ob eine kleine

Vorratskiste mit unverderblichen Lebensmitteln in sein Zimmer gestellt werden kann, bis Roger ausreichend Vertrauen gefasst hat, dass er in der Einrichtung gut versorgt ist.

Traumaspezifisches Symptomverstehen: Die Fragen nach den Bedürfnissen oder den positiven Absichten, die mit einem Verhalten in Verbindung stehen, können letztlich auch unabhängig von traumatischen Vorgeschichten hilfreich sein, um das Verhalten von Menschen zu *entschlüsseln*. Als zusätzliche Unterstützung im Zusammenhang mit Symptomverstehen speziell bei traumatisierten Menschen schlägt Lutz Besser folgende Frage vor: Was von der präsentierten Symptomatik könnte fragmentarischer Teil oder kompensatorische Reaktion eines traumatischen Ereignisses sein? (Besser 2008, 21) Ziel dieser Fragestellung ist es, ein aktuelles Symptom besser im Zusammenhang zu sehen und so für die Betroffenen logischer und damit akzeptabler zu machen. Das Verhalten wirkt so weniger verrückt und kann helfen, alte Wunden aufzuspüren, die noch Versorgung brauchen. Beispiele für entsprechende Fragestellungen wären:

- **Selbstverletzendes Verhalten:** Wann in seinem Leben ist jemand schon einmal sehr verletzt worden?
- **Gefühlskälte:** Wann im Leben der KlientIn war es vielleicht sinnvoll, nichts zu spüren?
- **Aggressives Verhalten:** Wann war es in der Vorgeschichte notwendig, zu kämpfen und sich zu wehren?

Die Eltern der 5-jährigen Lena kommen in die Erziehungsberatung. Lena zeigt sich als hochimpulsives Kind, das seine Eltern scheinbar gut im Griff hat. „Wir kämpfen von morgens bis abends miteinander“, beschreiben beide Eltern die Ausgangslage. Die Familie war bereits bei mehreren Beratungsstellen und ist auch im engen Gespräch mit den Erzieherinnen des Kindergartens. Bisher wurde den Eltern geraten, sich besser durchzusetzen. Verhaltensorientiert wurden Lenas Symptome bisher von den Fachkräften als tyrannisch interpretiert und sie legten die Vermutung nahe, dass die Eltern zu wenig Grenzen setzten und sich auf der Nase herumtanzen ließen. Verstehensorientiert ließ sich aus Lenas Vorgeschichte eine schwerwiegende Traumatisierung erkennen: Lena hatte als Kleinstkind eine chronische Blasenentzündung aufgrund einer Restharnproblematik. Diese wurde spät erkannt. Das häufige Weinen und Schreien des Kindes wurde schon damals im Zusammenhang mit erzieherischem Fehlverhalten interpretiert. Nachdem der somatische Auslöser erkannt wurde, musste Lena mehrfach im Krankenhaus behandelt werden, da die Entzündung nicht wegzubekommen war. Die Eltern berichteten diesbezüglich über mehrere Eingriffe, bei denen das Kind ohne Schmerzmittel, unter gewaltsamem Fixieren von mehreren Erwachsenen katheterisiert wurde. Da das Kind so geschrien und sich gewehrt hätte, forderten die Ärzte auch die Eltern auf, das Kind mit festzuhalten. Das kleine Mädchen war zu diesem Zeitpunkt knapp zwei Jahre alt, so dass es für sie keinerlei Einsicht darin geben konnte, dass diese Prozedur im Zusammenhang mit vermeintlich medizinisch notwendigen Maßnahmen stand.

Zu diesem Fallbeispiel gäbe es sicher viel zu sagen, da die Folgen für das Kind und die Eltern ausgesprochen gravierend waren. Während die Blasenentzündung lange ausgeheilt war, blieben tiefe psychische Verwundungen bei dem Kind und auch bei den Eltern, die Auswirkungen auf alle Entwicklungsbereiche des Kindes und vor allem auf die Bindungsentwicklung zwischen Eltern und Kind hatte. Entsprechend konnte das Kind über *deutlichere Konsequenzen* keineswegs erreicht werden. Es war zunächst wichtig zu verstehen, dass im Gegenteil jede kleine Begrenzung bei dem Kind panische Ängste auslöste und es den alten Kampf gegen schmerzhafte Einengung wieder aufnehmen ließ. Jedes Gefühl, überwältigt zu werden und die Selbstbestimmung zu verlieren, setzte Intrusionen in Gang, in deren Folge nicht zu Ende geführte Kampfimpulse auftauchten. Traumasensible Beratung bedeutet in diesem Falle, das kämpferische Verhalten des Kindes nicht als *Tyrannenverhalten* zu interpretieren, sondern es sinnhaft der alten Situation zuzuordnen. Die Frage danach, wo das Kind schon einmal so kämpfen musste, lässt sich in diesem Zusammenhang leicht beantworten. Gleiches gilt für das Bild, dass es *seine Eltern im Griff hat*, wenn man an die Situation erinnert, in der vier Erwachsene das kleine Mädchen *im Griff* hatten.

Für die Arbeit mit den Eltern bedeutet dies, nicht bei dem Thema *Grenzen* zu beginnen, sondern bei der Frage nach Stressreduktion und Möglichkeiten zur Wiedererlangung von Bindungssicherheit, in deren Folge das Kind zu *freiwilliger Folgsamkeit (Compliance)* statt *erzwungener Unterwerfung* gelangen kann.

Bedürfnisorientierte Interpretationen, das Würdigen positiver Absichten und Zuordnen einzelner Verhaltensfragmente führen zu einer deutlichen Entlastung im Hier und Jetzt. Sie ermöglichen im sozialpädagogischen Kontext, neue Lösungen für ein altes Problem zu geben und schützen davor, dass aktuelle Verstrickungen entstehen. Alle drei Zugänge können als wichtige Grundvoraussetzung einer feinfühligen Wahrnehmung des Gegenübers gelten. Diese Feinfühligkeit, den anderen vor dem Hintergrund seiner Geschichte richtig zu interpretieren und angemessen darauf zu reagieren, sind die zentralen Kriterien für die Gestaltung einer traumapädagogisch ausgerichteten Beziehungsgestaltung.

Nehmen wir noch einmal das Bild des Traumas als Wunde, so gilt es zu verstehen, dass alle biografisch verwundeten Menschen immer „in irgendeiner Form an Schmerz leiden – und dass dieser Schmerz gereizt, ängstlich und aggressiv macht" (Perry 2006, 306). Körperliche Wunden bluten offensichtlich, psychotraumatologische Wunden und Vernarbungen zeigen sich in ihren Symptomen. Nimmt man dieses Bild ernst, so ergeben sich für psychisch-traumatisierte Menschen ähnliche Ansätze, wie wir sie bei somatischbasierten Schmerzen für selbstverständlich halten.

Verwundete Menschen brauchen Menschen um sich herum, die bereit sind, Fürsorge und Unterstützung zu leisten, und alles in ihrer Macht Stehende dafür tun, Schmerzen zu lindern. Dazu ist ein vorsichtiges, achtsames Vorgehen gefragt, um ein neuerliches Aufbrechen von Wunden oder gar Entzündungen zu verhindern. Ebenso notwendig ist es, Geduld gegenüber dem individuellen Heilungsprozess zu haben und die Zuversicht auch dann nicht aufzugeben, wenn Stagnation oder Rückfälle nicht ausbleiben. „Dass du die Hoffnung für mich nicht aufgegeben hast, das hat am meisten geholfen", schrieb mir eine ehemalige Jugendliche, die ich über mehrere Jahre vor dem Hintergrund einer komplexen Traumageschichte begleitet hatte.

Traumapädagogische Navigation in sozialpädagogischen Arbeitsfeldern

Betrachten wir all diese Überlegungen als das Gebiet, in dem sich sozialpädagogische Arbeit mit traumatisierten Menschen bewegt, so ergeben sich daraus folgende grundsätzliche Handlungs- und Zielrichtungen:

1. **Herstellen von Sicherheit,** um Schutz gegenüber den trauma-induzierten grundlegenden Verunsicherungen und Beängstigungen anzubieten.
2. **Reduzieren und Vermeiden von Stress,** um der mit Traumatisierungen einhergehenden Hypervigilanz keine weitere Nahrung zu geben. Hierzu gehört das Unterlassen jeder Art von verfrühter Konfrontation oder zu hoch gesteckter Anforderung, da diese – ohne vorherige Stabilisierung – unweigerlich zu Überflutungen führen, die traumabasiertes Verhalten provozieren.
3. **Unterstützungen von sicheren Bindungsentwicklungen,** da bei einem Großteil traumatisierter Menschen keine sicheren Bindungen aufgebaut oder diese nachhaltig zerstört wurden. Sicheres Bindungserleben ist die Voraussetzung für Lern- und Entwicklungsprozesse. Entsprechend muss hier ein besonderer Schwerpunkt traumapädagogischer Sozialarbeit liegen.
4. **Unterstützen von positiven Selbstbildern** wie die Entwicklung von Selbstakzeptanz, das Wiedererlangen von Selbstbemächtigung und der Aufbau von Selbstwirksamkeitskonzepten. Sie dienen dazu, um der im Trauma tief verankerten Selbstüberzeugung von Ohnmacht und Hilflosigkeit – einschließlich deren kompensatorischer Ausdrucksformen von Aggressivität und Machtbestreben – etwas entgegenzusetzen.
5. **Ressourcenorientierung**, um durch das Aufbauen, Installieren und Finden aktueller Ressourcen und *biografischer Schätze* die *inneren Schatzkammern* der betroffenen Menschen aufzufüllen und Selbstheilungsprozesse anzuregen.

Im folgenden Teil sollen nun entlang dieser Richtlinien einzelne Stationen, Aspekte und Methoden für sozialpädagogisches Handeln im Kontext traumatisierter Menschen näher beschrieben werden.

2.2 Safety First – pädagogische Orte als sichere Orte

Der Begriff des *sicheren Ortes* wurde in die Traumaarbeit zunächst von Luise Reddemann im Rahmen ihrer vielfältigen Imaginationsübungen als eine Methode zur Selbststabilisierung und Selbstberuhigung eingeführt. Ziel der Übung ist es, dass traumatisierte Menschen ihren inneren Schreckensbildern etwas entgegensetzen können, indem sie sich qua ihrer imaginären Kräfte an einen selbsterdachten und gestalteten Ort völliger Sicherheit begeben. Vielfach zeigte sich dabei, welch heilsame Kraft von dieser Vorstellung ausging (Reddemann 2010) (→Kap. 2.4). Gerade TraumapädagogInnen weisen jedoch darauf hin, dass der Gedanke des *sicheren Ortes* in der Gestaltung traumapädagogischer Konzepte zunächst die Schaffung eines *äußeren sicheren Ortes* bedeutet, um Grundlagen und Voraussetzungen für *innere sichere Orte* zu schaffen. „Ohne einen äußeren Sicheren Ort kann kein innerer Sicherer Ort entstehen." (Uttendörfer 2009, 12)

Für Menschen mit traumatischen Lebenserfahrungen hat sich die Welt zu einem Platz der Bedrohung und Unsicherheit entwickelt. Ein Trauma erschüttert Selbst- und Weltvertrauen und hinterlässt Spuren der Angst, die die Umgebung in einen Ort potenzieller Gefahr verwandelt und „die Wahrnehmung eines inneren Sicherheitsgefühls nachhaltig zerstört" (Kühn 2009, 31). Diese erfahrungsabhängige Erwartungshaltung führt zu einer permanenten Aktivierung des neuronalen Alarm- und Stresssystems des Organismus. Die Welt steht entsprechend auf einem Prüfstand, der ggf. alte Erfahrungen bestätigt oder neue Erfahrungen ermöglicht. Will pädagogische Arbeit dazu beitragen, dass die durch Traumatisierungen blockierten Entwicklungen neue Reifungschancen erhalten, braucht es zunächst vor allem im äußeren Milieu der betroffenen Menschen neue Bedingungen. Lutz Besser schreibt dazu:

> *„Wenn Erfahrungen und Nutzungsbedingungen Spuren in unseren Gehirnen hinterlassen und es sogar strukturell formen, so sind wir Pädagogen und Therapeuten dafür zuständig und verantwortlich, die Nutzungsbedingungen für Gehirne von Kindern, insbesondere von traumatisierten Menschenkindern so zu gestalten, dass Heilung und positive Weiterentwicklung der Persönlichkeit möglich werden."* (Besser 2009, 51)

Das Herstellen von Sicherheit – als Antwort auf das tiefgeprägte Angsterleben – kann dabei als die zentrale Grundlage aller traumapädagogischen Konzepte angesehen werden. Eine entscheidende Fragestellung für pädagogische Einrichtungen lautet somit: „Wie sicher sind unsere Angebote?" (Kühn 2009b, 32)

Dieser Frage hat sich im Jahr 2004 die *Rheinische Gesellschaft für Innere Mission und Hilfswerk GmbH* im Rahmen eines pädagogischen Fachtages gewidmet. Entstanden sind dabei Leitlinien und Checklisten, die Einrichtungen Orientierungen geben können, welche Aspekte und Indikatoren zur Entwicklung sicherer pädagogischer Orte beitragen können (Rheinische Gesellschaft für Innere

Mission und Hilfswerk 2005). Zunächst verweisen die Handlungsleitlinien darauf, dass die Herstellung eines sicheren Ortes nicht den pädagogischen MitarbeiterInnen allein zu überlassen ist, sondern auf allen strukturellen Ebenen mitgedacht werden muss. Damit MitarbeiterInnen in der direkten Begleitung von traumatisierten Menschen für deren Sicherheit sorgen können, benötigen sie selbst ausreichend institutionelle und persönliche Sicherheit. Dabei geht es um atmosphärische Bedingungen wie

- Wertschätzung,
- Fehlerfreundlichkeit,
- offene Kommunikation,
- Rückendeckung und gute Kooperation (Rheinische Gesellschaft für Innere Mission und Hilfswerk 2005).

Weitere wichtige Aspekte sind strukturelle Gegebenheiten und Arbeitsbedingungen wie

- ausreichende Ressourcen,
- angemessene Dienstpläne,
- stabile Leitungspräsenz,
- institutionelle Transparenz und Unterstützungssysteme für Mitarbeiter (Schmid 2010; Lang 2009).

Erst auf dieser Grundlage können Einrichtungen ihrem *Sicherheitsauftrag* ausreichend gerecht werden und sich zu Schutzräumen entwickeln, in denen verlässliches Erleben von Gefahrlosigkeit entstehen kann. „Naturschutzgebiete für die Seele" nennt der Traumaexperte Lutz Besser (2009, 51) diese Räume, in denen protektive Erfahrungen von Sicherheit heilende Wirkungen entfalten können. Zur Gestaltung dieser geschützten Lebens- und Entwicklungsräume können die folglich beschriebenen Aspekte als zentrale Bedingungen benannt werden.

Strukturelle Klarheit

Typisches Merkmal traumatischer Erfahrungen ist ihre Unberechenbarkeit, die mit einem Gefühl des vollständigen Kontrollverlustes einhergeht. Entsprechend ist das Bedürfnis nach Wiedererlangen von Einschätzbarkeit und Kontrollierbarkeit von Situationen stark ausgeprägt. Das Sicherheitsgefühl misst sich somit u. a. an der Frage, ob Umgebung und Strukturen diesbezüglich verlässlich erscheinen. Hierfür ist zunächst eine „maximale Transparenz“ (Schmid 2010, 47) des pädagogischen Alltags und der pädagogischen Angebotsstruktur unabdingbar. Dieses bedeutet insbesondere für stationäre und ambulante Betreuungseinrichtungen Eindeutigkeit bezüglich

- verbindlicher Regeln und Konsequenzen (Was ist erlaubt?, Wo sind die Grenzen?, Was passiert, wenn …),
- Dienstplänen (Wer ist wann da?, Wer ist wofür zuständig?) und
- Tages-/Wochenplänen (Wann passiert was?).

Da das Vertrauen in Menschen und ihre Verlässlichkeit häufig sehr geschwächt ist, kann das Veranschaulichen dieser Aspekte durch schriftliche Aushänge der Regelkultur, Dienst- und Tages-/Wochenpläne eine zusätzliche Rückversicherung darstellen. Auch die Ritualisierung von Abläufen und Alltag entspricht dem Bedürfnis nach Sicherheit. Die Gründerin des Erich-Kästner-Kinderdorfes Gudrun Fleischhauer verdeutlicht, wie kleinteilig für Ritualisierung gesorgt werden kann:

> *„Unser Tagesablauf ist sehr strukturiert. […] In gleicher Reihenfolge liegt auch die Kleidung auf dem Stuhl. Erst kommt der Pullover, dann die Hose, dann die Strümpfe, dann die Unterhose, dann das Unterhemd. So können sie jeden Morgen mit dem Unterhemd beginnen […]. Wir kommen berechenbar jeden Morgen in ihr Zimmer, wir lesen jeden Abend vor und wir sagen auch den Großen jeden Abend in ihren Zimmern gute Nacht.“* (Fleischhauer 2010, 50)

Wichtig ist in diesem Zusammenhang, dass Rituale wie das abendliche Vorlesen und Gute-Nacht-Sagen nicht mit dem Verhalten des Kindes gekoppelt werden dürfen (zum Beispiel kein Vorlesen, wenn es sich schlecht benommen hat), sondern als Sicherheitsinsel in den Wogen des Alltags verlässlich erhalten bleiben.

Auch in der Arbeit mit Erwachsenen und außerhalb stationärer Kontexte ist Transparenz und Eindeutigkeit als strukturierendes Element eine zentrale Aufgabe traumapädagogischer Arbeit. Hierzu gehören Indikatoren wie

- Verbindlichkeit,
- Einhaltung von Absprachen,

- klare Zeitstrukturen in Beratungssettings,
- Erreichbarkeit und
- Durchschaubarkeit von Hilfeplanungsprozessen.

„Stress raus!“

> *„Traumatisierungen […] haben zur Folge, dass alle neurochemischen Parameter eines Organismus auf Dauer zu hoch oder zu tief eingestellt bleiben. Diese Fehleinstellungen im Gehirn sorgen dafür, dass künftig kleinste Trigger […] die ganze Kaskade belastenden Empfindens und Fühlens im Körper auslösen.“* (Uttendörfer 2009, 4)

Stress ist der größte Risikofaktor für Menschen mit traumatischen Verwundungen. Für die pädagogische Arbeit bedeutet dies, intensiv mit den Betroffenen danach zu forschen, welche Situationen, Anforderungen und Bedingungen für sie als Trigger fungieren, die Stress auslösen, und wie diese *Tretminen* im Alltag umgangen oder entschärft werden können. Zumutungen und Anforderungen in der Arbeit mit traumatisierten Menschen sind nur dann sinnvoll, wenn sie mit hoher Wahrscheinlichkeit erfolgreich bewältigt werden können. Frustrationserleben und Überforderung fungieren häufig ausschließlich als Trigger in altes Ohnmachtserleben und verstärken den Verlust des Selbstwirksamkeitsempfindens. Ein Ort, der das „vitale Diskrepanzerleben zwischen Situationsfaktoren und individuellen Bewältigungsmölichkeiten“ (Fischer/Riedesser 2009, 84) immer wieder auflodern lässt, bleibt eine Gefahrenzone, die es notwendig macht, in Schutzhaltung zu verbleiben.

Sichere Orte sind also Orte, an denen sich die Anforderungen an den jeweiligen Ressourcen und Einschränkungen des Einzelnen orientieren. Um dieses sicherzustellen, braucht es neben den allgemeingültigen Regeln immer auch individuelle Lösungen und Absprachen. *Gleich ist nicht immer gerecht* – weil Menschen unterschiedliche Voraussetzungen mitbringen. Hilfeplanungen ebenso wie pädagogische Alltagsstrukturen sollten gerade bei traumatisierten Menschen diese individuellen Voraussetzungen ausloten und Strukturen schaffen, die den Stress minimieren und den eigenen Möglichkeiten entsprechen.

Heile Räume

Räumliche Atmosphären haben unmittelbare Auswirkungen auf das eigene Wohlbefinden. Sie ermöglichen das Spiegeln von Innenwelten, ebenso wie sie auf diese ausgleichende Wirkung haben können. Menschen, deren Innenwelt in großer Unordnung ist, neigen entweder dazu, diese auch ins Äußere zu übertragen oder sie benötigen eine strenge äußere Ordnung, um sich darüber Sicherheit zu verschaffen.

Sichere Orte sind für traumatisierte Menschen Orte der Heilung. Dieser Aspekt sollte sich auch in den Räumlichkeiten von Einrichtungen widerspiegeln. Im Vordergrund stehen – neben freundlicher Raumgestaltung – das Schaffen von Ordnung und die Fürsorge darüber, dass Material und Mobiliar sich in heilem Zustand befinden. Leider repräsentieren viele Einrichtungen gerade im Jugendhilfebereich eher die Aspekte des Kaputten und lassen oft Ansätze von Heilem und Neuem vermissen. Und auch so manch trägereigener Wohnraum für Menschen mit Behinderung zeichnet sich leider eher durch krankenhausähnliche Kühle und Kargheit aus.

Traumatisierte Menschen brauchen Umgebungen, die *in Ordnung* sind und ihren Innenwelten neue Motive und Orientierungen verschaffen. Sie brauchen Räume, die Schutz nicht nur darüber repräsentieren, dass die Grenzen klar sind, sondern auch, dass sich in ihnen Geborgenheit vermittelt. Räume in Einrichtungen sollten insofern dieselbe *Fürsorge* erhalten wie die Menschen, die in ihnen leben oder diese aufsuchen. Dies gilt insbesondere für Beratungsräume und Spieltherapiezimmer, Aufenthaltsräume in Jugendzentren und Wohnräume in ambulanten sowie stationären Einrichtungen.

Um dieses zu gewährleisten, ist es notwendig, strukturelle Verantwortlichkeiten für die Raumfürsorge im pädagogischen Alltagskonzept festzulegen und sich auf gemeinsame Ordnungskulturen zu verständigen. In Wohneinrichtungen ebenso wie in Tagesbetreuungseinrichtungen hat es sich bewährt, die Menschen, die sich dort regelmäßig aufhalten, an der Gestaltung der Räume ebenso wie an Reparaturtätigkeiten zu beteiligen. Diese Form der Partizipation erhöht zumeist die Identifikation mit den Räumlichkeiten und bildet vielfach einen guten Schutz gegen Unachtsamkeit und Zerstörungsansätze.

Rückzugsräume und Schatzkammern

In den Ausarbeitungen der Rheinischen Gesellschaft für Innere Mission und Hilfswerk GmbH zur Gestaltung sicherer Orte (2005) wurden auch jugendliche BewohnerInnen stationärer Einrichtungen gefragt, was einen Ort zu einem *sicheren Ort* machen würde. Neben den bereits oben dargelegten Aspekten von Gewaltfreiheit, Wohnräumen mit Atmosphären und Wünschen, in Ruhe zu essen und zu schlafen, formulierten die Jugendlichen das Bedürfnis nach Rückzugsmöglichkeiten und Gelegenheiten, die eigenen Habseligkeiten wegzuschließen.

Diese Anliegen erscheinen verständlich und sollten in Einrichtungen ernstgenommen und nach Möglichkeit pragmatisch umgesetzt werden. Stationäre Einrichtungen können hier für einen guten Umgang mit den Zimmern und Territorien der BewohnerInnen sorgen, indem sie

- Regeln zum Betreten von Zimmern finden,
- Türschilder anbringen,
- vor dem Betreten der Zimmer anklopfen,
- Möglichkeiten zum Abschließen schaffen und
- über Aufbewahrungen wie kleine Tresore für eigene Wertgegenstände nachdenken.

Aber auch in offenen Einrichtungen, Schulen oder Kitas sollten Räume zur Verfügung stehen, die für Rückzug, Ruhe und Sicherheit stehen, und Ideen entwickelt werden, wo und wie Menschen ihre Sachen sicher verwahren können. Die Repräsentanz von Rückzugsorten und Sicherungssystemen für das eigene Hab und Gut kann zugleich als wichtige Maßnahme zur Gewaltprävention betrachtet werden. Wo ausreichend Schutzmöglichkeiten zur Verfügung stehen, werden Verteidigungs- und Kampfaktivitäten weniger notwendig.

Gewaltfreiheit

Sichere Orte bedürfen einer Kultur absoluter Gewaltfreiheit. Eine Vielzahl vor allem sequenzieller Traumatisierungen hat ihren Ursprung im Erleben oder Miterleben von Gewalt. Zugleich kann jedes traumatische Erleben als gewaltvolles Erlebnis gewertet werden, da es immer mit absoluter Ohnmacht einhergeht. Jede Form der Gewalt (verbal, körperlich, visuell) ist dafür prädestiniert, Traumaerinnerungen zu wecken und alte Überlebensmuster aufzurufen.

Das Sicherstellen eines friedvollen Miteinanders in Einrichtungen ist für die PädagogInnen eine besondere Herausforderung. Es sind zum einen die mitgebrachten Gewalterfahrungen, die sich im Alltag in Form von täterinduzierten Verhaltensweisen reinszenieren (→Kap. 2.6), ebenso wie der Kontakt zu aggressiven Ausdrucksformen in Liedern, oder Filmen gesucht wird, um den eigenen Erlebnissen Ausdruck zu verleihen. Ähnlich wie *Flashbacks* Versuche des Organismus sind, in Form innerer Reinszenierung alten Materials auf dessen Verarbeitung zu hoffen, kann das Aufsuchen von medialer oder tatsächlicher Gewalt ein kontrollierter Versuch sein, sich mit eigenem biografischem Material auseinanderzusetzen. Dabei steht vor allem eine hohe Identifikation mit dem gewaltbereiten und machtvollen Teil im Vordergrund. Eigenes Ohnmachtserleben wird abgespalten und in Macht verwandelt. In den Einrichtungen entstehen somit Gewaltkreisläufe, die es zu erklären und zu unterbrechen gilt.

Andererseits zeigt sich gewaltbereites Verhalten auch in Form von Kampfimpulsen, die beispielsweise durch eine Triggersituation ausgelöst werden. Das Überschreiten einer Zimmergrenze von einem Mitbewohner wird beispielsweise als Überschreiten der eigenen Intimitätsgrenze – wie möglicherweise in der traumatischen Ursprungssituation geschehen – verarbeitet. Das entsprechend aktivierte Stresssystem fährt die Notfallprogramme hoch und vollzieht nun die damals unterdrückten Kampfhandlungen, in dem der Zimmerbewohner *ausrastet* und den Mitbewohner körperlich angreift.

Ein rein appelatives, moralisches Abwerten des gezeigten Verhaltens und Verschärfen der Regeln wird sich als wirkungslos erweisen. Vielmehr sollte es um einen konsequenten Dialog gehen, der Hintergründe und Folgen von Gewalt aufzeigt und klare Position gegen Gewaltbereitschaft bezieht. Der Fokus ist dabei nicht *weg von Gewalt*, sondern richtet sich auf das dahinterstehende Ziel und Bedürfnis, das *Sicherheit für alle* bedeutet. Bezüglich dieses Ziels kann in der Arbeit mit Gruppen meist eine hohe Übereinstimmung erreicht werden. Die reine Methode, sich *von gewaltvollem Verhalten weg* zu bewegen, kritisiert ausschließlich, bietet jedoch keine Handlungsalternativen und setzt wenig Motivation frei. *Hin zu Sicherheit und Frieden* spricht hingegen ein tiefes und basales Bedürfnis an.

Einrichtungen, die als gewaltfreie Zonen fungieren, können nur in Zusammenarbeit mit allen Beteiligten erreicht werden. PädagogInnen haben in diesem Kontext die Aufgabe hinzuschauen, anzusprechen, Position zu beziehen und Sicherheit herzustellen. Sie unterstützen die Betroffenen darin, Strategien im Umgang mit Gewaltimpulsen zu finden und Alternativlösungen für Verhalten in Konflikt- und Stresssituationen zu erlernen. Gleichzeitig stehen sie als Modelle für gewaltfreie Kommunikation und Ausdrucksformen zur Verfügung. Und darüber hinaus bieten sie klare Positionen zu gewalttätigen Inhalten und Verhaltensweisen, auch bzgl. virtueller, medialer und gesellschaftlicher Erscheinungen.

Grundregeln zur Gewaltfreiheit im eigenen Kontext sollten von allen Beteiligten gemeinsam entwickelt werden. In Form von Gruppengesprächen kann Gewalt definiert, Regeln für ein friedvolles Miteinander erarbeitet und über Konsequenzen bei Regelverletzung gesprochen werden. Die Gruppe kann so vor dem Hintergrund des Verstehens, wie die Gewalt in jeden Einzelnen und in das Miteinander eingezogen ist, lernen, wie alle gemeinsam Verantwortung für die Sicherheit in der Einrichtung übernehmen können. Das Errichten von Friedensgebieten mit *Überlebenskämpfern* ist ein dauerhafter Prozess intensiver Auseinandersetzungen, bei denen es um konsequente pädagogische Haltungen in der Sache ebenso wie um feinfühlige Formen der Auseinandersetzung mit den Beteiligten geht.

Sicherheit der Gruppe

Wie bereits im vorigen Abschnitt beschrieben, kann die Gruppe als wesentlicher Bestandteil gesehen werden, der zur Sicherheit des Ortes beiträgt. PädagogInnen sind diejenigen, die als „Sicherheitsbeauftragte“ (Kühn 2009b, 32) für die Entwicklung und Einhaltung einer Kultur der Sicherheit zuständig sind. Aber auch die Gruppe selbst spielt eine zentrale Rolle dabei, ob Menschen sich in ihr geborgen oder durch sie bedroht fühlen.

Menschen mit traumatischen Vorgeschichten haben menschliche Systeme vielfach als zerstörerisch erlebt. Diese zerstörerische Kraft wird entsprechend oft auch dynamisch in pädagogische Gruppenkontexte übertragen. Zur Entwicklung eines sicheren Ortes gehören somit neben allen strukturellen und individuellen Ansätzen immer auch gruppenpädagogische Interventionen, die dafür geeignet sind, aus Gruppen heilende und tragende Gemeinschaften zu schaffen. Regelmäßige gemeinsame Aktivitäten und haltgebende Strukturen unterstützen diese Entwicklung, ebenso wie Konferenzen, Gruppentreffen und Reflektionsrunden, die dazu dienen, Wünsche, Bedürfnisse und Schwierigkeiten des Einzelnen oder der Gruppe zum gemeinsamen Anliegen zu machen (Bausum 2009).

Bleiberecht und Umgangsregelung

Als besonders kritischer Punkt bzgl. des Schutzes von Kindern kann sicher die Situation von Pflegekindern oder stationär untergebrachten Kinder angesehen werden. Im Spannungsfeld zwischen Elternrecht und Kindeswohl wird nicht selten per richterlichem Beschluss Eltern auch dann ein Umgangsrecht oder eine Rückkehroption eingeräumt, wenn sie als aktive Verursacher kindlicher Traumatisierungen fungiert haben. Die Frage der Umgangsregelungen sind ein gutes Beispiel dafür, dass das Erschaffen sicherer Orte nicht allein durch die pädagogischen Fachkräfte oder Pflegeeltern erreicht werden kann, wenn nicht das gesamte beteiligte Jugendhilfesystem (Köckeritz 2008) ebenso wie die Justiz ihre jeweilige Verantwortung zur Sicherung des Kindeswohls wahrnimmt.

Grundsätzlich bleibt es selbstverständlich eine wichtige Aufgabe sozialpädagogischer Arbeit und Reflektion bei Fremdunterbringung von Kindern, auch über die Möglichkeiten von familienorientierter Arbeit und Rückkehroptionen nachzudenken und dabei sensibel die Risiken, aber auch die Chancen von Familienzusammenführungen abzuwägen. Dies gilt insbesondere dann, wenn der Herausnahmeanlass in einer vorübergehenden Belastungssituation in der Familie lag und Kind und Familie im Rahmen der Trennung ausreichend stabilisiert werden konnten, so dass Begegnung und Neuanfang im positiven Sinne *zugemutet* werden können. Ebenso wichtig wie das Ermöglichen und Unterstützen derartiger Zusammenführungen ist es bei Kindern und Jugendlichen, die nach sequenziellen und komplexen Traumatisierungen an tiefen seelischen Verwundungen und Folgestörungen leiden, deutliche Positionen zu beziehen. Dadurch kann für ihre langfristige Sicherheit und ihren Schutz gesorgt werden, um ggf. Heilung zu ermöglichen. Wenn hier die substanzielle Ausgangslage des Kindes nicht als Indikator für Entscheidungen genommen wird, kann der pädagogische Lebenskontext seinen Schutzauftrag gegenüber dem Kind nicht gewährleisten.

Stationär arbeitende PädagogInnen und Pflegeeltern schildern häufig verzweifelt, wie bei traumatisierten Kindern die mühsamen Entwicklungen im Alltag nach Kontakten zur Herkunftsfamilie immer wieder in sich zusammenbrechen und alte Symptomatiken und Verhaltensmuster das Kind und die gemeinsame Situation belasten und beherrschen. Als besonders gravierend wird dabei das Gefühl erlebt, den Kindern nicht ausreichend Schutz vor diesen retraumatisierenden Situationen bieten zu können. Gunda Fleischhauer beschreibt in einem Fallbericht aus einer Kinderdorffamilie, wie ein Kind nach angeordneter Rückführung massivste Verhaltensveränderungen zeigt: „Wir fühlten uns wie Verräter, denn wir hatten ihr ja Schutz und Sicherheit versprochen, unser Versprechen aber nicht halten können.“ (Fleischhauer 2010, 41)

„Grundsätzlich gilt in der Traumapsychotherapie der Grundsatz, dass Heilung beim Opfer nur erfolgen kann, wenn es eine Trennung von Täter oder Tatverdächtigem und Opfer gibt“ (Brisch 2008, 30). Dieser Grundsatz gilt auch für die Stabilisierungsaufgabe traumapädagogischer Kontexte. Neue Erfahrungen, heilende Entwicklungen und dauerhafte Stabilisierung können nur dort erreicht werden, wo ein Mensch nicht ständig in der Bedrohung lebt, alten Erfahrungen erneut ausgesetzt zu werden. Es ergibt für die Betroffenen wenig Sinn, mühsam erworbene, gut trainierte Überlebensreaktionen abzulegen, wenn die Wahrscheinlichkeit hoch ist, dass sie diese wieder brauchen werden. „Konfrontationen mit der früheren Umwelt führen dabei nach allem, was wir aus der Traumaforschung wissen, immer wieder von neuem zu unerträglichen Stresssituationen mit Angstüberschwemmungen, so dass das Kind nicht zur Ruhe kommen kann und die Narben seelischer Verletzung immer wieder aufbrechen.“ (Niestroj 2009, 140)

Darüber hinaus weist Karl-Heinz Brisch in vielfältigen Publikationen darauf hin, dass neue sichere Bindungsentwicklungen nur dann stattfinden können, wenn alte pathologische Bindungsmuster und -erfahrungen unterbrochen werden (Brisch 2009; 2008a; 2008b). Zugleich werden sichere Bindungen an ihre neuen Bezugspersonen alleine dadurch verhindert, dass die Kinder erleben, dass auch von ihnen kein Schutz zu erwarten ist, wenn sie unter ihrer Obhut nicht vor den Verursachern ihrer Verletzungen geschützt werden können. Gerade Kinder mit sequenziellen und komplexen Traumatisierungen brauchen „Naturschutzgebiete für die Seele“ (Besser 2009, 51) mit Bleiberecht. Die Frage der Umgangsregelung darf im Sinne des Kindeswohls kein Spielplatz für Machtfragen, rechtliche Spitzfindigkeiten und moralische Einstellungen werden. Sie muss sich einzig allein am Kindeswohl entscheiden. Als Entscheidungsgrundlage liegen zahlreiche Erkenntnisse und Veröffentlichungen aus Trauma und Bindungsforschung vor, die immer wieder darauf hinweisen, welche Brisanz Umgangsrecht und Rückführungsoptionen für traumatisierte Kinder haben (Brisch 2008b; Lambeck 2006). In diesem Zusammenhang berichten Fachkräfte in Supervisionen oft über Symptomatiken wie

- sich übergeben,
- Waschzwänge haben,
- tagelange Wut- und Schreianfälle bekommen,
- völlige Abwesenheit oder
- stundenlanges Onanieren,

die Kinder bei und nach begleiteten Umgängen, Besuchskontakten oder im Zusammenhang mit Anhörungen bzgl. ihrer Rückführung entwickeln. PädagogInnen müssen versuchen, diese Symptomatiken als deutliche Sprache ernst zu nehmen und sie als Indikatoren gelten lassen, dass familienorientiertes Arbeiten in diesen Fällen keine Option sein darf. Betreuende PädagogInnen und Pflegeeltern fühlen sich in dieser Auseinandersetzung oft hilflos, weil sie den Schutz des Kindes letztlich nicht gewährleisten können. Aber es kann ihre Aufgabe sein, gegenüber Jugendämtern und Gerichten deutlich Zeugnis bzgl. ihrer Wahrnehmung des Kindes abzulegen, um so um Unterstützung bei der Sicherung des Lebens- und Entwicklungsraumes des Kindes zu bitten und diesbezüglich deutliche Appelle an die Verantwortlichen zu richten.

2.3 Die Fachkraft als *sicherer Hafen* – Bindungsorientierung in der Traumapädagogik

> *„Feuer kann wärmen oder verzehren, Wasser kann Durst löschen oder ertränken, Wind kann streicheln oder schneiden. Und so ist es auch mit menschlichen Beziehungen: Wir können einander sowohl erschaffen als auch zerstören, sowohl fördern als auch terrorisieren, sowohl traumatisieren als auch heilen“,*

schreibt der Kinderpsychiater Bruce D. Perry in seinem bewegenden Werk über bindungsorientierte Heilungsansätze in der Arbeit mit traumatisierten Kindern (2006, 16).

Der überwiegende Teil traumatisierter Menschen kommt in sozialpädagogische Hilfe- und Betreuungsfelder mit schweren Bindungsverletzungen und Beziehungstraumata, „weil durch die traumatische Erfahrung das innere Arbeitsmodell von Bindung total erschüttert, fragmentiert, desorganisiert oder sogar zerstört ist“ (Brisch 2009a, 121). Grundsätzlich erlebt ein Mensch in der *traumatischen Zange* einen tiefen Vertrauensverlust gegenüber den eigenen Kräften. In gleicher Weise aber wird das Vertrauen in die Welt als verlässliche Größe und die Menschen als Quelle von Schutz und Sicherheit aufgelöst. Insbesondere wenn Menschen von Menschen traumatisiert werden, der Mitmensch als Gegenmensch die Not des Menschen verursacht, bleiben auf den Bindungsebenen tiefe Zerfurchungen zurück, deren Risse sich weit in die Verhaltensstruktur und Beziehungsgestaltung des Menschen hineinziehen (→Kap. 1.2).

Dieser Verlust von Sicherheit auf den Bindungsebenen bedeutet, dass das Fundament einer stabilen Persönlichkeitsentwicklung kaum gefestigt ist und wenig solide Grundlage für den *Weiterbau* bietet. Die Heilung und Stabilisierung dieses Fundamentes müsste und sollte entsprechend grundlegender Ansatzpunkt jeglicher traumapädagogischen Intervention sein. Wünschenswert wäre, dass das primäre Ziel professionaler Arbeit die Entwicklung und Stabilisierung einer *sicheren Bindung* ist, da sie – wie zuvor bereits erwähnt – einer der bekanntesten Schutzfaktoren psychischer Widerstandsfähigkeit und Stärke ist.

Während in therapeutischen Zusammenhängen die Relevanz der Klienten-Therapeuten-Beziehung für den Therapieerfolg als zentrales Kriterium beschrieben wird, wird diesem Merkmal in pädagogischen Feldern oft zu wenig Aufmerksamkeit gegeben. Hilfepläne umfassen meist nur Explorationsziele zur Verselbstständigung und Weiterentwicklung. Dabei vernachlässigen sie das fundamentale Hilfeziel, Hilfe so zu gestalten, dass Vertrauen und Sicherheit als Basis für stabile Entwicklungsprozesse wachsen kann. Es gilt letztlich, die entwicklungspsychologische Grundregel zu beachten, nach der Bindungs- und Explorationssysteme im Menschen in enger Verbindung zueinander stehen. Ein *aktives* – weil verunsichertes – Bindungssystem zieht immer eine Verengung und Einschränkung von Entwicklungsprozessen nach sich. Ein *beruhigtes* Bindungssystem hingegen setzt die benötigten Kräfte zur Welterkundung und Selbstentfaltung frei, denn: „Bindungssicherheit ist die Grundlage für erfolgreiches Lernen.“ (Brisch 2010, 29) Vor diesem Hintergrund erscheint es notwendig, die pädagogische Beziehung nicht nur als zufälliges Nebenprodukt im Hilfeprozess zu betrachten, sondern sie in den Vordergrund sozialpädagogischer Handlungsplanung zu rücken.

Die Aufgabe von PädagogInnen ist es, als sicherer Hafen (Brisch 2008, 13) dort zu fungieren, wo die Wellen des Lebens im Innen und Außen der Menschen hochschlagen, und so für einen schutzbietenden Heimathafen zu sorgen. Timm Kunstreich, Professor der Ev. Hochschule für Soziale Arbeit des Rauhen Hauses in Hamburg, spricht in seinen Seminaren diesbezüglich von *professioneller Nähe* als Kontrapunkt zur viel beschworenen *professionellen Distanz*. Selbstverständlich impliziert professionelle Nähe auch gute Selbstfürsorge und Selbstschutzstrategien. Immer wieder flammen Diskussionen auf, dass es Helfern nicht zuzumuten sei, zu jedem Klienten eine Bindung aufzubauen. Distanz hingegen wird zu einem hohen Wert stilisiert. Dadurch erscheint eine Auseinandersetzung und ein Bekenntnis zur professionellen Nähe und der darin implizierten Bereitschaft zum In-Beziehung-Gehen notwendig. „Helfende Beziehungen sind grundsätzlich Bindungsbeziehungen", schreibt Sabine Gahleitner in ihren praxisorientierten Ausführungen zu trauma- und beziehungsorientiertem Arbeiten in der stationären Jugendhilfe (Gahleitner 2011, 42). Und auch der Kinderpsychiater und Traumaexperte Perry betont: „Die Erforschung der effektivsten Behandlungsformen zur Unterstützung von kindlichen Trauma-Opfern lässt sich genau so zusammenfassen: Was am besten wirkt, ist alles, was die Qualität und die Anzahl der Beziehungen im Leben der Kinder erhöht" (Perry 2006, 108).

Dies gilt aber nicht nur für die Arbeit mit Kindern.
Da das Bindungssystem des Menschen zeitlebens offen und somit lernfähig bleibt, bietet es die grundsätzliche Möglichkeit, alte Erfahrungen zu überwinden und neue zu adaptieren (Brisch 2009c). So weist u.a. auch Luise Reddemann daraufhin, dass Bindungsstörungen auch im Erwachsenenalter durch gelingende Bindungsangebote, sogenannte „verdiente sichere Bindungen" (Siegel 2010, 284) geheilt werden können (Reddemann 2008b, 128). „Aus Teufelskreisen Engelskreise machen", nennt Cornelia Haarmann diesen nachnährenden Prozess (2008, 66).

Um Beziehungen also so zu gestalten, dass aus ihnen heraus sichere Bindungen auch dort entstehen können, wo Menschen mit traumabezogener negativer Erwartung und entsprechenden Übertragungen auf professionelle HelferInnen reagieren, braucht es Wissen über traumatische Bindungs- und Beziehungsstrukturen, um daraus resultierende Verhaltensweisen nicht als persönlichen Affront, sondern als nachvollziehbares Überlebenskonstrukt des Gegenübers zu interpretieren. Es braucht des Weiteren generelles Wissen über menschliche Bindungsentwicklung und Bindungsmuster, um Pädagogik entlang der sehr fundierten Erkenntnisse der Bindungsforschung gestalten zu können. Und es braucht HelferInnen mit eigener sicherer Bindungspräsentation (Brisch 2009c), um Verstrickungen und Teufelskreise negativer Interaktionen zu verhindern (→Kap. 4).

Im folgenden Abschnitt sollen einige grundlegende Orientierungen bindungspädagogischer Arbeit aufgezeigt und die Rolle der Helferpersönlichkeit betrachtet werden.

Feinfühligkeit

Das Konzept der Feinfühligkeit gilt in der Bindungstheorie als entscheidender Indikator der Bindungsentwicklung. Es wird davon ausgegangen, dass die Feinfühligkeit der Bindungsperson ausschlaggebend für die sich entwickelnde Bindungsqualität des Kindes ist (Brisch 2009b). Feinfühlige Interaktion beinhaltet

1. Aufmerksamkeit gegenüber dem Kind,
2. Wahrnehmen seiner Signale,
3. richtiges Interpretieren der Signale,
4. eine dementsprechend angemessene und
5. prompte Reaktion (Brisch 2009b; Suess et al 2009).

Auch wenn das Konzept der Feinfühligkeit ursprünglich der Beobachtung und Entwicklung frühkindlicher Eltern-Kind-Interaktionen diente, kann davon ausgegangen werden, dass es zum Aufbau verdienter sicherer Bindungen und zur Überwindung traumatischer Bindungserfahrungen hilfreich ist, da es der *Arbeit am Fundament* dient. Feinfühligkeit in der Arbeit mit traumatisierten Menschen ist gleichfalls eine besondere Herausforderung, da PädagogInnen nur allzu oft als Übertragungsobjekte negativer Vorerfahrungen gelten, beziehungsweise Beziehung an sich bereits als Trigger fungiert. Richard Miniter reflektiert diesbezüglich über das Verhalten seines Pflegesohns, der durch Erfahrungen in der Vergangenheit so verletzt wurde, dass ihn damit verbundene Gefühle nicht mehr loslassen. Wie zum Beispiel bei einem Menschen, der einen Schiffsuntergang überlebt hat, aber jedes Mal anfängt zu zittern, wenn er ein Nebelhorn hört. „Mikes große Katastrophen waren Familien, und vielleicht reichte es für ihn in einer Familie zu sein, um ihn völlig durcheinanderzubringen." (Miniter 1999, 69)

Ähnlich wie Mike erleben und verhalten sich viele traumatisierte Menschen in Beziehungen, im Spannungsfeld zwischen hoher Bedürftigkeit einerseits und ablehnendem Verhalten andererseits. Werden diese Verhaltensweisen von pädagogischen Fachkräften als feindselig oder aktiv manipulativ interpretiert, wird Feinfühligkeit verhindert. Wenn KlientInnen in ihrem Verhalten für die Fachkraft schwieriger werden, ist der pädagogische Reflex häufig, rigider zu werden. In einer bindungsorientierten Pädagogik geht es an dieser Stelle aber um das Erhöhen der Feinfühligkeit auf Helferseite. Die Voraussetzung für Feinfühligkeit ist, die Signale des Anderen als „Selbstoffenbarung" (Schultz v. Thun 1985, 26) wahrzunehmen und darin enthaltene Bedürfnisse, Empfindungen, Nöte oder positive Absichten erkennen zu können.

Bindungsorientiertes Arbeiten setzt also zunächst gute *DolmetscherInnentätigkeiten* voraus. Sie impliziert die Fähigkeit, z.B. *Klammerverhalten* nicht ausschließlich als lästig einzuordnen, sondern es als Bindungsreaktion auf tiefe Ängste vor Verlust von Bindung und Sicherheit wahrzunehmen. Das betrifft auch offensichtlich bekundete Ablehnung oder Vermeiden von Kontakten, die nicht als persönliche Abwertung oder Unzuverlässigkeit in der Kontaktgestaltung verstanden werden dürfen. Stattdessen sind sie als Schutz vor Zurückweisung und Verletzung vor dem Hintergrund verinnerlichter negativer Erwartungshaltungen zu übersetzen.

Erst wenn Verhaltenssignale derartige Interpretationen finden, können darauf abgestimmte Reaktionen – im Sinne der Feinfühligkeit – angemessen sein. Ob eine Reaktion also eine gute Passung zum Signal des Anderen bildet, hängt ausschließlich von der Empathie- und Mitschwingungsfähigkeit der Bindungsperson oder der pädagogischen Fachkraft ab. Ihre Aufgabe ist es – ebenso wie bei einem Säugling – dargebotene Verhaltensweisen ohne Erklärungen zu verstehen und in einer Form zu beantworten, die alters- und entwicklungsangemessen den Bedürfnissen des Gegenübers Antwort gibt. *Angemessen und prompt* umfassen dabei die Berücksichtigung des jeweiligen Entwicklungsalters und damit auch des Bindungsstadiums des Gegenübers. Frühtraumatisierte Menschen befinden sich auf den Bedürfnisebenen oft in sehr frühen Perioden. Das richtige Interpretieren ihrer Signale bedeutet zu verstehen, dass Nöte schnell groß sind und die Frustrationstoleranz sehr klein. In den Signalen verborgene Bedürfnisse brauchen häufig wirklich prompte – im Sinne von schnellstmöglichen – Reaktionen, um Sicherheit und Vertrauen herzustellen. Die Wirkung der feinfühligen Beantwortung der Signale transportiert sich – über das angemessene Handeln hinaus – auch über

- die Sprache (verbale Resonanz),
- einen ruhigen, liebevollen Tonfall in Ansprache und Gespräch,
- einen gut auf den anderen abgestimmten Rhythmus, Blickkontakt sowie
- eine dem Gegenüber zugewandte Körperhaltung (Brisch 2009a).

Präsenz

Um die für Feinfühligkeit notwendige Aufmerksamkeit zu geben, ist die Voraussetzung die innere und äußere Präsenz von Fachkräften oder Bindungspersonen. In der frühkindlichen Bindungsentwicklung ist Präsenz der Garant für das Überleben des Säuglings. Das *unsichtbare Bindungsband*, das Menschen zwischen Zeit und Raum miteinander verbindet, entwickelt sich erst langsam im Laufe des ersten Lebensjahres über die Ausbildung sogenannter „Objektpermanenz“ (Oerter/Montada 2002, 174f.). Objektkonstanz, also die Sicherheit, dass etwas/jemand noch existiert, auch wenn er aus dem eigenen Blickfeld verschwunden ist, ist die Voraussetzung dafür, sich auch ohne die dauernde Anwesenheit des Anderen in hinreichender Sicherheit zu befinden. Bei vielen frühtraumatisierten Menschen ist feststellbar, dass der Unruhepegel deutlich ansteigt und das Explorationsverhalten nachlässt, sobald die Bindungsperson nicht da ist oder auch nur den Raum verlässt. Es zeigt sich ein überhöhter Bedarf an Präsenz, der möglicherweise auf tiefe Verunsicherungen in der Phase der Objekt-Konstanz-Entwicklung zurückzuführen ist. Dieser Wahrnehmung entsprechend wird bei Abwesenheit einer Bezugsperson das Stresssystem derart aktiviert, dass andere Tätigkeiten wie bspw. Hausaufgaben nicht durchgeführt werden können bzw. Inszenierungen stattfinden müssen, die die Aufmerksamkeit und Rückkehr der Bindungsperson erzeugen.

Die Anforderungen an die Präsenz in der Arbeit mit traumatisierten Menschen ist also entsprechend hoch. Präsenz wird erlebt, wenn Anwesenheit und Erreichbarkeit gewährleistet sind, aber auch wenn ein hohes Maß an Aufmerksamkeit, Achtsamkeit und Zuwendung zur Verfügung gestellt wird. In der pädagogischen Alltagspraxis geht es also zunächst um die strukturelle Gestaltung von Bindungen durch verlässliche, faktische Präsenz. Das Sicherheitsbedürfnis der Betroffenen, zu wissen, ob, wann und wie jemand erreichbar oder wer zuständig ist, braucht eine verlässliche Antwort. Entsprechend zeigt sich auch, dass faktische Präsenz und Anwesenheit vor allem in Stresssituationen entscheidend wichtig sind, um Grundlagen für Vertrauen zu schaffen.

Allzu oft wird *Fehlverhalten* von Menschen in pädagogischen Kontexten mit *Time-out*-Ansätzen beantwortet. Im Sinne einer feinfühligen Interpretation der Signale traumatisierter Menschen kann davon ausgegangen werden, dass extreme Verhaltensphänomene meist Ausdruck einer inneren Not sind, die zugleich von einem aktivierten Bindungssystem begleitet ist. Entsprechend empfiehlt Karl-Heinz Brisch in Seminaren zum bindungsorientierten Arbeiten, in derartigen Situationen Präsenz zu erhöhen und *Time-Intensiv* anzubieten, bis eine Beruhigung eingetreten ist.

Neben diesen Aspekten von Anwesenheitspräsenz zeigt sich in der Arbeit mit traumaverwundeten Menschen oft eine besondere Sensibilität und hohe Verletzlichkeit gegenüber unachtsamem Verhalten in der Aufmerksamkeit. So schildert mir eine frühtraumatisierte Klientin, die sich in ambulanter Betreuung befindet, dass sie keinerlei Vertrauen in ihre neue Betreuerin habe. Auf meine Frage, wie sie zu ihrer Einschätzung der Vertrauenswürdigkeit käme, erklärt sie, dass sie sich *verarscht* fühle, wenn die Kollegin während ihrer Betreuungszeit in ihr Handy schaut, telefoniert oder ein Brot isst. Dann wäre sie lieber allein, sagt sie.

Bedenkt man, dass Blickkontakt im frühen Stadium der Bindungsentwicklung ein entscheidender Faktor für Bindungssicherheit ist (Brisch 2009c), so wird verständlich, dass die junge Frau, die eine schwere Vernachlässigungsgeschichte hinter sich hat, hier eine Wiederholung ihres Beziehungstraumas, nicht wahrgenommen zu werden, erlebt und entsprechend keine sichere Bindung zu der Kollegin aufbauen kann.

Im Bindungsgeschehen kommt es häufig auf die Feinheiten an, die darüber entscheiden, ob neue Muster entstehen und *verdiente sichere Bindungen* entwickelt werden können.

Sprachliche Interaktion – Resonanz

Ein Aspekt feinfühliger Intervention findet sich in der Fähigkeit, inneren Prozessen, Gefühlen, Empfindungen, Vorgängen und Erlebnissen des Gegenübers verbalen Ausdruck verleihen zu können. Es geht also zunächst weniger um lösungsorientierte Angebote im Dialog als vielmehr darum, in verbaler Empathie das Fühlen und Handeln sowie die Intention des Handelns in Worte zu fassen. Karl-Heinz Brisch bezeichnet diese Kommunikationsform als Ammensprache oder „Babytalk" (Brisch 2009a, 105), weil sie dem gleicht, was im Rahmen gesunder Bindungsangebote jedem Säugling zuteil wird, wenn er noch nicht sprechen kann. Während der Säugling beispielsweise auf dem Wickeltisch liegt, gestaltet sich der Dialog meist entlang der *Dolmetschertätigkeiten* der Pflegeperson, indem sie sein Verhalten, seinen Gesichtsausdruck, seine stimmlichen Äußerungen in Worte fasst.

Grossmann und Grossmann berichten darüber, welche zentrale Bedeutung diese Versprachlichung innerer Prozesse für die Entwicklung psychischer Sicherheit hat (Grossmann/Grossmann 2007). Die empathische Resonanz der äußeren Welt auf inneres Erleben scheint in besonderer Weise zur Beruhigung des inneren Systems, zum Festigen des Bindungserlebens und zur Stabilisierung der Persönlichkeit beizutragen. In eindrucksvoller Weise berichtet die französische Kinderanalytikerin Carolin Eliacheff, wie Versprachlichen und Symbolisieren innerer Vorgänge bei schwersttraumatisierten Säuglingen und Kleinstkindern selbst im vorsprachlichen Bereich zu unglaublichen Heilungserfolgen führt (Eliacheff 1997). „Resonanz heißt, etwas zum Schwingen oder Erklingen zu bringen." (Bauer 2006, 17)

Gerade vor dem besonderen Hintergrund von erstarrten inneren Prozessen und Sprachlosigkeit als klassischen Traumafolgeerscheinungen ist das Überwinden der Sprachlosigkeit und das Etwas-in-Bewegung-Bringen ein zentrales Ziel zur Integration traumatischen Erlebens: Worte zu finden, wo Sprachlosigkeit herrscht, Empathie herzustellen, wo Gefühle noch keine Ordnung gefunden haben. „Wenn wir uns von jemandem erfühlt fühlen, wird dadurch die innere Kraft zur Selbststeuerung entwickelt." (Siegel 2010, 254) Verbale Resonanz gehört somit sicher zu den zentralen Ansätzen traumapädagogischer Intervention.

Das Handwerkszeug für diese Form der Resonanz findet sich im Grunde am besten beschrieben in den humanistischen Kommunikationsansätzen des Aktiven Zuhörens von Carl Rogers (Rogers 1972, 1983). In allen pädagogischen Ausbildungen gelehrt, findet es dessen ungeachtet in der pädagogischen Alltagspraxis leider noch zu wenig Anwendung. In der Arbeit mit bindungsverletzten Menschen ist es jedoch lohnenswert, diese Möglichkeit, den Selbstoffenbarungsebenen des Gegenübers gute Resonanz zu verschaffen, wieder stärker zu aktivieren. Gordon (1989, 40f.) bezeichnet diese sprachliche Resonanz als „Sprache der Annahme". Diese entfaltet sich durch:

- das **Spiegeln des Inhalts** einer Aussage des Anderen,
- das **Identifizieren und Benennen von Gefühlen und Intentionen,** die hinter einem Verhalten stecken können,
- das **Heraushören und Verbalisieren eines Gefühls,** was in einer Äußerung steckt,
- **handlungsbegleitende Kommentare.**

Gute Resonanz im Sinne einer mitfühlenden Sprache konzentriert sich also nicht auf das Kommentieren, sondern ausschließlich auf das wertschätzende Verstehen. „Ich hörte den Wunsch eines Flüchtlings, der um Verstehen bat, nicht um Hilfe, Hilfe würde ihn kleinmachen." (Reddemann 2008b, 40)

Unterstützung bei der Stressregulation

> *„Die Qualität einer Bindung spiegelt das Vertrauen in die Zuwendung der Bindungsperson, wenn sie zur Linderung von Leid gebraucht wird, zusammen mit dem begründeten Vertrauen des Kindes, dass die mütterliche Zuwendung wirklich Beruhigung bringt."* (Grossmann 2007, 281)

Befindet sich ein Mensch aus seiner Wahrnehmung heraus in einer verunsichernden oder bedrohlichen Situation, werden seine Stress- und Bindungssysteme aktiviert. Konnte ein Mensch früh die Erfahrung machen, dass das aktivierte Stresssystem durch feinfühlige Resonanz von Bindungspersonen beruhigt wurde, entwickelt sich hieraus eine erhöhte Stresstoleranz, die im weiteren Verlauf dazu führt, dass Menschen stressresistenter sind und sich ggf. selbst gut beruhigen können. Die Fähigkeit zur Stressregulation und Impulskontrolle entwickelt sich also in Abhängigkeit zu der Erfahrung, beruhigt worden zu sein.

Traumatisierte Menschen leiden unter stetig zu hoch eingestellten Stressparametern. Gerade früh- und komplextraumatisierte Menschen empfinden Stress als Signal von existenzieller Bedrohung und tiefster Schutzlosigkeit.

Im Sinne einer bindungsorientierten Pädagogik sind Stresssituationen, die aufgrund der hohen Erregung mit entsprechend affektiven Reaktionen des Gegenübers einhergehen, gute Anlässe, um für Bindungssicherheit zu sorgen. Die Fachkraft muss hier die Verantwortung für die Beruhigung des Anderen übernehmen. Die Bereitschaft, zur Beruhigung beizutragen, muss unabhängig davon sein, was Anlass, Hintergrund oder Art und Weise der Stressäußerungen war. Solange die Stressparameter hoch sind, finden ohnehin keine Verstehens-, Einsichts- und Lernprozesse statt. Grundlage für kognitive Zugänge ist das Gefühl, in Sicherheit zu sein, und dieses geht zunächst von dem Gefühl aus, bei *jemandem* in Sicherheit zu sein.

> *„Einem Kind (einem Menschen, Anm. d. Verf.) mit früh erworbenen Bindungsstörungen Sicherheit zu geben und ihm zu ermöglichen, ein Stück Vertrauen aufzubauen, gelingt nur Bezugspersonen mit besonderer Stressresistenz und Bereitschaft, sich von den „Angriffen" des Kindes auf das Bindungssystem nicht verletzen zu lassen."* (Wiemann 2009, 110)

Luise Reddemann schreibt: „Für eine gesunde Entwicklung brauchen wir Sicherheit spendende andere, die uns nicht zusätzlich stressen, wenn wir bereits unter Stress stehen" (2008b, 134). In der Arbeit mit traumatisierten Menschen brauchen HelferInnen dementsprechend ein hohes Maß an eigenen Fähigkeiten zur Stressregulation. Dies kann zur Beruhigung beitragen, um feinfühlig herauszufinden, welche Worte, Aktivitäten oder Angebote dem Anderen helfen können, in sein inneres Gleichgewicht zurückzufinden.

Nähe, Trost und Körperkontakt

Gerade in Bezug auf unterstützende Bindungsangebote bei der Stressregulation reichen verbale Resonanzen manchmal nicht aus, um zur Beruhigung des Gegenübers beizutragen. In frühkindlichen Entwicklungsphasen wird Berührung immer genutzt, um Kindern Trost und Sicherheit zu spenden. Das Gefühl tiefer Hilflosigkeit – ähnlich dem eines sehr kleinen Kindes –, das viele Menschen mit traumatischen Verletzungen umgibt, benötigt manchmal Antworten, die dieser Entwicklungsphase gerecht werden. In diesen Momenten hilft das „Ich bin da!" im gesprochenen Wort und beruhigt den Geist. Das „Ich bin da!" in Form einer aufgelegten Hand lässt den Körper die Unterstützung unmittelbar wahrnehmen.

Grossmann und Grossmann schreiben: „Nähe, Trost und Körperkontakt festigen den Bindungsprozess physiologisch." (2004, 44) „Ohne Berührung ist es auf die Dauer schwierig, eine sichere Bindungsbeziehung zu entwickeln", da gerade in bindungsrelevanten Situationen die Bedürfnisse nach Körperkontakt und Gehaltenwerden aufkommen (Brisch 2009c, 142).

Selbstverständlich gilt es gerade im Bereich körperlicher Nähe, die Signale des Anderen feinfühlig zu interpretieren. Wenn Berührungen mit negativen Erlebnissen und Assoziationen aufgeladen sind oder das Bindungssystem des Gegenübers stark ambivalent auf Zuwendung reagiert, so ist vielleicht Nähe akzeptabel, aber Berührung sicher der falsche Zugang. Feinfühligkeit bedeutet diesbezüglich, die eigenen Reaktionen den Signalen des Anderen anzupassen und (körperliche) Bindungsangebote entsprechend individuell – entlang der subjektiven Bedürfnisse und Ressourcen des Gegenübers, die seinen Erfahrungswelten entspringen – zu gestalten.

Die Pädagogin als primäre Bindungsperson und fürsorgliches Introjekt

In der Resilienzforschung wird die Bedeutung einer sicheren Bindung zu mindestens einer Bezugsperson als zentraler Schutzfaktor hervorgehoben. In vielfältiger Forschung, aber auch biografischer Literatur wird deutlich, wie ausschlaggebend ein Mensch für einen anderen Menschen sein kann. Holger Schlageter drückt es in einem Vortrag zum Thema Resilienz so aus:

> *„Ein Mensch genügt! Das ist die wichtigste Botschaft der Resilienzforschung. […] Die Psyche ist unglaublich stark, so dass unsere Seele die schlimmsten Widrigkeiten des Lebens zu überleben vermag, wenn nur ein Mensch uns eine Zeit lang zur Seite steht. Ein Mensch macht den ganzen Unterschied."* (Schlageter 2010, o. S.)

Gerade durch die Resilienzforschung wird dabei die Bedeutung kompensatorischer, beziehungsweise *verdienter sicherer Bindungen* besonders deutlich, da viele Vorgeschichten von Menschen mit resilienten Entwicklungsverläufen nach frühkindlicher Traumatisierung zunächst durch ein brüchiges Bindungsfundament gekennzeichnet waren. Gelingt es in der Arbeit mit traumatisierten und bindungsverletzten Menschen, diesen einen Menschen, der den ganzen Unterschied machen kann, zu finden und zur Verfügung zu stellen, sind wesentliche Grundlagen für innere Neuorganisation gelegt.

In der frühkindlichen Bindungsentwicklung wird eine sichere Bindung zunächst zu einer primären Bindungsperson aufgebaut, die in der Bindungspyramide (Brisch 2010) die *Pole-Position* bildet, von der aus positive Bindungserfahrungen auch auf andere übertragen werden können. Entlang dieses Bindungswissens sollten Helfersysteme konkurrenzlos miteinander agieren. Das Bevorzugen einer pädagogischen Fachkraft als Hauptbezugsperson durch eine Klientin/einen Klienten kann in bindungsorientierter Interpretation als Erfolg einer sich anbahnenden sicheren Bindung gewertet und darf nicht der Bezugsperson zum Vorwurf gemacht werden.

Zentrales Ziel einer Pädagogik, die sichere Bindung als richtungsweisend betrachtet, ist es, die Fachkraft als verlässliche Bindungsperson und *sicheren Hafen* in der Hilfeplanung als entscheidenden Wirkfaktor zu bedenken. Gelingt die Anbahnung einer sicheren Bindung vor dem Hintergrund feinfühliger Interaktion, kann diese Person zur *inneren Repräsentanz* und damit zum positiven Introjekt eines liebevollen, freundlichen und nährenden Persönlichkeitsanteils werden.

> *„Eine Repräsentanz bedeutet ursprünglich: Ständige Vertretung. Das ist doch ein guter Begriff, er erinnert an diplomatische Vertretungen. Die ständigen Vertretungen sind bei uns im „Innland“, kommen aber aus dem Ausland. Es geht also um etwas, das ursprünglich von außen kommt, aber zu einer dauerhaften inneren Einrichtung, einer internen Instanz geworden ist.“* (Haarmann 2008, 59)

Wird es möglich, über eine sichere Bindung diese Instanz im Innenraum des Anderen entstehen zu lassen, so wird dessen *inneres Team* um einen starken, erwachsenen Selbstanteil erweitert, der den im Trauma verletzten und jüngeren Selbstanteilen hilfreich und tröstend zur Seite stehen kann (→Kap. 2.6). Einen anderen Menschen in sich haben, indem ich dessen Resonanzmuster in mir hervorrufen kann (Haarmann 2008, 61), unterstützt langfristig Prozesse von Selbststärkung, Selbstbemächtigung und Selbstfürsorge.

Eine Klientin fasste dies einmal so in Worte: „Wenn ich einmal nicht mehr weiter weiß, mache ich immer eine innere Konferenzschaltung zu dir, dann kann ich mir selbst gut weiterhelfen!" Eine andere Klientin drückte es so aus: „Ich höre oft die Musik, die du mir gegeben hast, dann ist es, als wenn ich dich zu mir sprechen höre. Das hilft mir, mich selbst gut zu beruhigen. Dann brauche ich dich nicht mehr anzurufen."

Enge Bindungen zwischen HelferInnen und KlientInnen – im Sinne sicherer Bindungsbeziehungen – verstärken demgemäß nicht die Abhängigkeit, sondern bereiten den Weg für autonome Entwicklungen, da über sie emotionale Sicherheit im inneren System des Menschen wiederhergestellt werden kann. „Beziehungen sind der Weg zur Veränderung und die mächtigste Therapie ist die menschliche Liebe." (Perry 2006, 289)

Personale Kompetenzen und Voraussetzungen für bindungsorientierte Pädagogik

Im Rahmen einer bindungsorientierten Pädagogik wird also die Fachkraft zum zentralen *Werkzeug* der Hilfeplanung. Entsprechend liegen die Voraussetzungen für diesen Teil traumapädagogischer Interventionen neben dem notwendigen Fachwissen vor allem in der Persönlichkeit und den personalen Kompetenzen der jeweiligen Helferperson. Hierzu gehören

- **emotionale Verfügbarkeit** als die Fähigkeit, dem anderen Raum und Aufmerksamkeit geben zu können, ohne sich von eigenen inneren Vorgängen zu stark ablenken oder beeinträchtigen zu lassen,
- **Herzlichkeit** als die Befähigung, Feinfühligkeit und Empathie aus vollem Herzen zur Verfügung zu stellen,
- **Selbst- und Stressregulation** als die Möglichkeit, eigene Impulse und Affekte im Geschehen wahrzunehmen, ihnen aber nur insoweit das Steuer zu überlassen, als es dem Prozess des Gegenübers hilfreich ist und
- **Selbstreflektion** als die Bereitschaft, eigene Anteile und Trigger zu erkennen und zu versorgen. Hier sind vor allem die gründliche Be- und Verarbeitung eigener traumatischer Erlebnisse und bindungsgeschichtlicher Aspekte aus der eigenen Biografie von zentraler Bedeutung, um weitestgehend symptomfrei auf das Gegenüber zu reagieren.

2.4 Stabilisierung und Ressourcenorientierung

Zu einem wichtigen Teil des Paradigmenwechsels in der psychotherapeutischen Arbeit mit traumatisierten Menschen gehörte die Priorisierung des Stabilisierungsaspektes im therapeutischen Prozess. Nach langer klinischer Erfahrung psychotherapeutisch tätiger PraktikerInnen war allzu oft deutlich geworden, dass eine rein auf Konfrontation (Erinnern) und Integration (Durcharbeiten) angelegte Bearbeitung des traumatischen Hintergrunderlebens für viele Klientinnen zu keiner Veränderung und schlimmstenfalls gar zu einer weiteren Verschlechterung ihres Zustandes führte. Erklärlich wurden diese Phänomene mit zunehmendem Fachwissen über hirnorganische Prozesse unter traumaspezifischen Bedingungen. Die negativen Effekte erklärten sich dadurch, dass im Rahmen des Erinnerungsprozesses Trigger angesprochen wurden, die zu Flashbacks und starken Stresssymptomatiken führten. Auf diese Weise wurde die Therapie auch zu einem Feld der Retraumatisierung, innerhalb dessen sich die Betroffenen dem Geschehen neuerlich ausgeliefert fühlten. Neue Ansätze der Traumatherapie, wie sie von Luise Reddemann entwickelt wurden, betonen entsprechend die Notwendigkeit, traumatisierte Menschen zunächst insoweit zu stabilisieren, als sie sich *altem Material* von einem guten Fundament aus zur Verarbeitung zuwenden können. Erst wenn ein Mensch innerlich ausreichend stabil, körperlich weitestgehend gesund und äußerlich in einer sicheren Situation ist, kann die Bearbeitung der Traumareste so stattfinden, dass Menschen sich ihnen gegenüber nun nicht mehr hilflos fühlen müssen, sondern in einen Bewältigungsprozess einsteigen können. Findeisen zitiert hierzu Luise Reddemann, die betont:

> *„Probleme lassen sich leichter lösen, wenn jemand in guter Verfassung ist. Dazu ist es zunächst einmal wichtig, den Patientinnen (Klientinnen Anm. d. Verfasserin) zu helfen, dass sie ihren hohen Stresspegel senken können und dann dazu, dass sie zu ihrer Kraft finden. Im Grunde kann dabei jede Fähigkeit und Stärke, die jemand hat, als Ressource genutzt werden."* (Findeisen 2006, o. S.)

Analog zu diesen Feststellungen aus dem vorwiegend klinischen Kontext gilt Stabilisierung auch in der Traumapädagogik als zentrale Maßnahme. Sowohl die therapeutischen als auch die pädagogischen Ansätze beziehen sich dabei auf die Ergebnisse der Resilienzforschung, die in ihrem Kern Erkenntnisse darüber liefert, was Menschen stärkt. Als bedeutsame Schutzfaktoren gegenüber Extrembelastungen tauchen – neben dem hohen Stellenwert einer sicheren Bindungsrepräsentanz – in erster Linie die Bedeutung von

- positiven Selbstbildern,
- Selbstwirksamkeitsüberzeugungen und
- Handlungs-/Problemlösekompetenz auf (→Kap. 1.5).

Die Wirksamkeit dieser Schutzfaktoren kann präventiv definiert werden, weil sie einen Puffer gegenüber Risikofaktoren bilden kann. Gleichzeitig wird ihr Effekt aber auch akut und rehabilitativ betrachtet und kann hilfreich sein, um akutes traumatisches Belastungserleben abzumildern, und sich protektiv auf den Heilungsprozess einer Traumatisierung auswirken (Welter-Enderlin/Hildenbrand 2006). „Selten jedoch", stellt Luise Reddemann fest, „entsteht Heilung aus der ausschließlichen Konzentration auf das Leiden, sondern viel eher durch die Aktivierung von Vorstellungen und Handlungen, die den Bereichen der Liebe und der Freude entspringen" (Reddemann 2007, 16).

Neben den bindungsorientierten Ansätzen, wie wir sie im vorangegangenen Abschnitt aufgezeigt haben, liegt also die besondere Aufmerksamkeit traumaspezifischer Interventionen auf der Arbeit mit und an den Ressourcen im Leben eines Menschen. Ziel ist es dabei, die inneren und äußeren Stärken und Schätze von Menschen deutlicher in den Fokus zu nehmen und zu festen Installationen der eigenen Selbstkonstruktionen werden zu lassen, so dass positive Selbstbilder und Selbstwirksamkeitsüberzeugungen (nach)reifen können.

Konsequente Ressourcenorientierung in der Praxis

Ressourcenorientierung bedeutet, alle Stärken und Kraftquellen eines Menschen, die normal funktionieren, zu erkennen und systematisch in die Handlungsplanung mit einzubeziehen (Redlich et al. 2000). Der Ressourcenbegriff wird dabei in unterschiedlichen Konzepten jeweils anders definiert, wobei ein gemeinsames Grundverständnis von Ressourcen immer darin liegt, dass es sich um Hilfsmittel oder Hilfsquellen handelt, die der Bewältigung von Aufgaben und Situationen dienen. Frank Nestmann schreibt dazu:

„Unsere Lebensführung, unsere Alltagsgestaltung, unser Wohlbefinden und unsere Gesundheit, unsere Erfolge und Misserfolge in der Bewältigung von Anforderungen, Problemen und Krisen sind abhängig von Ressourcen." (Nestmann 1996, 361 f.)

Unterschieden wird dabei meist zwischen sogenannten *intrapersonalen Ressourcen*, die alle positiven Potenziale eines Menschen wie seine

- Fähigkeiten,
- Fertigkeiten,
- Kenntnisse,
- Interessen,
- Gedanken und Erfahrungen,

die sich ein Mensch im Laufe seines Lebens aneignen konnte, umfasst. Hingegen werden als *soziale Ressourcen* helfende Faktoren der Umwelt verstanden, beispielsweise

- soziale Netzwerke,
- ökonomische Sicherheit und
- Status.

Richtungspunkt ressourcenfokussierender Ansätze ist es, diese Schätze in der gemeinsamen Arbeit aufzudecken, zu aktivieren, aufzubauen und zu festigen, so dass sie als Kraftquelle und Handlungsgrundlage zur Verfügung stehen. Dieser Prozess bezieht sich zunächst auf die unmittelbare Arbeit mit einer Person, im Sinne einer persönlichen *Ressourcenschatzsuche*. Ebenso geht es darum, pädagogische Handlungskonzepte, Hilfepläne und Alltagssituationen so zu gestalten, dass Stärken von Menschen dabei Raum gewinnen, positive Erlebnisse darin stattfinden und Erfahrungen von Selbstwirksamkeit impliziert sind.

Voraussetzungen für diese Form konsequenter Ressourcenorientierung ist primär der ressourcevolle Blick im Helfersystem. Viele sozialpädagogische Konzepte von Einrichtungen enthalten lange das Versprechen der Ressourcenorientierung als Handlungsprinzip. Ebenso häufig beschreiben die Fachkräfte in der Praxis, wie schnell sie im Alltag dabei sind, Probleme zu beschreiben, Schwierigkeiten zu beklagen und Misserfolge zu fokussieren. Die Überwindung etablierter Denk- und Handlungsmuster, in denen es weniger um das Stärken der Stärken als mehr um das Ausgleichen von Mängeln geht, ist ein langwieriger Entwicklungsprozess. Deshalb muss Ressourcenorientierung zunächst in den Köpfen stattfinden und braucht die Kernkompetenzen eines *Schatzsuchers*, wie

- die **Neugier** auf die *Wunder dieser Welt*,
- die **Fähigkeit, Verborgenes zu entdecken**,
- **Geduld**, denn Schätze liegen oft unter der Oberfläche und sind nicht leicht zu finden,
- die Eignung, **das Kostbare in den Dingen zu sehen** (Pippi-Langstrumpf-Sachen-Sucher-Mentalität),
- den **Mut** auch dort zu suchen, wo andere bereits aufgegeben haben,
- **Durchhaltevermögen** bei schlechter Wetterlage,
- **Achtsamkeit und Vorsicht**, damit Wesentliches nicht kaputt geht,
- die **Hoffnung**, dass immer etwas gefunden werden kann, ganz gleich wie unwegsam sich das Gelände präsentiert.

Pädagogische Schatzsuche auf der Insel der Persönlichkeit

Gerade Menschen mit traumabelasteten Biografien haben häufig die Schlüssel zu ihren *Schatzkammern* verloren oder hatten bisher wenig Chancen, diese gut zu füllen, zu schützen oder bewusst zu nutzen. Häufig fühlen sie sich eher mit innerer Leere, Dunkelheit und Ballast verbunden als mit dem Gefühl von Kraft und innerem Reichtum. Wichtig bleibt, dieses Erleben zu würdigen und anzuerkennen. Auch die Auseinandersetzung und Akzeptanz von Leiden und tiefem Schmerz kann zu einer Ressource werden (Reddemann 2007).

Daneben gilt es jedoch, sich neugierig auf *Ressourcenerkundung* zu begeben. Sie ist kein Widerspruch zur Loyalität gegenüber dem tiefen Leiden, sondern eine Solidarisierung mit denjenigen Kräften, die das Leiden überdauert haben oder aus ihm hervorgegangen sind. „Für mich ist jede Biografie wie ein Fenster in neuem Raum, der meine Neugier weckt und den zu entdecken mir leidenschaftliche Freude macht“, beschreibt Luise Reddemann (2007, 8) ihren Zugang zu den *Schatzkammern* der Menschen, denen sie begegnet.

Verschiedene Ansätze können helfen, Ressourcen und Kraftquellen von Menschen zu erschließen und bewusst zu machen.

Wertschätzungen für Lebensleistungen

Menschen mit traumatischen Lebensgeschichten haben unglaublich viel geleistet.

> *„Die Menschen selbst jedoch werten ihre Lebensleistungen selten, sie fühlen sich isoliert und ungenügend. Ihre Lebensleistungen zu würdigen, ihre Ressourcen zu benennen und sie zu unterstützen, sich selbst zu bemächtigen, muss zentraler Bestandteil einer Haltung werden, die sich Traumapädagogik nennen kann."* (Weiß 2009a, 157)

Menschen, die traumatische Situationen überstanden haben, sind aus dieser Perspektive eben nicht nur Opfer, sondern vor allem auch Überlebende, deren besondere Leistungen, die sie vollbracht haben, um eben dieses Überleben sicherzustellen, zunächst höher geschätzt werden müssen als die Frage der Alltagsfunktionalität. Mag sein, dass in der momentanen Situation die eine oder andere Verhaltenssymptomatik zu Schwierigkeiten führt. Es bleibt wichtig, daran zu erinnern, dass die wirklich großen Herausforderungen im Rahmen enormer Anpassungsleistungen und Überlebenskünste bewerkstelligt wurden. Von dieser Perspektive aus kann eine deutliche Ermutigung des Glaubens an sich selbst und die eigene Kraft ausgehen.

Eine Klientin, die einen sehr belastenden und retraumatisierenden Krankenhausaufenthalt hinter sich gebracht hatte, berichtet: „Es war grausam. Ich habe geheult und geschrien und geglaubt, ich schaffe es nicht. Die Ärzte waren sehr unfreundlich und forderten mich ständig auf, mich zu beruhigen. Plötzlich aber dachte ich daran, dass wir schon oft darüber gesprochen haben, was ich alles bereits durchstanden habe. Da verstand ich plötzlich: Es ist grausam und schrecklich, aber wenn es jemand überstehen kann, dann ich. Ich glaube, jemand, der noch nicht so viel durchgemacht hat wie ich, hätte es nicht geschafft!"

Schätze finden

Damit Ressourcen an Bedeutung gewinnen und nützlich werden können, müssen sie bewusst gemacht werden.

Dieses wurde mir sehr eindringlich in einer Begegnung mit einer jungen Frau deutlich, die unfreiwillig zu mir zur Beratung gebracht wurde. Die Betreuerinnen der Wohngruppe für Menschen mit Behinderungen hatten sich besorgt gezeigt, da die junge Frau, mit einer traumatischen Vorgeschichte, immer verschlossener geworden war und immer stärkeres Verweigerungsverhalten gegenüber jeder Art von Aktivität zeigte. Sie wollten ihr Unterstützung zukommen lassen und hatten sie deshalb bei mir angemeldet. Obwohl die junge Frau sich deutlich dagegen ausgesprochen hatte, zur Beratung zu gehen, brachten die Betreuer sie zu mir. Dies war allein deshalb möglich, weil sie im Rollstuhl saß und sich insofern körperlich nicht gegen den Willen der Kollegen durchsetzen konnte. Als sie mir dann im Raum gegenüber saß, hatte sie sich tief in ihre Jacke vergraben. Den Kopf gesenkt, saß sie stumm da. So versuchte ich über längere Zeit, Kontakt zu ihr zu bekommen. Doch all meine Bemühungen, sie aus der Reserve zu locken, scheiterten an ihrem starken und eindeutigen Willen. Als ich dieses endlich erkannte, hörte ich auf, sie verändern zu wollen und teilte ihr meine Bewunderung mit, indem ich ihr sagte: „Weißt du, was ich richtig gut an dir finde, ist, dass du so einen eigenen Kopf hast. Mit dir kann man nicht machen, was man will!" Eben in diesem Moment hob sie ihren Kopf und es entstand ein vorsichtiger Kontakt. Obwohl sie zunächst ankündigte, in der nächsten Woche nicht wiederzukommen – was ich ihr als ihr gutes Recht zugestand –, tauchte sie eine Woche später wieder bei mir auf. Sie war recht aufgeschlossen und berichtete aus einer Sequenz aus der Wohngruppe, in der sie sich gut durchgesetzt hatte. Sie sagte wörtlich: „Da hatte ich dann eben meinen eigenen Kopf". Da ich mich an unsere Unterhaltung aus der Woche davor erinnerte, fragte ich sie, seit wann sie sich bewusst darüber sei, dass sie einen *eigenen Kopf* hätte. Sie dachte einen Moment nach und dann sagte sie: „Von hier aus gesehen seit genau einer Woche!"

Dieses Beispiel machte mir etwas sehr deutlich: Während die Wohngruppenbetreuerinnen *ihren eigenen Kopf* bereits lange als stark entdeckt hatten, da er im pädagogischen Alltag immer wieder zu

Schwierigkeiten führte, wenn Anforderungen gestellt wurden, denen sich die Klientin verweigerte, hatte sie sich bisher in derartigen Situationen offensichtlich immer nur als schwach wahrgenommen. Ihr Verhalten entstand aus dem Widerstand der Ohnmächtigen. Die Veränderung lag nun plötzlich darin, dass sie denselben Prozess als Teil einer willentlichen Handlung und als Kompetenz eines *eigenen Kopfes* – ihrer Willensstärke – betrachten konnte. Diese Ressource hat uns lange begleitet und wurde von ihr zunehmend für offensive Auseinandersetzungen genutzt, wenn sie nicht einverstanden war mit dem, was mit ihr passieren sollte. Es war zugleich ein wichtiger Prozess der Selbstbemächtigung, der vor dem Hintergrund ihrer Vorgeschichte, aber auch im Zusammenhang mit ihrer Körperbehinderung oft verstört worden war.
Diesen wichtigen Schatz konnten wir zufällig während unserer ersten Begegnung entdecken. Er war mir sozusagen *in die Hände gefallen.*

Grundsätzlich bietet es sich aber auch an, neben diesen am Wegrand auftauchenden Kostbarkeiten mit Menschen gezielt an der Erhebung ihrer persönlichen Schätze zu arbeiten. Um die Wirkung zu erhöhen, ist es gut, dies nicht nur im Gespräch zu tun, sondern sie zu visualisieren, um sie schneller wieder abrufbar zu machen. Verschiedene Herangehensweisen und Instrumente haben sich diesbezüglich bewährt (siehe Anhang 1). Sie sind unter den angegebenen Quellen zu finden.

Ressourceninterview: Hier geht es um ein Interview, das sich ausschließlich für die Stärken des Anderen interessiert. Als Anhaltspunkt kann hier die *Ressourcenlandkarte* (siehe Anhang 1) genutzt werden, um möglichst viele Bereiche in den Blick zu bekommen. Unterstützt werden kann dieser Prozess durch anregende Fragestellungen, die das Gegenüber ermuntern und ermutigen, über sich nachzudenken, und Lust machen, eine Antwort zu finden. Hierzu eignet sich sehr gut das Buch ‚Fragen können wie Küsse schmecken' von Carmen Beilfuss (2008) oder auch die Ressourcen-Karten ‚Ressourcium' von Michaela Huber (2008). Mit Jugendlichen lässt sich das Ganze gut in den Rahmen eines *V.I.P.-Interviews* setzen. So verliert es schnell den Charakter des Ausgefragt-Werdens. Symbolisch kann der rote Teppich ausgerollt oder das rote Sofa aufgestellt werden. In diesem Rahmen zeigt die Interviewende Respekt vor ihrem Gegenüber und verdeutlicht seinen besonderen Wert und seine Wichtigkeit.

Als weiteres Material kann die *Ressourcenhand* (siehe Anhang 2) genutzt werden. Sie ist an eine Idee von Birgit Venezia (2000) angelehnt, die ein ähnliches Modell entwickelt hat, um Familienressourcen zu erheben. Gerade für die Arbeit mit traumatisierten Menschen, wo es um die Wiedererlangung von *Hand-lungsfähigkeit* geht, ist das Bild einer Hand, die alle Schätze in sich trägt, besonders gut geeignet. So kann auch am besten die eigene Hand als Vorlage auf ein Blatt Papier gebracht werden, um die Ressourcen darin oder drumherum einzutragen. Die hier vorliegende Version der Ressourcenhand berücksichtigt dabei wichtige Schätze, die geeignet sind, positive Selbstanteile (persönliche Stärken, Interessen, „Diamantenfähigkeiten" (Kindl-Beilfuss 2008a, o.S.) und resilienzfördernde Aspekte (Ziele/Visionen, Netzwerke/Zugehörigkeit) aufzudecken.

Aus Schwächen Stärken werden lassen

„Darüber hinaus gilt es auch zu entdecken, welche Stärken oft in einer Schwäche verborgen sind, da es bei genauerer Betrachtung ‚die Schwäche' oder die ‚Stärke' gar nicht gibt" (Reddemann 2007, 56). An dieser Stelle der Schatzsuche ist die *Sachen-Sucher-Mentalität* von Pippi Langstrumpf gefragt, die in der Lage ist, in allem scheinbar Unnützen ihren eigenen Wert zu erkennen und ihm somit wieder seinen Platz im Leben zurückzugeben. Jede Schwäche kann in bestimmten Zusammenhängen eine Stärke sein.

Gerade bei Menschen mit traumabasierter Symptomatik braucht es immer wieder die Fähigkeit, die in den Symptomen verborgenen Überlebensressourcen des Menschen zu erkennen. Letztlich geht es nicht darum, zu entscheiden, ob etwas gut oder schlecht ist. Nichts von dem, was wir tun und können, müssen wir grundsätzlich aus unserem Handlungsrepertoire streichen. Es geht einzig und allein darum, dass wir die Entscheidungsmacht darüber gewinnen, wann wir welche unserer Kompetenzen einsetzen möchten, statt Ausführende eines automatisierten Handlungsreflexes zu sein.

Eine Jugendliche beklagt sich bei ihrer Wohngruppenleiterin, dass sie sich *immer von allen alles gefallen lasse*. „Ich krieg die

Klappe einfach nicht auf und trau mich nie, meine Meinung zu sagen und mich zu beschweren, wenn mir etwas nicht passt." Sie beschimpft sich selbst als *zu schwach*, sei *feige* und habe *kein Selbstbewusstsein*. Diese Selbstwahrnehmung bestätigt das negative Selbstbild des Mädchens, das seinerseits vermutlich nicht dazu beitragen wird, dass sie besser für sich einstehen kann. Die Wohngruppenkollegin nutzt die Gelegenheit zu einer ressourcevollen Perspektive und bespricht mit dem Mädchen, wo in ihrem Leben dieses Verhalten Sinn gemacht hat. „Was wäre denn damals passiert, als du noch klein warst und zuhause deine Klappe aufgemacht hättest?" Sie antwortet: „Dann hätte ich furchtbare Schläge bekommen. Es war immer am schlausten, möglichst nix zu sagen!". Ihre vermeintliche Schwäche wird plötzlich mit der eigenen Ressource von Schlausein in Verbindung gebracht. Die Wohngruppenkollegin hat nun die Möglichkeit, ihr zu sagen, dass es zunächst doch unglaublich schlau von dem Mädchen ist, sich Ärger zu ersparen. Sie bringt Beispiele von Menschen, die eben genau diese Fähigkeit nicht haben und deshalb dauernd in *Ärger und Probleme* verwickelt sind. „Die Klappe halten können" bedeutet auch „gut auf sich aufpassen können!" Gleichzeitig macht sie ihr klar, dass sie ihre Schlauheit zukünftig dafür nutzen kann, zu entscheiden, wann sie sich Ärger ersparen will und wann sie bereit ist, mögliche Konsequenzen zu tragen. So wird aus der Schwäche, *sich nie etwas zu trauen*, die Fähigkeit, *gut auf sich aufzupassen*, die wiederum genutzt werden kann, um darauf zu achten, in welcher Situation, sie sich das nächste Mal vielleicht trauen möchte, zu sagen, was ihr am Herzen liegt.

Die Diamanten erkennen

Diamanten sind das härteste Mineral und bilden sich unter hohem Druck und starker Temperatur. Als Diamantenfähigkeit kann man also die Kompetenzen eines Menschen bezeichnen, die in seinem Leben unter besonders schweren Bedingungen entstanden sind (Kindl-Beilfuss, 2008a). In Erweiterung der Resilienzkonzepte gewannen in den letzten Jahren auch Untersuchungen zum sogenannten posttraumatischen Wachstum an Bedeutung. Gemeint ist hier eine Perspektive auf das eigene Leben, in der es möglich wird, die schmerzvollen Erfahrungen in das eigene Leben zu integrieren und auch zu erkennen, was durch diese Erfahrungen gewonnen wurde (Perren-

Klingler 2002; Reddemann 2007 et al.). Viktor Frankl drückt es in seinem beeindruckenden Werk über seine Zeit als KZ-Häftling so aus: „Darin aber, wie er selbst, der von diesem Schicksal Betroffene, sein eigenes Leid trägt, liegt auch die Chance zu einer einzigartigen Leistung.“ (Frankl 2005, 126)

Dieser Aspekt der Ressourcenorientierung erlaubt im Prozess biografischer Umdeutungen, *den* persönlichen Stärken eine besondere Bedeutung zukommen zu lassen, die ihren Ursprung im harten *Trainingslager* des Lebens haben. Sie mit dem Bild des Diamanten in Verbindung zu bringen, hebt ihren Wert hervor und kann zur Bereicherung des eigenen Selbstverständnisses sowie zu biografischer Neuordnung beitragen. Christina Hölzle begründet dieses im Rahmen ihrer Ansätze zur ressourcenorientierten Biografiearbeit damit, dass

> *„der Sinn schmerzhafter und krisenhafter Lebensereignisse für den Lebensverlauf häufig erst im Nachhinein erschlossen werden kann, wenn das Individuum reflektiert, welche Stärken es aus dieser Krise entwickelt hat […].“* (Hölzle 2009, 78)

Die folgende Übung kann die Ressourcenerhebung unterstützen.

Bergung der Diamantenfähigkeiten

Es können Zugänge hilfreich sein wie: „In welchen Situationen hast du – wie der Diamant – viel Druck und Gegenkraft gespürt? Wie hast du standgehalten? Welche Stärken hast du gezeigt? Was hast du besonders intensiv dabei erfahren? Was hast du aus dieser Situation an tiefem Wissen und Kompetenzen mitgenommen? Wie fließt diese Erfahrung in dein Leben ein? Welche vielleicht wertvolle ‚Diamantenfähigkeit‘ nützt dir heute manchmal?“ (Kindl-Beilfuss, 2008a)

Positive Anker – Kraftquellen erschließen

Neben der Erschließung individueller Ressourcen gehört zur Stabilisierungsarbeit auch das Arbeiten mit persönlichen Kraftquellen, im Sinne *positiver Anker*. In Abgrenzung zu denjenigen Ressourcen, die sich im Schwerpunkt auf die eigenen Kompetenzen beziehen, sind mit Kraftquellen an dieser Stelle all diejenigen Ressourcen gemeint, die dazu beitragen können, einen Menschen schnell in einen guten Zustand zu versetzen. Das Erschließen von *positiven Ankern* ist insofern ein wichtiger Beitrag zur Stabilisierung, als er Menschen im Rahmen der Selbstbemächtigung Quellen erschließt, mit denen sie Einfluss auf ihre Gefühle und Zustände nehmen können. Viele traumatisierte Menschen fühlen sich oft von negativen Bildern und extrem belastenden Gefühlen plötzlich überschwemmt oder dauerhaft besetzt. Die Erschließung dieser Zugänge kann dem Gegenüber die Möglichkeit bieten, sich bewusst mit Dingen in Verbindung zu setzen, die zur Verbesserung des Selbst-Empfindens führen. Luise Reddemann erklärt dieses im Rahmen ihres Stabilisierungsansatzes so: „Wir erkannten, dass erst, wenn die Fähigkeiten zum froh sein wieder entdeckt waren und erstarkten, die traumatischen Erfahrungen konfrontiert werden konnten“ (Reddemann 2010, 14). Bestätigt wird sie von dem Neuropsychotherapeuten Klaus Grawe, der zum Ausdruck bringt:

> *„Das Gehirn muss, um Neues zu lernen, zunächst in einen möglichst angstfreien Zustand gebracht werden, damit von dort aus eine Hemmung der negativ wirkenden Muster ausgehen kann. Wenn das, was im Gehirn eines Menschen positive Bedeutung hat, stark aktiviert wird und der Mensch sich in diesem Kontext mit seinen Problemen auseinandersetzt, dann wird unabhängig von alten Gedächtnisspuren etwas Neues aufgebaut, von dem eine positive Wirkung auf die Probleme ausgeht.“* (Grawe, zit. nach Findeisen 2006, o. S.)

Während Trigger im Leben von traumatisierten Menschen häufig die negativen Anker sind, die über entsprechende neuronale Bahnungen altes traumatisches Erleben abrufen, können diese Kraftquellen als positive Anker verstanden werden, die in der Lage sind, gute Zustände zu aktivieren oder zu stabilisieren.

Dabei geht es um das Erschließen persönlicher Anker-Kraftquellen. Diese können dadurch erhoben werden, dass Menschen gezielt nach Momenten, Situationen und Reizen gefragt werden, die sie selber für sich als angenehm beschreiben können. Manche dieser *positiven Anker* liegen in der biografischen Vergangenheit und müssen entsprechend in archäologischer Feinarbeit wieder aufgetan werden. Es bietet sich also bei der Erschließung dieser Kraftquellen an, diese nicht nur aus der aktuellen Situation zu rekrutieren, sondern gezielt danach zu fragen, ob es zum Beispiel

- als Kind etwas gab, was jemand besonders genossen hat,
- als Jugendliche/r etwas, was außerordentlich viel Power gegeben hat,
- ob es eine Geschichte gab, die jemand früher sehr geliebt hat,
- oder mit welchem Essen man jemanden froh machen konnte.

Als Erhebungszugang der Anker-Kraftquellen kann die *Kraftquellen-Hand* (siehe Anhang 3) als Pendant zur Ressourcenhand genutzt werden. Parallel dazu kann ein *Kraftquellen-Schatzkästchen* erstellt werden, in dem einige der Dinge vorhanden sind, die für jemanden positive Bedeutung haben und ihn schnell Kontakt zu seiner Kraft erhalten lassen, wie

- eine CD mit Musik,
- ein Text,
- eine Lieblingssüßigkeit,
- ein Foto von einem geliebten Ort,
- ein Duftfläschchen,
- ein Badeöl oder
- ein Kraftstein.

In der Arbeit mit Kindern, mit denen die *positiven Anker* nicht im Interview erhoben werden können, bietet es sich an, dass PädagogInnen im stationären/ambulanten Kontext und Eltern im häuslichen Umfeld aufmerksam beobachten, was ein Kind in gute Zustände versetzt. Entsprechende Beobachtungen können gezielt dokumentiert und eingesetzt werden, um ein Kind zu stabilisieren und zur Unterstützung seines positiven Selbsterlebens beizutragen. Als Grundlage kann hier das Instrument *Hilfreiche Anker für …* (siehe Anhang 4) genutzt werden.

Die Schatzkarte des pädagogischen Alltags

Wie bereits im Kapitel zum sicheren Ort näher ausgeführt, geht es darum, für traumatisierte Menschen „Naturschutzgebiete für die Seele“ (Besser 2009, 37) zu schaffen. Naturschutzgebiete dienen der Bewahrung und Entwicklung natürlicher Ressourcen. In diesem Sinne bedeutet ressourcenorientiertes Arbeiten in der Gestaltung pädagogischer (Alltags)Konzepte, das Gebiet so zu gestalten, dass Entwicklung und heilende Selbstorganisation stattfinden können.

Für ganzheitliches Wohlbefinden sorgen

„Der Körper trägt die Last des Traumas", ist eine der Kernaussagen des bekannten Traumapsychologen Levine, der sich intensiv mit den psychosomatischen Auswirkungen von Traumatisierung auseinandergesetzt hat (Levine 2009a). Demgemäß ist das körperliche Wohlbefinden traumatisierter Menschen häufig stark beeinträchtigt. Menschen beispielsweise mit Gewalt- und Vernachlässigungserfahrungen, aber auch nach schweren Unfällen, langen Erkrankungen oder Mehrfachoperationen haben ihren Körper als Quelle von Schmerz kennengelernt. Der Körper wurde der eigenen Selbstbestimmung entzogen und Körperempfindungen mussten abgespalten werden, was eine gesunde Wahrnehmung des eigenen Körpers einschließlich einer fürsorglichen Interpretation seiner Signale vielfach erschwert. Gleichzeitig erleben Menschen die Traumafolgesymptomatiken wie Übererregung und Intrusionen immer wieder erneut als *körperliche Überwältigung* ihres Selbst. Der Bezug zum eigenen Körper ist folglich oft ambivalent oder negativ geprägt. Entsprechend vernachlässigen viele Menschen die Fürsorge für ihre körperlichen Bedürfnisse. Die Arbeit mit traumatisierten Menschen sollte insofern darauf ausgerichtet sein, für die Basisbedürfnisse des Körpers zu sensibilisieren und zu sorgen. „Tue deinem Körper Gutes, damit deine Seele darin wohnen mag", sagt Teresa von Avila. „Sich in seinem Körper wohl fühlen, ist zentraler Bestandteil des Selbstwertes." (Weiß 2009a, 167) Eine körperorientierte Perspektive darf somit auch in der Sozialen Arbeit als Bezugspunkt der Hilfeleistung nicht vernachlässigt werden.

Als wichtiger Ansatzpunkt für körperliches Wohlbefinden kann hier das Thema **Schlaf** angesehen werden. Ausreichend Schlaf ist ein bedeutsamer Aspekt psychischer Gesundheit. Viele Menschen mit Traumafolgesymptomatiken leiden an Schlafstörungen. Mangelnder Schlaf bedeutet für die körperlichen, mentalen und emotionalen Lebenskräfte eine gravierende Schwächung und Destabilisierung im Gesamtorganismus. Im Sinne von Stabilisierungsarbeit sollte über das Thema Schlaf in jedem Falle gesprochen und für Lösungen gesorgt werden. In ambulanten Settings gilt es, mit den betroffenen Menschen alle Selbsthilfe-Möglichkeiten zur Verbesserung der Schlafsituation zu durchdenken und ggf. auch ärztliche oder heilkundliche Unterstützung dazuzubitten. In stationären Einrichtungen braucht es eine strukturelle Auseinandersetzung mit der Thematik, die sowohl die Rahmenbedingungen beleuchtet als auch bereit ist, nach individuellen Lösungen zu suchen, die zur Verbesserung des Nachtschlafes beitragen.

Eine Hamburger Jugendhilfeeinrichtung der Evangelischen Jugendhilfe hat diesbezüglich ein Screening zum Schlafverhalten stationär betreuter Kinder und Jugendlicher durchgeführt, deren Ergebnisse als Anregungen für einen derartigen fachlichen Diskurs nützlich sein können (Klöber 2010, siehe auch www.traumapaedagogik.de).

Als weiterer Bezugspunkt körperorientierter Interventionen kann **Bewegung** angesehen werden. Traumatisierungen gehen immer einher mit stagnierenden Prozessen sowie Erstarrungs- und Lähmungsreaktionen. „Trauma als unterbrochene Handlung in einer existentiellen Bedrohungssituation versetzt unseren Körper in besondere dauerhafte Anspannung.“ (Fischer 2011, 90) Alles, was also Bewegung schafft, kann insofern als heilsam angesehen werden. Aktivitäten, die Bewegung beinhalten (joggen, tanzen, spazierengehen, Rad fahren, schwimmen), und Angebote zur Verbesserung der Körperwahrnehmung (Progressive Muskelentspannung, Pilates, Qi-Gong, aber auch ein warmes Bad oder eine Massage) bauen Stress ab und schaffen auf der somatischen Ebene günstige Voraussetzungen für psychische Prozesse.

Auch regelmäßige **Ernährung** und ausreichende Flüssigkeitszufuhr sind wichtig, um das biochemische Gleichgewicht des Organismus aufrecht zu erhalten. Erleidet der Körper hier Mangel, verstärken sich negative psychische Zustände wie Gereiztheit, depressive Empfindungen und Angstempfinden. Da einigen Menschen infolge von Traumatisierungen das Essen und Für-sich-Sorgen schwerfällt, ist es hier erforderlich, keine moralischen Ermahnungen in den Vordergrund der Thematik zu stellen. Vielmehr geht es um eine feinfühlige Begleitung, um dabei herauszufinden, was wann unter welchen Umständen zu sich genommen werden kann und Spezifika und Wünsche des Menschen zu erlauben. Auch dies kann ein Beitrag zur Selbstbemächtigung des eigenen Körpers sein, selbst darüber entscheiden zu dürfen, was in den Körper aufgenommen wird. Jedes Drängen und Überreden wäre somit kontraindiziert und kann als Trigger fungieren.

Wiedererlangen von Selbstwirksamkeit

> *„Traumatisierte Menschen verfügen über weniger Ressourcen; ihr Selbstwirksamkeitskonzept ist brüchig geworden; sie sind in ihren Reaktionsmöglichkeiten eingeschränkt; viele ihrer bisher erfolgreich eingesetzten Bewältigungsstrategien haben sich in der traumatischen Situation als unwirksam erwiesen. Ihr Vertrauen in ihre eigenen Kompetenzen [...] ist gebrochen."* (Hüther et al. 2010, 23)

Dies hat zur Folge, dass die motivationalen Prozesse Neugier, Interesse, Initiativ-Sein und Anstrengungsbereitschaft oft sehr unterrepräsentiert sind. Traumatisierungen haben Muster erlernter Hilflosigkeit (Seligmann 1975) zur Folge. Übrig bleibt ein gedemütigtes Selbst, das die Welt und ihre Anforderungen für nicht bewältigbar hält und in seinem Willen, in die Welt einzugreifen, geschwächt ist (Bonus 2008). Die in der *traumatischen Zange* entstandenen kognitiven Überzeugungen „Ich schaff' das nicht!", „Egal was ich tue, es ist wirkungslos/interessiert niemanden!", „Ich bin zu schwach!", „Ich bin unfähig!" oder „Es ist besser aufzugeben!" (Submission) beherrschen die Handlungspotenziale. Daraus resultierende Verhaltensweisen gegenüber jeder Art von Leistungsanforderungen werden in der pädagogischen Arbeit leicht verwechselt mit Verweigerung, Desinteresse, Bequemlichkeit und Faulheit.

Traumapädagogisch orientiertes Arbeiten muss also zum Ziel haben, zuerst einmal die Antriebskräfte der Menschen wieder zu stärken. Hilfeplanung sollte demnach in erster Linie so gestaltet werden, dass sie sich auf Aktivitäten bezieht, die in der Komfortzone der eigenen Bewältigung liegen, und Erfolge verspricht. Die pädagogische Handlungsmaxime lautet diesbezüglich: Stärken stärken statt Mangel ausgleichen. Die Fragen, die sich daraus ergeben, wären also:

- Was kann jemand bereits gut?
- Womit fühlt er oder sie sich sicher?
- Was macht ihm oder ihr Spaß und wie könnte er/sie mehr von dem machen, was er/sie gut kann?
- Die grundsätzliche Orientierung auf Ressourcen und das Aktivieren der Kraftquellen – wie vorab beschrieben – ist dabei notwendige Grundvoraussetzung, um verlorengegangene Lebenskräfte, die das Energiereservoir der eigenen Handlungsfähigkeit bilden, zu wecken.

Ich erinnere mich immer gerne an die Arbeit mit einer Jugendlichen, die über viele Monate zu mir in die Beratung kam. Sie lebte in einer Wohngruppe und fiel dort unter anderem durch extreme Anstrengungsverweigerung auf. Auch in der Beratungssituation zeigte sie sich insgesamt wenig aktiv, wirkte meist unmotiviert und schlapp. Eines Tages aber entdeckte sie meine Buntstifte, die in schlechter Verfassung waren. Sie monierte dies und meinte, das wäre für die Kinder, die damit malen wollten, aber nicht sehr schön, wenn diese Stifte da so unangespitzt herumständen. Ich gab ihr recht und beklagte, dass ich es oft einfach nicht schaffen würde, dafür zu sorgen, dass diesbezüglich alles seine Ordnung hatte. Sie bat mich, ihr einen Anspitzer zu geben. Fortan änderten sich unsere Stunden. Jedes Mal wenn sie kam, inspizierte sie die Stifte und begann, alles wieder in Ordnung zu bringen. Ich war ihr sehr dankbar und äußerte auch, dass sie einen wichtigen Beitrag für das Arbeiten hier leistete, mir eine gute Unterstützung wäre und andere Kinder von ihrem Einsatz sehr profitieren würden. Nach und nach weiteten sich ihre Aktivitäten aus. Als wir mit unseren Räumen umzogen, sagte ich ihr einen Termin ab, da der Raum bis zu ihrer nächsten Stunde noch nicht wieder hergerichtet sein würde. Sie schlug vor, sie könne dennoch kommen und mir beim Einräumen und Gestalten helfen. Ich erlaubte es ihr und genoss ihren ungeheuren Stolz, der immer wieder spürbar war, wenn sie den Beratungsraum betrat, darüber, dass sie einen Anteil daran hatte, dass alles so gut fertig geworden war.

Um die Selbstkompetenz von Menschen zu unterstützen, müssen wir sie zunächst dort wahrnehmen, wo sie sich selbst (noch) etwas zutrauen. Wir können dies Grundlage *groß und nutzbar machen*, so dass von dort eine Ermutigung in die eigene Wirksamkeit ausgehen kann.

Partizipation

Ein wichtiger weiterer Aspekt zur Anregung des Selbstwirksamkeitserlebens ist das Ermöglichen von Partizipation (Kühn 2009). Traumatische Situationen entsprechen in ihrer Struktur dem Zustand des Ausgeliefertseins und der *Miss-Achtung* der eigenen Person. Partizipation bedeutet dem gegenüber Beteiligung, Teilhabe und Mitbestimmung (Vollmer 2005). Ziel ist es, pädagogische Prozesse so zu gestalten, dass die Beteiligten informiert sind und Möglichkeiten der Mitsprache und Mitbestimmung haben, in deren Konsequenz das Empfinden von Selbstbestimmung entstehen kann. In der Umsetzung erfordert es, dass alle Strukturen, Entscheidungen und Handlungsweisen des Helfersystems klar und begründet transportiert werden. Hier geht es darum, Verstehbarkeit und Überschaubarkeit herzustellen, um das Gefühl der Kontrollierbarkeit wiederzuerlangen. Es impliziert auch, dass die Beteiligten auf jeden Fall bei allen Entscheidungen, Absprachen und Veränderungen gehört und ernstgenommen werden bezüglich ihrer eigenen Empfindungen und Meinungen. Auch wenn nicht jeder Aspekt dabei berücksichtigt werden oder dem Wunsch des Gegenübers Folge geleistet werden kann, so macht es einen entscheidenden Unterschied, statt übergangen wahr- und ernstgenommen zu werden. Gleichzeitig gilt es, alle Strukturen daraufhin zu überprüfen, ob neben der Mitsprache auch Mit- oder Selbstbestimmung ermöglicht werden kann. Die Gelegenheiten zur Mitbestimmung müssen entlang der Gesamtsituation und den Bedürfnissen des Gegenübers gut abgewogen werden.

Mitbestimmung heißt ja auch immer, Verantwortung zu übernehmen und gegebenenfalls Konsequenzen zu tragen. Hier brauchen einige traumatisierte Menschen Zeit, bis sie ihr diesbezügliches Selbstvertrauen zurückerobert haben. Andere wiederum erlangen nur dann ausreichend Vertrauen in die pädagogische Beziehung und Umgebung, wenn sie ein Gefühl des Höchstmaßes an Mit- oder Selbstbestimmung haben. Beides kann sich dabei je nach Kontext auf Fragen der persönlichen Alltagsgestaltung wie

- wann ich aufstehe oder ins Bett gehe,
- wann das Zimmer aufgeräumt wird oder
- wo ich leben möchte

ebenso wie auf Strukturen beziehen. Im stationären Rahmen könnten es folgende Strukturen sein:

- Erarbeitung gemeinsamer Regelwerke,
- Konferenzen, in denen über Veränderungen diskutiert wird oder
- Entwickeln angemessener Konsequenzen.

Auch in der Arbeit mit Eltern traumatisierter Kinder spielt die Erarbeitung partizipativer Erziehungsstrukturen eine wichtige Rolle, um schnellstmöglich Korrektiverfahrungen bezüglich des Gefühls von Kontrolle und Einflussnahme entstehen zu lassen. Viele der gängigen *Kinder-brauchen-Grenzen*-Ansätze erscheinen kontraindiziert, da sie eher als Trigger fungieren denn Lernprozesse in Gang setzen. Partizipation als Bestandteil traumapädagogischer Arbeit mit dem Ziel der Selbstbemächtigung ist weniger methodisch zu verstehen, sondern entspricht einer grundsätzlichen Haltung und dem dialogischen Prinzip.

Positive-Life-Events

Als Positive-Life-Events werden Erlebnisse bezeichnet, die für den Beteiligten mit Gefühlen von Glück, Freude, Stolz und Zufriedenheit einhergehen. Der Begriff *Erlebnis* kennzeichnet in seiner Wortbedeutung ein eindrucksvolles Ereignis. Gemeint ist also eine Erfahrung, die sich vom alltäglichen Erleben deutlich unterscheidet und dadurch emotional von großer Bedeutung ist und lange in Erinnerung bleibt.

Das Leben von traumatisierten Menschen ist durch negativ geprägte Geschehnisse gezeichnet, die ihrerseits Spuren hinterlassen haben. Gerade traumatisierte Menschen brauchen infolgedessen als Gegengewicht ausgleichende Erfahrungen. Positive-Life-Events vermehren die *Schätze* des eigenen Lebens und tragen häufig zur Verbesserung des Selbstbewusstseins bei, da sie in einem positiven Rahmen *neue Erfahrungen mit sich selbst ermöglichen*. Insbesondere im Rahmen der Arbeit mit Kindern und Jugendlichen sollten Aktivitäten und Interventionen im Sinne von Positive-Life-Events nicht als *Sahnehäubchen* oder Freizeitaktivität missverstanden, sondern zielgerichtet eingesetzt werden, um die Selbstaktualisierungskräfte traumatisierter Kinder oder Jugendlicher anzusprechen.
Hierzu eignen sich u.a. die vielfältigen Aktivitäten aus dem Angebotsspektrum der **Erlebnispädagogik**, deren Bedeutung im Hinblick auf Selbstwirksamkeitserleben vielfältig beschrieben wurde (Osterhage, www.jugendarbeit-hamburg.de), ebenso wie alle Konzepte oder Ideen, die Kindern oder Jugendlichen die Möglichkeit bieten, sich selbst in einem herausragenden Sinne neu zu erleben.

Kreativität fördern

Eine der personalen Ressourcen, die im Zusammenhang mit resilienten Menschen häufig genannt wird, ist die Kreativität. Behrend/Klein (2007) bezeichnen in einem Vortrag „Kreativität als Metakompetenz der Resilienz". Auch Luise Reddemann widmet sich in ihrem Buch ‚Überlebenskunst' (2007) intensiv der Bedeutung kreativer Eigenanteile bei der Bewältigung traumatischen Erlebens und betont in Auseinandersetzung mit Künstlerbiografien, dass Kreativität und Kunst besonders oft eine Überlebenshilfe darstellen (Reddemann 2007).

Betrachten wir Kreativität als Schaffenskraft, dann wird schnell deutlich, inwieweit sie als positiver Indikator auf Selbstwirksamkeitsprozesse Einfluss nehmen kann. Im Kreativen liegen alle Möglichkeiten des freien Gestaltens und des Sich-zum-Ausdruck-Bringens. Sie erlaubt Selbstbestimmung im Prozess und über das Ergebnis. Sie regt die Fantasie und Flexibilität an und ermöglicht, in einem bewältigbaren Rahmen immer wieder Neues zu erproben oder Lösungen für auftauchende Probleme zu entwickeln. Traumapädagogisches Arbeiten sollte Angebote schaffen oder zu diesen anregen, die Raum für Gestaltungskraft geben. Gezielte **Kreativangebote** wie

- malen,
- trommeln,
- gärtnern,
- Collagen erstellen,
- an Songfestivals teilnehmen,
- kreatives Schreiben

können in Einrichtungen leicht in die Tages- oder Wochenpläne aufgenommen werden. Ebenso bieten vielfältige Materialien sowie Instrumente, die zur freien Verfügung stehen, ressourcenorientierte Installationen auf der Schatzkarte des pädagogischen Alltags.

Gute Bilder sammeln

In dem berühmten Kinderbilderbuch ‚Frederick' erzählt Leo Lionni (1970) die Geschichte einer kleinen Maus, die nicht wie alle anderen Mäuse emsig für den Winter die Nahrung zusammensucht, sondern

„die Farben des Sommers“ sammelt. Alle anderen Mäuse halten dies für keine richtige Vorsorge und spotten über ihn. Als jedoch der Winter kommt, stellen sich Fredericks gesammelte „gute Bilder“ als Überlebenshilfe da. In dem Augenblick, als alle Vorräte aufgebraucht sind und es den Mäusen sehr elendig geht, bittet Frederick die Mäuse, ihre Augen zu schließen, und bringt nun die Vorräte der „guten Bilder und Farben“ zu den Mäusen, woraufhin es ihnen gleich viel wohler ergeht:

> *„Macht die Augen zu“, sagte Frederick und kletterte auf einen großen Stein. „Jetzt schick ich euch die Sonnenstrahlen. Fühlt ihr schon, wie warm sie sind? Warm, schön und golden?“ Und während Frederick so von der Sonne erzählte, wurde den vier kleinen Mäusen schon viel wärmer. „Und was ist mit den Farben, Frederick?“ fragten sie aufgeregt. „Macht wieder eure Augen zu“, sagte Frederick. Und als er von blauen Kornblumen und roten Mohnblumen im gelben Kornfeld und von grünen Blättern am Beerenbusch erzählte, da sahen sie die Farben so klar und deutlich vor sich, als wären sie aufgemalt in ihren kleinen Mäuseköpfen.“* (Lionni 1970)

Die Kernaussage dieser Geschichte trifft wohl die große Bedeutung, die Imagination in der Traumaarbeit in den letzten Jahren erhalten hat. In der Frederick-Geschichte bleiben am Ende die Umstände unverändert (es bleibt karger Winter), aber allein die Ressource der mentalen Fähigkeit, gute innere Bilder zu aktivieren, sorgt für eine sofortige Zustandsveränderung der Mäuse. „Unsere Fähigkeit zu imaginieren ist das Hilfsmittel, das uns in Kontakt bringt, mit dem Heilsamen in uns“, sagt Reddemann (2010, 16).

Viele der traumatisierten Menschen, denen wir in der Sozialen Arbeit begegnen, haben in ihrem Leben zahlreiche dunkle, bedrohliche und belastende Bilder von Gewalt und Elend gesammelt. Diese Bilder des Schreckens bestimmen ihre Vorstellungskräfte, überwältigen sie oder werden zu Modellen ihrer Menschen- und Weltbilder. Gerade die Menschen, die im Rahmen von chronischen Traumatisierungen ganze Filmrollen voll derartiger Bilder in sich haben, brauchen *Frederick-Bilder*. In einer Jugendeinrichtung, in der ich vor längerer Zeit als Fachberaterin tätig war, hing im Wohnraum ein Bild vom Untergang der Titanic. Im Laufe der gemeinsamen Sitzungen entschied sich das Kollegium, das Bild von der Wand zunehmen und ersetzte es durch ein Bild von einem Wellenreiter.

Viele der klassischen Stabilisierungstechniken in der Traumaarbeit knüpfen an die Imaginationsfähigkeiten von Menschen an. Sie fordern dazu auf, im Inneren *sichere Orte*, Gärten oder Kraftwesen (Reddemann 2010; Huber 2006) zu imaginieren, um sich vor den inneren schlechten Zuständen in Sicherheit bringen zu können oder Unterstützung bei der Bewältigung der traumatischen Prozesse zu erhalten. Gezielt geht es darum, „Menschen in die Lage zu versetzen, Sicherheit bietende innere Bilder wachzurufen, wenn Angst erzeugende Bilder übermächtig werden“ (Hüther 2005b, 16). So gut wie diese Techniken sind, kann es manches Mal vonnöten sein, zunächst eine kleine *Vorratskammer* an guten Bildern zu schaffen, die dann für den eigenen inneren Prozess genutzt werden kann. Man könnte vielleicht analog zu der Idee vom *äußeren sicheren Ort – zum inneren sicheren Ort* (→Kap. 2.2) diesbezüglich sagen: *vom äußeren guten Bild – zum inneren guten Bild.*

Hier kann traumapädagogische Arbeit gute Vorarbeit leisten. Das Arbeiten mit wohltuenden Bildern bedeutet, wie Frederick Farben, Bilder und Geschichten in das Leben von traumatisierten Menschen zu bringen. Bilder, die den Blick öffnen für die schönen Dinge auf dieser Welt, Geschichten, die Hoffnung und Optimismus transportieren, die von Bewältigung, Wundern und Fantastischem erzählen.

Gute Bilder

Für Menschen, die viel Bedrängnis und Elend erlebt haben, können vielleicht Bilder der Weite, Reiche und Größe der Natur beruhigend sein. Für Menschen, denen wenig Liebe, aber viel Gewalt zuteil wurde, sind manche Tierfilme, in denen die natürliche Zärtlichkeit im Umgang miteinander zu sehen ist, vielleicht heilsam. Für Kinder sind alle Geschichten geeignet, in denen resiliente Figuren wie Pippi Langstrumpf oder Tom Sawyer als starke Vorbilder installiert werden können. Erwachsenen gebe ich häufig Geschichten, Märchen oder Metaphern mit, deren Bilder und Weisheit in ihrem Inneren weiterarbeiten können.

Auch hier geht es darum – wie bei den Positive-Life-Events – diesen Aspekt der *guten Bilder und heilsamen Geschichten* systematisch in die Hilfeplanung und Alltagsgestaltung einzubeziehen und ihn nicht dem Zufall zu überlassen. „Die Heilung eines Traumas ist vor allem eine Leistung der Vorstellungskraft und natürlich der guten neuen Erfahrungen in der Realität.“ (Krüger 2007, 167) Der Kontakt zu guten Bildern kann auch eine neue Erfahrung in der Realität werden und dabei helfen, die Vorstellungskraft in eine heilsame Richtung zu bewegen.

Materialien, die sich diesbezüglich gut eignen:

- Filme: *Animals in Love* (2008), *Die Reise der Pinguine* (2005), *Deep Blue* (2004), *Ferien auf Saltkrokan* (2005)
- Bücher: Thich Nhat Hanh (2010): *Du bist ein Geschenk für diese Welt*; Kim Phuc (2003): *Liebe. Augenblicke der Menschlichkeit*; *Von ganzem Herzen Lächeln* (2003)
- Sonstiges: *OH-Cards Racoon*, *OH-Cards Whale* (www.oh-cards.com)

Imaginationsressourcen stärken

Auf der Grundlage einer Anreicherung *guter äußerer Bilder* kann das Trainieren imaginärer Fähigkeiten ein weiterer wichtiger Beitrag zur Ressourcenbildung und Stabilisierung sein. Das Arbeiten mit Imaginationstechniken ist – wie bereits oben beschrieben – ein Herzstück stabilisierender Traumaarbeit. Die hohe Effektivität und Wirkung, die durch gezielte positive imaginative Prozesse erzeugt werden kann, ist der (Un)Fähigkeit unseres Gehirns zuzuschreiben, das Bilder, die im Innenraum entstehen, immer für Realität hält. Es unterscheidet zwischen *Hier und Jetzt* und *Dort und Damals* so wenig, wie es zwischen realem Erleben und fantasierten Inhalten trennt. Alles, was sich im Gehirn konstruiert, wird von ihm zunächst für bare Münze genommen und löst entsprechende emotionale und affektive Signale im gesamten Organismus aus. So fatal, wie diese Tatsache bzgl. der Reaktivierung traumatischer Inhalte durch Trigger oder Flashbacks ist, so hilfreich kann sie sein, wenn es darum geht, einer belasteten Situation emotional etwas entgegenzusetzen. Allein seine Vorstellungskraft ermöglicht es dem Menschen, sich aus eigener Kraft heraus in innere Zustände zu versetzen, die Sicherheit, Schutz und Wohlbefinden vermitteln. Das Trainieren und Aktivieren dieser Kräfte ist somit ein wichtiger Beitrag zur Selbstwirksamkeit und Selbstregulation, da über gezielte Übungen Einfluss auf den eigenen Zustand, Empfindungen und Affekte genommen werden kann.

Erfahrungsgemäß braucht es jedoch gerade bei Menschen, die

häufig von *negativen Bilderstürmen* heimgesucht werden, eine gewisse Routine im Umgang mit gezielten Imaginationen, damit sie langfristige und stressreduzierende Wirkungen entfalten können. Um imaginative Kräfte dauerhaft selbstständig nutzen zu können, sollten entsprechende Techniken oder Einheiten regelmäßig wiederholt und mit der betreffenden Person überlegt werden, wie sie für sich selbst üben kann. In der Praxis hat sich gezeigt, dass es dabei wichtig ist, Imaginationsübungen zunächst nicht als *Akut-Stressbewältigungsmaßnahmen* einzuführen, sondern eher als Grundlagentechnik zur Selbststabilisierung. In akuten Stresssituationen sind die emotionalen Überflutungen meist so stark, dass Betroffene oft schildern, dass der Versuch, sich in imaginäre Vorstellungswelten zu retten, nicht ausreichend tragfähig ist und die *innere Welt* von traumatischem Erleben überflutet wird. Das hat dann zur Folge, dass Imaginationsübungen grundsätzlich als nicht hilfreich und wirkungslos abgelehnt werden: „Hab ich versucht, hat aber nix gebracht!"

Bei der Vermittlung und Arbeit mit imaginativen Techniken ist es also sinnvoll, den spielerischen Aspekt des *So-tun-als-ob* zu betonen – das heißt, im Trockenen zu üben und nicht auf hoher See – die Wirkung der Methoden nicht daran festzumachen, ob mittels ihrer Anwendung ein Flashback unter Kontrolle gebracht werden konnte, sondern ob jemand während einer Imaginationsübung wahrnehmen konnte, wie ressourcevolle Empfindungen in Körper und Geist auftauchen. Erst wenn das Imaginieren zu einer leichten Übung geworden ist, kann es ggf. mit ins *Katastrophen-Hilfeprogramm* (→Kap 2.7) aufgenommen werden.

Es gibt in der pädagogischen und therapeutischen Literatur Unmengen an Imaginationstechniken in Form von Visualisierungsübungen, Fantasiereisen und Ähnlichem. Nicht alle davon sind geeignet, um sie in der Arbeit mit traumatisierten Menschen anzuwenden, da sie in Sprache, Bildern und Zugängen auch immer die Gefahr des Triggerns beinhalten. Entsprechend gibt es speziell für die Traumaarbeit derweil gut erprobte Imaginationstechniken, die sich als hilfreich erwiesen haben.

Traumaorientierte Arbeit mit Imaginationsübungen impliziert dabei auch die Möglichkeit, von klassischer Tiefenentspannung vor einer Imaginationsübung abzusehen. Gerade bei Menschen mit Dissoziationsneigung oder traumaspezifischen Kontrollbedürfnissen führt Tiefenentspannung oft eher zu inneren Blockaden, Abdriften, Unruhe und Widerständen. Luise Reddemann weist daraufhin, dass auch sehr kognitives Arbeiten mit Imaginationen ausreichend Wirkung erzeugen kann, da allein das bildhafte Denken, das durch die Vorstellung von etwas ausgelöst wird, verändernde ressourcevolle Effekte erzeugen kann (Reddemann 2010).

Zu den bekanntesten und besterprobten **Stabilisierungsimaginationen** gehören die Übungen zum *inneren sicheren Ort* (Wohlfühlort) oder auch zum *inneren Garten* ebenso wie das Imaginieren von *Helferwesen* (siehe Anhang 5 zzgl. Verweis auf weiterführende Literatur).

Hoffnung und Optimismus

In der Resilienzforschung wird eine optimistische Grundhaltung als wichtiger Schutzfaktor beschrieben. Die Frage, wie optimistisch oder pessimistisch wir unsere momentane Situation einschätzen und in die Zukunft schauen, ist das Produkt unserer Lebenserfahrungen, unseres Selbstvertrauens und übernommener Denkmuster. Niemand kann zu Optimismus angehalten werden. Gerade traumatisierte Menschen haben aufgrund des verletzten Selbst- und Weltvertrauens zeitweilig wenig Zutrauen in die Zukunft. Direkte kognitive Appelle wie „Alles wird wieder gut!", „Das schaffst du schon!" oder „Wird schon!" werden entsprechend oft als Missachtung und Unverständnis gegenüber den eigenen biografischen Erfahrungen gewertet. Hoffnung und Optimismus als Kraftquelle auf der pädagogischen Schatzkarte ist eher als *ansteckende Grundatmosphäre* zu verstehen.

Eine Klientin, die nach einem Suizidversuch eine Weile auf einer psychiatrischen Station mit dem Schwerpunkt depressiver Erkrankungen war, berichtete einmal, dass sie zum Abschied zu der behandelnden jungen Ärztin gesagt hatte: „Bewahren Sie sich ihr Strahlen!". Dieses Strahlen war es, erzählte sie, was sie immer wieder mit Zuversicht erfüllt hatte.

Hoffnung und Optimismus sind atmosphärische Quellen, die aus dem Helfersystem dorthin gebracht werden können, wo Dunkelheit und Resignation im Denken herrschen. Neben dem *Strahlen* kann eine optimistische Grundhaltung dadurch unterstützt werden, dass gemeinsames Träumen erlaubt wird, dass über Visionen gesprochen wird, dass Biografien von Menschen, die aus ihrem Schicksal viel geschafft haben, zum Thema werden. Ich habe schon manches Mal erlebt, welchen positiven Effekt es hatte, wenn ich aussprechen konnte, dass jemand als *Schicksalsexpertin* sicher zukünftig anderen Menschen mit ähnlichen Geschichten hilfreich sein kann. Ebenso wie ich die *Konferenzen* mit den gesunden inneren Anteilen, die noch *viel vorhaben im Leben* immer wieder als beglückend erlebe. Es geht dabei nicht um zielgerichtete Planungen, sondern erst einmal, um das *So-tun-als-ob*, wie Kinder es uns lehren. Es geht um das stellvertretende Lernen, das in unserem Gehirn Lebenskräfte weckt und Schablonen möglicher Handlungsoptionen anlegt, auf die wir gegebenenfalls zurückgreifen können. „Wer seine Wünsche nicht an den Sternen festmacht, kommt nicht einmal bis zum Kirchturm", heißt es (Sprichwort). Träumen, spinnen, sich das Unmögliche möglich denken, ist nicht nur eine Seifenblase, sondern schafft ihrerseits gute *innere Bilder* (siehe vorherige Abschnitte), die Hin-Zu-Motivationen wecken und den Augenblick erträglicher machen können.

Weitere Anregungen in:

- Reddemann (2010): *Eine Reise von 1.000 Meilen beginnt mit dem ersten Schritt. Seelische Kräfte entwickeln und fördern.* Herder, Freiburg

2.5 Arbeit mit dem Trauma

Betrachtet man die klassischen Stufen der Traumaverarbeitung, wie sie in den meisten Ansätzen modernen Traumatherapien beschrieben werden – Stabilisierung, Konfrontation (Begegnung mit dem Trauma) und Integration (Trauern und Neubeginn) –, dann liegt der Schwerpunkt sozialpädagogischer Unterstützung dieses Prozesses im Ansatz der Stabilisierung. Dennoch sind Begegnungen mit dem Trauma auch aus dem pädagogischen Alltag nicht auszuschließen.

Das erlebte Trauma ist fester Bestandteil der Lebensgeschichte vieler Adressaten sozialpädagogischer Arbeit. Es beeinflusst Identität und Verhalten und reinszeniert sich in alltäglichen Kontexten, so dass eine Begegnung unvermeidlich ist. Wichtiger als der Versuch, dieses Thema aus der gemeinsamen Arbeit auszuklammern, ist die Frage, was zielgerichtete sozialpädagogische Interventionen bezüglich der Auseinandersetzung mit dem traumatischen Material sein können. Wilma Weiß betont: „Traumaverarbeitung beinhaltet nicht ausschließlich und nicht vor allem den Rekonstruktions- und Integrationsprozess im klassischen therapeutischen Rahmen" (Weiß 2009b, o.S.). Als zentralen Bestandteil einer gelungenen Traumabearbeitung sieht sie die Aspekte, das „Geschehene in die eigene Lebensgeschichte einzuordnen" und die „Veränderungen von dysfunktionalen Einstellungen und Überzeugungen" (Weiß 2009b, o.S.), die sich traumabasiert entwickelt haben.

Grundsätzlich können dementsprechend drei Felder gekennzeichnet werden, in denen sozialpädagogische Arbeit ihren Beitrag zur Traumabearbeitung leisten kann. Diese wären

- **Psychoedukation,**
- **Enttabuisierung** von gesellschaftlicher und häuslicher Gewalt sowie
- **Biografiearbeit** als Möglichkeit der kognitiven Bearbeitung und Versprachlichung der eigenen Geschichte.

Im Folgenden sollen diese Ansätze in Theorie und Methodik für die Praxis handhabbar gemacht werden.
Um diesen Prozess in einer guten Balance zwischen hilfreicher Auseinandersetzung und der Gewährleistung der psychischen Stabilität des Gegenübers zu halten, werden nachfolgend ein paar grundsätzliche Anregungen zur Umsetzung aufgezeigt.

Psychoedukation

In der Einführung zu den Handlungsleitlinien für traumapädagogisches Arbeiten haben wir eingangs die unbedingte Notwendigkeit des Verstehens als Grundlage für angemessenes Handeln herausgestellt. Psychoedukation beinhaltet im Grunde nichts anderes, als eben dieses Verstehen den betroffenen Menschen zugänglich zu machen und somit zu einem besseren Selbst-Verständnis beitragen zu können.

Wie bereits dargestellt beeinträchtigen traumatische Erfahrungen das Selbstkonzept in gravierender Weise. Traumainduzierte negative Selbstbilder, die durch Schuld- oder Schamgefühle („Ich bin schlecht!") und Verlust von Selbstwirksamkeitserleben („Ich bin ausgeliefert!", „Ich bin hilflos!", „Ich bin ohnmächtig!") geprägt sind, steuern entsprechend Gefühle und Verhalten.

Grundlegende Aufgabe von traumapädagogischer Arbeit ist es, diesen negativen Selbstüberzeugungen entgegenzuwirken und zur Entwicklung von Selbstakzeptanz und Selbstbemächtigung beizutragen. Psychoedukation im Sinne einer guten Aufklärung der betroffenen Menschen (und ihrer Angehörigen) über die erklärbaren Hintergründe für Erlebens- und Verhaltenssymptomatiken kann hierbei einen wichtigen Beitrag zur Einordnung leisten. Ziel ist es u. a., zu kognitiven Neubewertungen von Verhaltensweisen zu kommen.

Die Traumaforschung weist auf die große Bedeutung der Bewertung der eigenen Reaktionen und der traumaspezifischen Reinszenierungen hin. Das Verstehen von eigenen Verhaltensweisen verhindert, dass sich Selbstzuschreibungen wie „Ich bin verrückt!" oder „Mit mir kann man nicht auskommen!" verfestigen und zu inneren Landkarten der Selbstkonstruktion werden (Weiß 2009b). Psychoedukation ist also gerichtet auf **Selbstakzeptanz,** um negativen Selbstbildern entgegenzuwirken und von sekundären Scham- und Schuldsymptomatiken zu entlasten,

- **Distanz schaffen** durch neue kognitive Bewertungen und logisches Einordnen und
- **Selbstbemächtigung,** um die Handlungsfähigkeit der Betroffenen gegenüber der Symptomatik zu erhöhen, indem aus einem „Ich bin verrückt!" ein „Das läuft also in mir ab.", „Damit kann ich machen ...", „Dazu brauche ich ...", „Wenn das passiert, hilft mir ..." werden kann. Psychoedukation konzentriert sich also auf altersangemessene Aufklärung über Trauma und dessen Folgen und unterstützt Prozesse kognitiver Umdeutungen und Sinnverstehen.

(Altersangemessenes) Aufklären

Antonovsky setzt sich in seinem Konzept der *Salutogenese* mit der Fragestellung auseinander, was zur Gesundheit von Menschen beiträgt und u. a. benennt er hierbei das Kohärenzgefühl eines Menschen, das aus dem Gefühl von

- Verstehbarkeit,
- Handhabbarkeit und
- Sinnhaftigkeit entsteht (Antonovsky 1997).

Eben dieser Bereich unterliegt für traumatisierte Menschen einer tiefen Verunsicherung. Traumatisches Erleben überfordert die spontanen Fähigkeiten des Verstehens und Einordnens und die Bewältigungsmöglichkeiten des Individuums. Aufgabe von Psychoedukation kann es sein, zumindest die Effekte des Traumas verstehbar zu machen und sie aus dem Kontext des Nichteinordbaren herauszuholen. Dabei geht es um die Vermittlung von traumaspezifischem (Fach)Wissen, bezogen auf die hirnphysiologischen und neurobiologischen Vorgänge. Dieser rationale Zugang führt oft zu einer großen Entlastung, weil deutlich wird, dass es Begründungen für all das gibt, Symptome und Verhalten also nicht auf eigene *Dummheit* zurückzuführen sind, sondern sich medizinisch erklären lassen. Allein das Wissen darüber, wie *man tickt* bzw. wie das alles funktioniert, stellt die Basis dar für eine notwendige Distanzierung, die die Hoffnung auf Handhabbarkeit erhöhen kann.

Wichtig ist, dass die Aufklärung so stattfindet, dass Verstehbarkeit auch dadurch gewährleistet ist, dass Bilder und Worte gefunden werden, die der Andere gut und schnell erfassen und für sich nutzen kann. Entsprechend sollten hier keine schematischen Erläuterungen stattfinden, sondern im dialogischen Prinzip entschieden werden, welche Informationen in welcher Größenordnung und wie vermittelt werden. Insofern ist Psychoedukation auch nicht als einmaliger Vortrag zu verstehen, sondern kann sich prozessorientiert immer wieder auf neue Teilaspekte beziehen (siehe Anhang 6).

Kognitive Umdeutung und Sinnverstehen der Symptomatik

„Als unsere Patientinnen bemerkten, dass wir sie nicht für verrückt, sondern ihre kreativen Lösungen für höchst achtenswert und wunderbar hielten, ließen sie uns teilhaben an diesen inneren Welten“, beschreibt Reddemann (2010, 12) ihre Erfahrungen. Ausgehend von dem *Konzept des guten Grundes*, das wir einleitend (→Kap. 2.1) beschrieben haben, sollten auch die Betroffenen selbst einbezogen werden in diese Form der ressourcenorientierten Symptominterpretation. Dazu gehören

- das Normalisieren,
- das Entdecken der Ressourcen im Verhalten und
- die Kontextualisierung durch Sinnverstehen.

Normalisierung bezieht sich auf die Sichtweise, dass es sich bei traumabasierten Verhaltensweisen um eine *ganz normale Reaktionen auf ein unnormales Ereignis* handelt. Im Rahmen der psychoedukativen Aufklärung kann dies gut erklärt werden. Die Pathologie wird so dem traumatischen Ereignis oder Geschehen zugeordnet und nicht als Störungsbild auf den Menschen verlagert. Traumabasiertes Verhalten ist in diesem Sinne entwicklungs-logisch und nicht patho-logisch!

Gleichzeitig werden die **Ressourcen** traumainduzierter Verhaltensweisen als alte Muster notwendiger Überlebensstrategien bewertet. Sie erhalten so die Bedeutung einer sinnvollen Lösung, die der Mensch unter damaligen Umständen entwickelt hat, um für seinen äußeren oder inneren Schutz Sorge zu tragen **(Sinnverstehen)**. Das Verhalten gewinnt damit an Wert im Sinne von Kompetenz, Ausdruck von Überlebenswillen und Anpassungsfähigkeit. Auf dieser Grundlage des Verstehens können weitere Interpretationsangebote wie die Entschlüsselung von

- Bedürfnissen,
- positiven Absichten und
- traumaspezifischem Symptomverstehen (→Kap. 2.1)

zur Verbesserung des Sinnverstehens und zur Anregung von Selbstdeutungsprozessen hilfreich sein.

Insgesamt geht es bei dieser kognitiven Neubewertung darum, dass Menschen *ihren* guten Grund für sich herausfinden. Dazu können manchmal auch Beispiele verhelfen, die zunächst nicht die betroffene Person direkt angehen, aber ihr Verständnis zu diesem Zugang herstellen.

In einem Kapitel zum Thema *Selbstbemächtigung* erläutert Wilma Weiß dieses beispielhaft aus der Arbeit mit Kindern:

> *„Was kann ein Kind denn tun, das viel hungern musste? Ist es nicht verständlich, dass Mädchen und Jungen, die von Erwachsenen erfahren haben, dass diese Aufmerksamkeit mit Sexualität gleichsetzen, denken, das sei der einzigste Weg geliebt zu werden? Und wenn ein Kind, das sonst*

ganz ohnmächtig ist, andere misshandelt, um ein bisschen Macht zu spüren, kannst du das nachvollziehen?" (Weiß 2009a, 162)

Enttabuisierung

Um das Selbstverstehen zu unterstützen, können im sozialpädagogischen Rahmen alle kognitiven Annäherungen an das Traumathema hilfreich sein. Dazu gehört neben dem Herstellen von individuellen Zusammenhängen zwischen biografischen Erfahrungen, Wahrnehmung und Verhalten auch die sogenannte Entprivatisierung des Themas. Gemeint ist, dass im Kontext sozialpädagogischer Arbeit dafür gesorgt werden sollte, dass es zu einer Enttabuisierung von Trauma und Gewalt kommt. Insbesondere Kinder und Jugendliche sollten darüber informiert werden, dass es Kindeswohlgefährdung und Gewalt als gesellschaftliches Problem gibt, dass viele Menschen davon betroffen sind und viele darunter zu leiden haben. Dieser Ansatz verfolgt das Ziel, Kinder und Jugendliche von der persönlichen Scham und Schuld zu entlasten, dass nur ihnen so etwas Furchtbares passiert und dass sie entsprechend in ihrer Person dafür verantwortlich sein müssen. Gleichzeitig geht es darum, das Undenkbare und Unaussprechliche aus der Sprachlosigkeit zu holen. Darüber sprechen dürfen, dass es so etwas gibt, bedeutet, einen Kontrapunkt zu Geheimhaltungssystemen zu setzen, aus denen betroffene Kinder und Jugendliche häufig kommen. Das Prinzip des *Weil nicht sein kann, was nicht sein darf* macht es gerade für Menschen, die menschlicher Gewalt ausgesetzt waren, häufig schwierig, sich selbst Glauben zu schenken. Enttabuisierung erlaubt eine hilfreiche Form der Identifikation mit dem *schlimmen Teil meiner Geschichte*, weil zumindest klar wird, dass es so etwas gibt, dass es möglich ist, *dass ich nicht spinne*.

Selbst bei Erwachsenen – mit ihrem deutlichen Informationsvorsprung gegenüber Kindern – stehen Selbstverwirrungsprozesse in Korrelation zum gesellschaftlichen Mainstream. Ein Beispiel dafür ist der öffentliche Prozess um den Schweizer Wettermoderator Jörg Kachelmann, der im April 2011 mit Freispruch beendet wurde. Ein weiteres Beispiel ist der Vorwurf der Vergewaltigung gegen den französischen Politiker Dominique Strauss-Kahn, der bis in das Jahr 2012 noch nicht abschließend geklärt ist. Verschiedentlich tauchten bei Frauen, die ich in der Zeit in der Beratung hatte, massive Selbstzweifel an ihren eigenen Erinnerungen auf, was zu erneuter Brüchigkeit ihrer biografischen Selbstwahrnehmung führte. Beratungsarbeit bestand in diesem Zusammenhang auch darin, über gesellschaftliche Mechanismen, patriarchale Strukturen, juristische Dilemmata und historische Zusammenhänge aufzuklären, um den Blick wieder zu weiten und das eigene Empfinden in einem Metazusammenhang erklärbar zu machen. Zusammen darüber nachdenken und diskutieren kann so zu einer distanzierten Form der Selbstklärung werden.

Parallel dazu impliziert diese Öffnung des Themas auch die Chance, sich als Fachkraft in *reflektierter Parteilichkeit* noch einmal deutlich an der Seite derjenigen zu positionieren, die massiven körperlichen und emotionalen Grenzverletzungen durch andere Menschen ausgesetzt waren und sind.

Traumasensible Biografiearbeit

Biografiearbeit ist eine eigenständige sozialpädagogische Methode, die keinesfalls den Anspruch hat, Therapie zu ersetzen, gleichfalls aber bemüht ist, Menschen darin zu unterstützen,

- ihren eigenen Lebensspuren zu folgen,
- den tieferen Sinn des eigenen Lebensweges zu entdecken und
- daraus Kraft und Mut für Gegenwart und Zukunft zu gewinnen (Gudjons et al. 2003, Hölzle/Jansen 2009).

Als „eine Brücke in die Zukunft bauen“ bezeichnet Jörg Maywald (2004, o.S.) diesen Prozess, „der die Identitätsentwicklung und -klärung unterstützen kann, in dem Vergangenheit, Gegenwart und Zukunft geordnet, sinnhaft gedeutet und aufeinander bezogen werden können“ (Hölzle 2009, 38). Eben diese Ordnung ist es, die im Rahmen des traumatischen Prozesses für viele Menschen verlorengegangen ist. Der Verarbeitungsprozess des Fragmentierens und Zerreißens, die dissoziative Wahrnehmung, das Empfinden von einem deutlichen Lebensbruch im Sinne des Vorhers und des Nachhers – all dies verhindert, dass das eigene Leben und die eigene Identität an Gestalt gewinnen können. In Beratungssequenzen, in denen das biografische Erzählen im Vordergrund steht, erlebe ich immer wieder, wie Menschen formulieren, dass plötzlich große Ruhe in sie einkehrt, wenn sie zum Beispiel für sich einen Zusammenhang zwischen einem Detail aus der Vergangenheit und gegenwärtigem Erleben herstellen konnten. Ohne dass dieses Detail tiefer bearbeitet wurde, scheint allein die Passung einen erleichternden Effekt zu haben.

Biografiearbeit erhebt dabei keinesfalls den Anspruch einer objektiven Aneinanderreihung tatsächlicher Begebenheiten. Sie geht davon aus, dass Erinnern keine sachliche Beschreibung der Vergangenheit ist, sondern eine Kreation des individuellen Erlebens und Verarbeitens von Ereignissen. Sie erzwingt nichts, verfolgt kein Ziel, sondern vertieft Selbstkonstruktionen, so dass Menschen

- sich ihre Lebensgeschichte für sich (zurück)erobern (Maywald 2004),
- subjektives Erleben ausdrücken,
- sich mit einer Situation auseinandersetzen und
- sich ihrer eigenen Ressourcen zur Lebensbewältigung bewusst werden (Hölzle 2009).

Das Bedürfnis und die Wirksamkeit dieser Auseinandersetzung mit der eigenen Lebensgeschichte zeigt sich unabhängig vom sozialen Arbeitsfeld anhand der Vielzahl von biografischen Publikationen und Schicksalsromanen, die der Büchermarkt bereithält. Biografie bedeutet in ihrem begrifflichen Ursprung Lebensbeschreibung. Tatsächlich scheint dieses subjektive Beschreiben – ohne therapeutische Zielrichtung –, für viele Menschen an sich einen heilsamen Effekt zu haben. Natascha Kampusch beendet ihre Geschichte über ihre 3096 Tage in Gefangenschaft mit den Worten: „[…] und diese Freiheit beginnt erst jetzt […]. Erst jetzt kann ich mit diesen Zeilen einen Schlussstrich ziehen und wirklich sagen: Ich bin frei“ (Kampusch 2010, 284). Im Zusammenhang mit sozialpädagogischer Traumaarbeit kann dieser Prozess durch ein qualifiziertes Angebot sensibel begleitet werden.

Die erforderliche Sensibilität bezieht sich hier vor allem auf die triggerbaren Bereiche der Rekonstruktion. Kontakt herzustellen zu Stationen des eigenen Lebens bedeutet auch immer die Gefahr, von diesen Begegnungen überwältigt zu werden.

> *„Biografische Erzählungen gelten dann als integriert, wenn sie vollständig erzählbar sind und die in dieser Situation erlebten Gefühle, Körperempfindungen und Gedanken erinnert werden können, ohne sie erneut in voller Intensität zu erleben.“* (Nischak 2011, 15)

In der Biografiearbeit mit traumatisierten Menschen ist es möglich, dass im Erzählen Material berührt wird, das eben noch nicht integriert ist. Entsprechend sollte traumasensible Biografiearbeit einige grundsätzliche Überlegungen berücksichtigen.

Wilma Weiß spricht in diesem Zusammenhang zunächst von dem „richtigen Zeitpunkt" und meint damit, dass die Voraussetzung für biografisches Arbeiten

- äußere Sicherheit,
- Bindungsstabilität gegenüber der prozessbegleitenden Person und
- die bereits erlernte Fähigkeit zur Stressregulation bei intrusiven Prozessen oder Übererregungserscheinungen erfüllt sind (Weiß 2009b).

Ansätze der ressourcenorientierten Biografiearbeit unterstreichen dies und ergänzen es dadurch, dass im methodischen Zugang vor allem solche Methoden ausgewählt werden sollen, bei denen der Mensch von außen und aus dem *Hier und Jetzt* auf seine Lebensgeschichte schaut. Assoziierte Zugänge, die dazu auffordern, sich in eine Zeit, Phase oder Situation hineinzuversetzen oder aber Angebote, sich über sensitive Reize (Gerüche, Laute oder Farben) zu erinnern, sind aufgrund ihrer hohen Triggerbarkeit eher kontraindiziert. Aufgabe ist es, Interventionsformen zu finden, bei denen es dem Erzählenden gelingen kann, die Regie über seinen Erzählprozess und damit über sein Leben zu behalten. Auf diese Weise kann auch Biografiearbeit eine Facette im Selbstbemächtigungsprozess darstellen.

Die Aufgabe, die der begleitenden Person zufällt, ist insbesondere das Zuhören, das Verstehen und das Annehmen. Daneben kann es hilfreich sein, impulsgebend in Richtung eines ressourcenorientierten Zugangs zu agieren. Gemeint ist damit, dem Erzählenden durch anregende Fragen oder Ideen die Möglichkeit zu geben, sich an

- biografisch erworbene Ressourcen,
- Bewältigungsstrategien oder
- Momente eigener Wirksamkeit zu erinnern (Hölzle 2009).

Ressourcenorientierte Biografiearbeit kann mit Anregungen für traumasensible Methoden durchgeführt werden (siehe Anhang 7).

2.6 Das multidimensionale Selbst – Ego-States und Innere Teams

„Ich höre eine schwache Stimme von oben: ‚Ich mache gerade ein Nickerchen. Lass mich bitte... Lass mich bitte...' Und ich hätte ihr so gerne von meinen fünfundachtzig Toren erzählt, schade. Es ist wieder Eichhörnchenzeit. Eichhörnchen halten Winterschlaf. Mama auch. Sie schläft von morgens bis abends. Ab und zu kommt sie träge aus dem Bett, um einen Happen zu essen oder aufs Klo zu gehen.
Aber sie ist nicht immer ein schläfriges Eichhörnchen. Manchmal entpuppt sie sich als Zirkusaffe. Dann jongliert sie Pfannkuchen und rutscht wie Mary Poppins das Treppengeländer runter. [...] Ein anderes Mal ist sie ein ängstlicher Hase. Sie ist verwirrt und guckt mit bangen Augen um sich. Sie klammert sich an Papa fest, der stundenlang neben ihr auf dem Sofa sitzen muss. [...] Als ob ein mordgieriger Jäger durch unser Haus schleichen würde, der ihr eine Kugel durch den Kopf jagen will. Manchmal wird aus der Angst Traurigkeit und dann weint Mama ununterbrochen. [...] Und Papa läuft dann wie ein aufgescheuchter Hahn hier rum. Er kann den traurigen Hasen nicht trösten. [...] Aber ganz ohne Abrakadabra kann aus dem traurigen Hasen plötzlich auch eine Giftschlange werden. Dann ist Mama einfach ekelhaft. Ein Scheusal, das ohne Grund wütend auf uns ist und nur gemeine Dinge und Lügen brüllt." (Minne 2007, 17 f.)

Als den *Zoo in Mamas Kopf* bezeichnet die kleine Sjaak in dem Kinderbuch ‚Eichhörnchenzeit' die häufig wechselnden Ich-Zustände ihrer Mutter. In kindgerechter Weise stellt Brigitte Minne hier das dar, was in vielfältigen Modellen zur Erklärung der menschlichen Psyche unter *multidimensionalem Selbst* verstanden wird.

2007 veröffentlichte der Philosoph David Prechtl sein Werk ‚Wer bin ich und wenn ja wie viele?', das in kürzester Zeit die Spiegelbestsellerlisten eroberte. Allein der Titel seines Buches, das sich auf verschiedenste Weise mit der menschlichen Persönlichkeitsentwicklung auseinandersetzt, bringt zum Ausdruck, was viele Menschen für sich als alltägliche Selbsterfahrung beschreiben können: eher vielschichtig als einheitlich zu sein!

Wohl nur wenige Menschen erleben sich als ein geschlossenes Persönlichkeitskontinuum. Allermeist kennen und erleben wir uns in wechselnden Formationen von Empfindungen und Verhalten, Rollen und Zuständen. Dieser Tatsache begegnen wir in der Auseinandersetzung mit uns selbst, ebenso wie wir in der Interaktion mit Menschen im Kontakt zu eben diesen verschiedenen Teilen oder „Selbsten" (Peichl 2010, 27) stehen. Mit manchen dieser Teile, denen wir in uns oder anderen begegnen, kommen wir gut zurecht. Andere wiederum bedeuten eine besondere Herausforderung, lassen sich scheinbar schwer erreichen oder beeinflussen.

Gerade in der Arbeit mit traumatisierten Menschen spielt die Auseinandersetzung mit divergierenden und zum Teil schwierigen Persönlichkeitsanteilen eine große Rolle. Diese zu verstehen und mit ihnen in eine gute Kooperation zu kommen, eröffnet zusätzliche Wege in der traumapädagogischen Arbeit.

Zahlreiche psychologische Modelle haben sich dem multidimensionalem Menschenbild genähert und in ihm Worte, Bilder und Erklärungen für die Bandbreite menschlicher Ausdrucksformen gefunden. Eric Berne entwickelte bereits in den 1960er Jahren im Rahmen seiner Transaktionsanalyse ein Strukturmodel der Ich-Zustände, indem er sie einteilte in

- Kind-Ich,
- Eltern-Ich und
- Erwachsenen-Ich (Berne, zit. nach Harris 1990).

Nachfolgend entwickelte der Psychiater Jakob Levy Moreno Methoden wie das Psychodrama. Die Familientherapeutin Virginia Satir arbeitete mit dem „Theater des Inneren" (Satir 2001, 17f.) oder der sogenannten Parts-Party (Satir 2007), um Persönlichkeitsteilen Ausdruck zu verleihen und somit Innen- und Außenwelt differenzierter betrachten und verstehen zu können. In der Kommunikationspsychologie brachte später Schultz von Thun die Idee des *Inneren Teams* (2002, 1. Aufl. 1998) heraus und in der Familientherapie erweiterte Richard Schwartz das systemische Modell auf die Arbeit mit der *inneren Familie* (Schwartz 2007/1997). Auch Modelle sogenannter *innerer Kindarbeit*, bspw. von Chopich (1995, 1. Aufl. 1990), nahmen Einzug in therapeutische Wirkungsfelder.

In der psychotherapeutischen Traumaarbeit hat sich vor allem der Ansatz der sogenannten *Ego-State-Therapie* durchgesetzt. Dieser wurde in den 1980er Jahren von John und Helen Watkins entwickelt und wird in Deutschland von Jochen Peichl intensiv weiter ausgebaut. Alle diese Modelle sind geeignet, auf die eine oder andere Weise darzustellen, wie innere Prozesse gestaltet sind und wie sie Verhalten steuern.

Die meisten dieser Ansätze ähneln und ergänzen sich und nutzen lediglich unterschiedliche Symbole und Vorstellungen zur Veranschaulichung. Ihnen allen gemeinsam ist, dass sie versuchen, durch Symbolisierungsprozesse innere Bilder, Vorstellungen, Impulse und Erfahrungen zu einer konkreten Gestalt werden zu lassen und so innerseelische Zustände zu prozessieren. Es geht dabei nicht darum, ob es diese Teile wirklich so gibt, sondern darum, imaginative Fähigkeiten zu nutzen, um eben diese Zustände wahrnehmbar und beschreibbar zu machen (Peichl 2010).

Für den Bereich der traumapädagogischen Zugänge und Interventionen werden wir uns im Folgenden vorrangig auf die Definitionen der Ego-State-Ansätze sowie auf die Konzepte der IFS (Inneres Familien-System) (Schwartz 2007; Holmes 2010) beziehen, wobei der methodische Teil auch weitere der oben benannten Theorien mit einbindet. Die im Text verwendeten Begriffe *Ego-State* (Ich-Zustand), *Selbste*, *Persönlichkeitsanteile* oder *Teile* sind dabei nur unterschiedliche Bezeichnungen in synonymer Bedeutung für Teilpersönlichkeiten des multidimensionalen oder pluralen Selbst.

Es ist normal, verschieden zu sein

Im Rahmen des Modells innerer Pluralität ist es also zunächst kein Indikator von *Verrücktsein*, verschiedene Teile in sich zu tragen. Vielmehr sind sie Abbild eines normalen Entwicklungsprozesses, in dem unterschiedliche Erfahrungen und Erfordernisse dem Menschen ein großes Repertoire an Empfindens- und Verhaltensmöglichkeiten zur Verfügung stellen, aus dem sich entsprechend verschiedene „Teilpersönlichkeiten“ (Peichl 2010, 31) herausbilden.

> *„Ein Teil ist nicht nur ein vorübergehender emotionaler Zustand oder ein gewohnheitsmäßiges Gedankenmuster. Vielmehr ist es ein einzelnes und autonomes Denksystem, das seinen eigenen Emotionsbereich, Ausdrucksstil, seine eigenen Fähigkeiten, Wünsche und seine Weltsicht hat. In anderen Worten, es ist, als enthalte jeder von uns eine Gesellschaft von Leuten, von denen jeder ein anderes Alter und andere Interessen, Talente und Temperamente hat.“* (Schwartz 2007, 61)

Aus neurobiologischer Sicht können diese Selbstanteile oder Ich-Zustände (Ego-States) eingeordnet werden als

> *„neuronale Netzwerke, die Gefühle, Körpergefühle, Überzeugungen und Verhaltensweisen in einem bestimmten Augenblick oder über einen be-*

> *stimmten Zeitraum festhalten und voneinander abgrenzbare psychische Einheiten bilden."* (Peichl 2007, 62)

Diese Teilpersönlichkeiten sorgen dafür, dass wir wechselnden Rollenanforderungen gerecht werden und unterschiedlichen Bedürfnissen Ausdruck verleihen können. Einige dieser Anteile sind die Protagonisten unseres *Inneren Teams*. Sie sind häufig nach außen sichtbar und regeln unseren Alltag auf der *äußeren Bühne*, während andere seltener zu Wort kommen, sich manchmal nur im Verborgenen zeigen können und eher auf den *inneren Bühnen* Wirkung erzeugen.

> *„Dies ist alles relativ unproblematisch, solange einzelne Persönlichkeitsteile voneinander wissen, das heißt zwischen ihnen keine Barrieren des Vergessens existieren und die Person sich trotz unterschiedlichen Rollenerlebens in der Identität als konsistent und zeitstabil erlebt."* (Peichl 2010, 31)

Im Zusammenhang mit Traumatisierung ändert sich jedoch meist diese Konsistenz. Zum einen leben im *Inneren Team* diverse Teilpersönlichkeiten, die traumabasiert entstanden sind. Zum anderen wirkt sich der für traumatische Prozesse typische Fragmentierungsprozess auch insofern auf die Identitätsbildung aus, als einzelne Persönlichkeitsanteile von anderen so abgespalten werden, dass psychische Integrität schwer herstellbar ist. (Die extremste Form dieser Abspaltungen ist die sogenannte multiple Persönlichkeit, innerhalb derer jeder Anteil vom Bewusstsein vollständig getrennt wurde.)

Zu Schwierigkeiten und Pathologien kommt es demnach laut Ego-State-Modell immer dann, wenn die Grenzen zwischen den einzelnen Anteilen zu undurchlässig sind, wenn Uneinigkeit zwischen den verschiedenen States zu Spannungsfeldern führt und das Individuum wenig bis keine Steuerungsmöglichkeiten gegenüber seinen Anteilen empfindet. Dieses ist bei Menschen mit Traumafolgesymptomatik häufig der Fall und bedarf entsprechender Begleitung und Unterstützung.

Wie Ego-States entstehen

Grundsätzlich geht das Ego-State-Modell davon aus, dass Ich-Zustände als Bestandteil einer individuellen Lebensgeschichte entstehen. Sie sind somit aus der Interaktion mit der Umwelt hervorgegangen und angefüllt mit biografischen Erfahrungen, Empfindungen und Gedanken. Die Theorie unterstellt, dass all diese Teile mit dem Ziel entstehen, bei der Anpassung an körperliche, seelische und soziale Bedürfnisse zu helfen. Ego-States bilden sich somit zunächst als Teil eines **„normalen Differenzierungsprozesses"** (Fritsche/Hartmann 2010, 51f, Herv. d. Verf.), der sich aus den Bedingungen unserer jeweiligen Lebenswelt ergibt. Jedes Kind ist von Anfang an bemüht, Verhaltensweisen zur Verfügung zu stellen, die es ihm ermöglichen, sein physisches und psychisches Gleichgewicht und Überleben dadurch zu sichern, dass es entsprechende Anpassungsleistungen an seine Umwelt ausbildet. Alle erprobten Verhaltensweisen, die der eigenen Sicherheit oder dem eigenen Wohlbefinden dienen, werden dabei insbesondere trainiert und entwickeln sich zu stabilen Anteilen der individuellen Persönlichkeitsstruktur. Sie werden – wie alle Erfahrungen – in neuronalen Netzwerken codiert und abgespeichert. Hieraus entwickeln sich die Grundlagen für die Bewertung oder Bewältigung künftiger Situationen (Bauer 2006). Kontextabhängig reift so bereits früh ein ganzes Sammelsurium an Persönlichkeitsteilen, die neuronal in uns verankert werden und uns lebensbegleitend zur Verfügung stehen.

Andere Persönlichkeitsanteile bilden sich als **Introjekte**.

> *„Entstanden sind Introjekte aus der Verinnerlichung von wichtigen Elternfiguren in den ersten Phasen der Lebensentwicklung. Die positiven Introjekte sind in ihrer Art liebevolle, freundliche und nährende Selbst-Zustände (Ego-States), die gute innere Mutter, der schützende innere Vater, der gütige Opa usw.*
> *Neben diesen positiven Introjekten gibt es aber auch negative Introjekte. Darunter fassen wir destruktive und übelwollende Ich-Zustände und nach der Erfahrung eines Gewalttraumas, wo ein Opfer einem oder mehreren Tätern gegenüber steht, die Täterintrojekte."* (Peichl 2010, 118)

Introjekte verkörpern also Werte und Verhaltensweisen von Personen aus der äußeren Welt, die im Rahmen von intensiven Bindungen oder einschneidenden Erfahrungen unwillkürlich in die eigene Persönlichkeit aufgenommen werden. Mitverantwortlich für diesen Prozess sind auf neuronaler Ebene die sogenannten *Spiegelneuronen*.

Introjekte zeigen sich in Form *innerer Bewerter*, die das eigene Selbst erfahrungsabhängig positiv oder negativ be- oder verurteilen („Du bist schlecht!", „Du bist zu dumm!") oder sie führen zu Identifikationen mit den vermittelten Botschaften. Dies ist eine der Grundlagen für die generative Übertragung von Verhaltensweisen. Eine als Kind von den Eltern erfahrene Härte („Was nicht tötet, härtet ab!") wird als eigene Haltung adaptiert. Zeigt das eigene Kind nun beispielsweise *wehleidige* Verhaltensweisen, wird mit derselben Härte reagiert, die ursprünglich Bestandteil der eigenen Erfahrung war.

So bildet sich also eine ganze Mannschaft innerer verletzter und verletzlicher, ebenso wie ressourcevoller und resilienter Anteile, die im weiteren Lebensverlauf mehr oder weniger funktional oder dysfunktional wirken können.

Zugleich gehen alle Modelle davon aus, dass es neben diesen Teilpersönlichkeiten ein **Kernselbst** (Holmes 2010) gibt, das in beobachtender und strukturierender Rolle agiert. Waterholter bezeichnet dieses Kernselbst als

> *„eine Instanz, einen inneren Ort oder Zustand, von dem aus ein Mensch sich auf all seine Teile beziehen kann [...]. Das Selbst tritt in dem Maße ins Bewusstsein, in dem ein Mensch sich von seinen extremen Gedanken und Gefühlen separieren kann."* (Waterholter 2008, 47)

Tom Holmes hingegen deutet das Kernselbst als Zentrum unseres Bewusstseins und vergleicht es mit einem Dirigenten. „Alle inneren Teile sind Musiker, die die Musik unseres Lebens spielen. Ohne Musiker gibt es keine Musik. Ohne den Dirigenten wird die Musik jedoch chaotisch, falls sie überhaupt beginnt." (Holmes 2010, 29)

Ego-States bei traumatisierten Menschen

Ego-States entwickeln sich also erfahrungsabhängig und sind dafür zuständig, unser Überleben durch Anpassung zu sichern. Dadurch ist es leicht verständlich, dass wir gerade bei Menschen mit komplexen Traumatisierungen auf viele Selbste stoßen, die ihren biografischen Ursprung eben in diesem Erfahrungsfeld haben. Im Vordergrund der Persönlichkeitsstrukturierung stehen dann die verletzten und traumatisierten Anteile, ihre Beschützer ebenso wie die Täterintrojekte. Alle Anteile sind meist stark affektiv aufgeladen, wodurch sie schnell das Regiment im *Team* übernehmen können. Gleichzeitig ist das *Innere Team* durch traumatypische Fragmentierungsprozesse fast immer in sich zersplittert. Einzelne Anteile haben wenig bis keinen konstruktiven Kontakt zu anderen Anteilen, sie agieren zwar systembezogen, aber ausschließlich aus der eigenen Position heraus, ohne interne Abstimmungsprozesse.

Das durch Traumatisierung in seiner Integrität verletzte Kernselbst ist in seinen Möglichkeiten zu führen eingeschränkt und wird immer wieder von den Teilpersönlichkeiten, die situationsabhängig die Führung übernehmen, von der Bühne verdrängt. In der Folge erlebt das Kernselbst sich als schwach, von einzelnen Zuständen gesteuert und leidet wie in der traumatischen Ursprungssituation unter der Erfahrung des Kontrollverlusts.

Auch wenn jedes *Innere Team* eine ganz eigene Besetzung enthält, gibt es einige typische Gruppierungen von Persönlichkeitsanteilen, die im Zusammenhang mit Traumatisierungen eine Rolle spielen. Neben stark ausgeprägten *Inneren Kritikern* (Holmes 2010) – die als Introjekte erfahrener Entwertungen im Traumatisierungsprozess entstanden sind – haben traumatisierte Menschen und entsprechend auch ihr Umfeld häufig zu tun mit den jeweiligen Ego-States, die unter traumatischen Bedingungen gewachsen sind oder kompensatorisch zu ihrer Bewältigung entwickelt wurden. Zur Veranschaulichung dieser häufig wechselnden Ego-States können die folgenden Beschreibungskategorien hilfreich sein.

Innere Kinder

Innere Kinder sind im Grunde jüngere Anteile, die in der erwachsenen Person weiterleben. Diese Inneren-Kind-Zustände repräsentieren Erfahrungen, Empfinden und Verhalten aus frühen Lebensphasen (Peichl 2007 et al.). Als Folge von traumatischem Erleben in der Kindheit gibt es oft einen ganzen *inneren Kindergarten* aus entwicklungsverzögerten und schwer verletzten jüngeren Teilen. Wie im ersten Kapitel dieses Buches beschrieben (→Kap. 1.2) haben Frühtraumatisierungen Auswirkungen auf die Lösung von Entwicklungsaufgaben und damit auf die Gesamtorganisation der Persönlichkeit. Entsprechend sind einige jüngere Selbste immer noch mit der Bewältigung ihrer entsprechenden Entwicklungsphasen beschäftigt. In der Arbeit mit traumatisierten Menschen erleben wir dadurch häufig ein „ganzes Sammelsurium an Entwicklungsstufen" (Bonus 2006, 43), das sich in schnell wechselnden Ego-States zeigt. Bonus beschreibt diesen Prozess exemplarisch:

> *„So haben wir z.B. bei einem 18jährigen plötzlich das Gefühl, vor einem Säugling, einem Kleinkind, einem Kindergartenkind oder auch einem Erst-*

klässler zu stehen. Das sind häufig kurze Momente, die zusätzlich in den Altersstufen wechseln können. Dann sieht man kurz hintereinander die Wut aus der Trotzphase, das ‚nur für sich Haben-wollen' und ‚nur sich selber Sehen' aus der Säuglingszeit, ein gemaltes Bild von einem fünfjährigen mit Schreibstil aus der vierten Klasse, obwohl das Kind gleichzeitig pubertiert und verglichen mit seinen Altersgenossen schon viel reifer sein müsste." (Bonus 2006, 43)

Im Zusammenhang mit traumatischem Erleben in Kindheit und Jugend gibt es des Weiteren andere jüngere Selbstanteile, die als Träger biografischer Verwundungen und Mangelerlebens fungieren. Sie gelten entsprechend als Experten für

- Angst,
- Bindungssehnsüchte,
- Kampfverhalten,
- Fluchttendenzen oder Selbstverunsicherung.

„Diese Inneren-Kind-Anteile sind in ihrer Entwicklung eingefroren in einer Zeit, in der sie entstanden sind und sehen naturgemäß die Situation von heute mit den Augen und Erwartungen von damals." (Peichl 2010, 80) Vielleicht ist bezüglich des Beispiels aus dem Buch von Brigitte Minne der *Hase* aus Mamas *Zoo im Kopf* so ein jüngerer Anteil. Er erlebt sich als bedroht und ausgeliefert und klammert sich deshalb so ängstlich an den erwachsenen Vater, obwohl aus der Perspektive der kleinen Sjaak aktuell keine erkennbare Gefahrensituation vorliegt.

Diese kindlichen Ego-States sind schnell triggerbar, sobald Aspekte aus der traumatischen Ursprungssituation auftauchen. Mangel- und Angsterlebnisse ebenso wie Hilflosigkeit, Überforderung oder Alleinsein wecken diese Persönlichkeitsanteile und aktivieren kindliche, traumabasierte Empfindungen, Lösungsideen oder Überlebensmuster. Sie wollen dem System aus ihrer Warte heraus helfen und nutzen entsprechend altbewährte oder aus ihrer Sicht heraus notwendige Verhaltensstrategien.

In der Arbeit mit einem heute erwachsenen Klienten, der aufgrund einer traumabasierten psychischen Erkrankung psychiatrische Betreuung im eigenen Wohnraum erhält, zeigte sich solch kindlicher Anteil immer beim Einkaufen. Obwohl der Mann über ein knappes finanzielles Budget verfügte, mit dem er insgesamt sehr sparsam umging, passierte es ihm immer wieder, dass er deutlich mehr Vorräte einkaufte, als er brauchte. Er wurde entsprechend von seiner Betreuerin ständig ermahnt, weniger einzukaufen, da immer wieder größere Mengen an Lebensmitteln weggeworfen werden mussten. Ein erwachsener und kompetenter Teil des Mannes gab der Betreuerin regelmäßig recht und versprach, für Besserung zu sorgen. Spätestens beim nächsten Einkauf jedoch ergab sich dieselbe Situation erneut. Dem Teilekonzept folgend, wurde versucht, herauszufinden, welcher Anteil des Mannes für diesen Einkauf verantwortlich war. Deutlich wurde, dass ein inneres Kind, das sich im Zusammenhang schwerer früher Vernachlässigung und erlittenem Hunger gebildet hatte, beim Einkaufen immer größter Angst ausgesetzt war, es könne zu wenig sein. Dieser stark affektiv aufgeladene Anteil übernahm somit die Kontrolle über das Verhalten des Mannes, der sich selbst, bis zu dieser Begegnung mit dem jüngeren Selbst, immer als *zu blöd zum Einkaufen*, betrachtet hatte.

Ähnliche Verhaltensweisen sind zum Beispiel auch in großen Teilen der jetzigen älteren Generation zu beobachten. Übertriebenes Horten von Lebensmitteln und extreme Sparsamkeit dienen häufig der Besänftigung der kriegstraumatisierten Anteile, die in früheren Zeiten Hunger und Not durchleiden mussten und in stetiger Angst leben, erneut in existenzielle Bedrohung zu geraten.

Derart verletzte *innere Kinder* sind oftmals **„Verbannte"** im Innenraum (Holmes 2010, 110), da ihr Auftauchen mit schmerzhaften Überflutungen des Systems einhergehen kann. Tauchen verwundete *innere Kinder* auf, breitet sich der alte Schmerz in vollem Umfang im Bewusstsein aus und aktiviert das Stresssystem auf höchstem Niveau – wie es beispielsweise bei Flashbacks (→Kap. 1.2) der Fall ist (Krüger 2011).

Schützende Anteile

Um sich vor diesen Überflutungen zu schützen, stehen dem *Inneren Team* normalerweise ganze Kolonnen von schützenden Anteilen zur Verfügung. Auch wenn sie im äußeren System durch die Art ihres Auftretens nicht selten auf Unverständnis stoßen oder für Schwierigkeiten sorgen, verfolgen auch diese Ich-Zustände zunächst die positive Absicht, dem inneren System Schmerzfreiheit und Sicherheit zu gewähren. Tom Holmes definiert einige dieser Anteile des inneren *Schutzbataillons* als Manager, Ablenker und Feuerbekämpfer (Holmes, 2010).

Innere Schutzanteile können sich zeigen als **Manager**, die versuchen, Kontrolle über die Situation zu gewinnen und den Alltag so zu gestalten, dass Schmerz vermieden wird und Funktionalität hergestellt ist. Im Beispiel des hortenden Einkäufers sorgt so ein Manageranteil dafür, dass die Angst des kindlichen States gebannt wird, indem er den Einkauf entsprechend managt. Die Manager können sehr hilfreich sein, zugleich aber den betroffenen Menschen und seine Umwelt ständig auf Trab halten, weil sie dauernd damit beschäftigt sind, alle vermeintlichen Gefahren abzuwehren und das optionale Auftauchen schmerzhafter Ich-Zustände zu verhindern. Insofern äußern sie sich häufig extrem rigide, zwanghaft, überorganisiert, überaktiv und kontrollierend. Solange die Manageranteile allein die Führung übernehmen, bleibt das System unter Bewachung und Anspannung.

Ergänzend zu den Managern gibt es die als solche bezeichneten **Ablenker**. Diese helfen den Managern, in dem sie dafür sorgen, dass das Bewusstsein dergestalt gefüllt wird, dass schmerzhafte Prozesse keinen Raum in ihm gewinnen können. Sie lassen zum Beispiel stundenlang Fernseher oder Computer laufen, stellen Radio und Musik laut, organisieren Shoppingtouren und Partys oder sorgen für Schlafattacken (wie das Eichhörnchen in Mamas Kopf). Grundsätzlich sind auch sie hilfreich, weil sie so einen *emotionalen Overload* verhindern und beim Umschalten nützlich sind. Führen sie jedoch allein das Kommando, stellen sich schnell dysfunktionale Verhaltensweisen ein, die andere ressourcevolle Anteile daran hindern, aktiv zu werden.

Eine weitere Gruppe wichtiger Persönlichkeitsanteile können als **„Feuerbekämpfer"** (Holmes 2010, 109 f.) bezeichnet werden. Die Feuerbekämpfer sind der organisierte Notfalltrupp, der immer dann seinen Job antritt, wenn Manager und Ablenker nicht ausreichen, um schmerzbeladenen Ego-States den Auftritt zu verweigern. Sie werden als Feuerbekämpfer bezeichnet, weil sie den brennenden Schmerz löschen, der beim Auftreten von quälenden Erinnerungen und Gefühlen ausgelöst werden kann (Holmes 2010). Auch wenn sie in positiver Absicht handeln, ist ihr Wirken zunächst ohne Rücksicht auf Verluste und kann somit auch schädliche Folgen haben. Feuerbekämpfer, sind diejenigen Ego-States, die zu drastischen

Bewältigungsmethoden greifen: Sie inszenieren Fressattacken, sorgen für Alkoholexzesse oder treiben zu selbstverletzendem und suizidalem Verhalten an, um den unaushaltbaren emotionalen Schmerzen etwas entgegenzusetzen. Aufgrund dieser Aktivitäten wird ihre positive und beschützende Mission häufig nicht erkannt und sie werden entsprechend moralisch belehrt oder verurteilt, ohne ihren eigentlichen Auftrag zu würdigen.

Täterintrojekte

Während Beschützeranteile vor allem kompensatorische Teile sind, die das Bewusstsein vor unerträglichem altem Schmerz schützen wollen, gibt es im inneren System traumatisierter Menschen häufig auch solche Persönlichkeitsanteile, die als sogenannte **Täterintrojekte** (Peichl 2007) gedeutet werden können. Im Entwicklungsgang der Introjektion sind diese Selbstanteile durch Spiegelungsprozesse entstanden. Sie sind sozusagen ein *Täterklon* (Peichl), der sich ins innere System des Menschen eingenistet hat. Diese Anteile sind mit dem Täter identifiziert und schaffen somit Distanz zum eigenen Opfererleben und helfen, innere Ambivalenzen gegenüber dem Täter zu beruhigen. Dies ist vorrangig dann relevant, wenn der Traumaverursacher eine Bindungsperson des Kindes war und es somit sowohl liebevolle wie hasserfüllte Gefühle ihm gegenüber gibt.

Im *Inneren Team* stehen infolgedessen Anteile zur Verfügung, die das Denken und Handeln des Täters aus der traumatischen Situation adaptiert haben. Diesen Teilen begegnen wir vorrangig in der Arbeit mit komplextraumatisierten Menschen, und zwar in zweierlei Gestalt: Einige Täterintrojekte präsentieren sich wie die Feuerbekämpfer. In Situationen, in denen altes schmerzhaftes Erinnerungsmaterial auftaucht, wenden die Täterintrojekte das gespeicherte, gewaltbereite Verhalten zur Beendigung der Situation an. Sie nutzen die Macht des Täters und bekämpfen Hilflosigkeit und Schmerz in selbstzerstörerischer Weise, als wollten sie zu Ende bringen, was in der traumatischen Situation unvollendet geblieben ist. Sie übernehmen die Gnadenlosigkeit aus der Ursprungssituation in den Selbstvollzug.

Ebenso können sich täterinduzierte Selbstanteile aber auch gegen andere richten. Die Fortpflanzung von Gewalt kann so als eine ununterbrochene Kette von Täterintrojekten angesehen werden, die erlerntes Verhalten dazu nutzt, Hilflosigkeit und Ohnmacht abzuwehren. Bei einigen Menschen, die intensiver Gewalt ausgesetzt waren, übernehmen die Täterintrojekte die Protagonistenrolle im Verhaltensskript, indem sie nach dem Prinzip *Angriff ist die beste Verteidigung* versuchen, die wehrlosen und verletzten Selbstanteile bestmöglich und jederzeit zu schützen. Vielleicht ist die Schlange aus *Mamas-Anteile- Zoo* so ein Teil, der auftaucht, wenn der ängstliche und traurige *Hasenanteil* sich zu sehr auszubreiten droht.

Traumapädagogische Ego-State-Arbeit

Auch wenn die Ego-State-Ansätze bisher überwiegend für den psychotherapeutischen Bereich beschrieben wurden, bieten sie unseres Erachtens nach gute Ansätze für traumapädagogische Interventionsformen. Die zuvor dargestellten persönlichkeitsbildenden Prozesse helfen zunächst vor allem beim Verstehen und Verständigen. Die bildhafte Deskription von Zuständen in Gestalten verschafft sowohl Fachkräften wie Betroffenen einen leichteren Zugang zu Erleben und Verhalten im Selbst oder im Anderen: Aus konturenlosen Empfindungen werden klar umgrenzte, vollständige Gestalten. Der mit den unverarbeiteten Fragmenten permanent überlastete Hippocampus erhält im Rahmen des Symbolisierungsprozesses Unterstützung beim Einordnen.

Während psychotherapeutische Zugänge zu den Ego-States – oft auch unter Zuhilfenahme hypnosystemischer Techniken, deren Ziel eine Integration der Anteile ist – in tieferen Schichten erfolgen, kann Traumapädagogik zumindest auf der Ebene der Bestandsaufnahme, des Verstehens und der Anbahnung dialogischer Prozesse ansetzen. Im Schwerpunkt sollte pädagogische Arbeit sich auf die Stärkung des Selbsts – als Chef oder Regisseur des *Inneren Teams* – konzentrieren sowie Ansätze zur Stärkung von Ressourcen der Anteile nutzen.

Ego-States in der Psychoedukation und Mannschaftsaufstellung

Die Arbeit mit dem Teilemodell kann im Rahmen psychoedukativer Prozesse (→Kap. 2.5) als eine Möglichkeit des Symptom-Erklärens genutzt werden und zugleich im Sinne bindungsorientierter Arbeit die feinfühlige Interpretation von Verhaltensweisen des Gegenübers unterstützen.

In der konkreten Arbeit geht es dabei also sowohl um strukturierende Prozesse (sich gemeinsam einen Überblick über die einzelnen Mitglieder der eigenen *Ego-State-Mannschaft* verschaffen) als auch darum, durch würdigende Haltungen mit ihnen in Kontakt zu treten und sie gegebenenfalls an der Hilfeplanung oder Situationsgestaltung zu beteiligen. Diese positive Haltung und die Bereitschaft, jeden Anteil als wertvoll und wichtig zu betrachten, sind die Voraussetzungen dafür, dass sie in der gemeinsamen Arbeit nutzbar werden. Im Folgenden sollen daher verschiedene methodische Ansätze als Übungsaufgaben für die Teilearbeit im pädagogischen Kontext vorgestellt werden.

Einen Mannschafts-/Teamplan entwickeln

Die pädagogische Fachkraft bittet das Gegenüber, sich in der Rolle als *Mannschaftskapitän* (alternativ können auch anders kontextualisierte Bilder wie *ChefIn, TeamleiterIn, RegisseurIn* genutzt werden) einen Überblick zu verschaffen, welche ihm/ihr vertrauten Teammitglieder (Ego-States) zu ihrem Team oder ihrer Mannschaft gehören. Zur Unterstützung dieses Bestandsaufnahmeprozesses können Symbole einbezogen werden, wie sie im Anschluss an dieses Übungsbeispiel beschrieben werden.

Wenn die/der Befragte einige Anteile gefunden hat, geht es darum, diese etwas näher kennenzulernen. Jeder Ego-State hat es dabei verdient, als V.I.P. (Very Important Person) behandelt zu werden. Dazu gehört das Interesse, ihn genauer kennenzulernen: Was verkörpert er? Wie alt ist er? Wo kommt er vielleicht her? Besonders wichtig ist es, vor allem auf seine Ressourcen zu fokussieren: Was sind Stärken, die dieser Anteil hat? In welchen Situationen macht er einen guten Job und sollte auf jeden Fall beteiligt werden? Vielleicht ist es nach ausreichender Würdigung seiner Kompetenzen auch möglich, zu erfassen, in welchen Situationen er auch für Schwierigkeiten sorgt und was ihn dabei unterstützen könnte, sich situativ von *seiner harten Arbeit* etwas auszuruhen.

Während in der psychotherapeutischen Arbeit die Anteile oft direkt angesprochen werden, sollte im pädagogischen Beratungskontext das Gespräch mit dem Klienten als *Mannschaftskapitän* (oder vergleichbarem Bild) stattfinden, um eventuelle emotionale Überflutungen zu verhindern. Es geht also in erster Linie um *Leitungscoaching*. Gemeinsam kann tabellarisch eine Bestandsaufnahme der Teile, ihrer Ressourcen und Bedürfnisse angefertigt werden, um diese zur Grundlage von Situationsinterpretationen oder Handlungsplanung zu nutzen (siehe Anhang 8). Diese Bestandsaufnahme ist gewöhnlich nicht mit einem Mal abgeschlossen. Häufig werden bei näherer Beobachtung immer neue Teile entdeckt, die dann entsprechend bei einer Fortsetzung der gemeinsamen Arbeit ergänzt werden können.

Ausgehend von diesem *Mannschaftsplan* lässt sich erfahrungsgemäß über Schwierigkeiten und Veränderungsansätze zukünftig viel leichter sprechen. Die Möglichkeit, aus einer distanzierten Position zu überlegen, welche Anteile beispielsweise an der gestrigen Eskalation in der Familie beteiligt waren, worum es ihnen ging und was ihre Bedürfnisse waren, nimmt häufig Beschämung aus der Situation und erleichtert das Darüber-Sprechen. Gleichzeitig kann im Mannschaftsplan geforscht werden, wer vielleicht in der gestrigen Situation nicht beteiligt war, beim nächsten Mal aber hilfreich sein könnte. Mit dem Klienten als *Mannschaftskapitän* kann durchdacht werden, wie es ermöglicht wird, die Truppe für eine nächste ähnliche Situation so zu postieren, dass es ein leicht(er)es Spiel wird, mit den Anforderungen umzugehen.

Sind diese Bilder erst einmal gut installiert, dienen sie als Grundlage für Verstehens- und Veränderungsprozesse. Zugleich kann überlegt werden, welche Anteile welche Verhaltensweisen bspw. von Seiten der BetreuerInnen oder Rahmenbedingungen im pädagogischen Alltag brauchen, damit es ihnen weitestgehend gut geht und sie zur Kooperation bereit sind. Um in dem Bild von dem *Zoo in Mamas Kopf* zu bleiben: Was also beruhigt den *ängstlichen Hasen*, wenn er getriggert wurde und welche Strategien sind nützlich im Umgang mit dem *schläfrigen Eichhörnchen* oder mit täterinduzierten States wie der *Schlange*?

Trotz dieses oberflächlichen und eher abstrakten Zugangs hat sich diese Herangehensweise sowohl mit Kindern und Jugendlichen als auch mit Erwachsenen im pädagogischen Beratungskontext ebenso wie in der begleitenden Arbeit in stationären Zusammenhängen als ausgesprochen hilfreich für Selbstklärungsprozesse erwiesen. Die Fixierung auf den *Mannschaftskapitän* erhöht das Kontrollempfinden: Er weiß jetzt, womit er es zu tun hat und wird in seiner Führungsrolle unterstützt. Aufgabe dieser Führungsrolle wird es sein – mit Unterstützung der Fachkraft – dafür zu sorgen, dass jeder Anteil gut verstanden wird, dass er seinen Platz im Team findet und niemand ausgegrenzt wird. Im *Kapitänscoaching* werden Zugänge zu einzelnen Anteilen beraten und Taktiken im Umgang mit ihnen entwickelt, so dass er lernen kann, mit seinem nicht immer leichten inneren Ensemble gut fertig zu werden. In diesem Sinne kann Ego-State-Arbeit als Bestandteil der Stabilisierungsansätze verstanden werden.

Symbolisierungsinstrumente

Als hilfreich für die Symbolisierung der Anteile hat es sich erwiesen, mit Medien und Materialien zu arbeiten. Hierzu eigenen sich

- **Plastikspieltiere:** Wichtig ist, dass es eine große Auswahl gibt, um die Attribute nicht zu sehr zu begrenzen.
- **Fingerpuppenkabinett:** Eine umfangreiche Menge an Fingerpuppen, möglichst mit kleinen Holzständern, da sie dann besser aufzustellen und in Teamformationen zu bewegen sind (Entsprechende Materialien sind zum Beispiel über www.simmerl.de zu bestellen.).
- **Familien-/Organisationsbrett**: Hier können verschiedene Holzklötzchen für verschiedene Anteile stehen. Diese sollten dann aber getauft werden und entsprechende Namensschilder erhalten.
- **Symbolkoffer:** Nicht immer können Teile gut über menschliche oder tierische Attribute dargestellt werden. Ergänzend zu den obigen Instrumenten bietet es sich an, einen gut gemischten Symbolkoffer vorzubereiten, da sich einige Ego-States über derartige Materialien besser darstellen lassen.
- **Gefühlsmonsterkarten**: Sie eignen sich sehr gut, um die Ego-States über ihre Emotionalität und Affektivität wahrzunehmen (zu beziehen über www.donnavita.de).
- Erstellen einer **Teile-Landkarte** (Holmes 2010): Teile können gemalt oder mit Hilfe von Zeitschriften zu einer Collage zusammengestellt werden. Soll mit den Anteilen einzeln weitergearbeitet werden, kann auf die gleiche Art auch ein Teilekartenspiel gebastelt werden.

Innere Helfer und Ressourcenteile

Im Rahmen traumapädagogischer Stabilisierungsarbeit steht im Zentrum immer das Aktivieren und Installieren von Ressourcen. Für die Ego-State-Arbeit heißt dies, Selbstanteile, die für den Betroffenen als verlässliche, ressourcevolle Teile identifiziert werden können, besonders bewusst zu machen und ihnen Möglichkeiten zu verschaffen, sich in der Zusammenarbeit und im Alltag zu zeigen.

Manchmal fällt es gerade traumatisierten Menschen jedoch schwer, eigene Anteile als verlässliche Ressource wahrzunehmen oder es braucht zumindest einen längeren Anerkennungsprozess, bis eigene Anteile als wirklich hilfreich und selbstwirksam angenommen werden. Hier wäre es denkbar, die Teilearbeit auf imaginierte Teile auszuweiten und „Innere-Helfer-Anteile" (Striebel 2008, 150), die bisher nicht zur eigenen Mannschaft gehörten, mit aufzunehmen. Diese Möglichkeit setzt im Grunde an der Kunst an, die schon kleine Kinder beherrschen, wenn sie sich zur Selbststärkung *imaginäre Freunde* schaffen, die ihnen für eine Weile in allen Lebenslagen zur Seite stehen. So besteht im Rahmen der Ego-State-Arbeit die Möglichkeit, den *Mannschaftskapitän* zu befragen, wen er zur Stärkung für sich oder als Ergänzung seines Teams gebrauchen könnte. Diese Figur kann dann imaginiert oder als Symbol mit aufgenommen werden. In diesem Zusammenhang wird die Fähigkeit des Gehirns genutzt, Erdachtes zu Realem zu machen. Dort, wo negative innere Bilder bei Menschen schlechte Zustände hervorrufen können, kann das Imaginieren einer hilfreichen, kraftvollen Figur als Unterstützer und Helfer eben dazu beitragen, dass ein entsprechend kraftvoller Ich-Zustand aufgerufen wird.

In beeindruckender Weise beschreibt Natascha Kampusch in ihrem Buch über ihre jahrelange Gefangenschaft als junges Mädchen bei einem erwachsenen Mann, wie sie diese Imaginationsarbeit zum Überleben nutzt und aus ihr letztlich die Kraft für ihre eigene Rettung zieht. Sie installiert dabei als *innere Helferin* unter anderem ein zukünftiges Selbst, das in der Lage sein wird, den jüngeren Selbsten, die gegenwärtig ohnmächtig gegenüber dem traumatischen Geschehen sind, zu Hilfe zu kommen:

> *„Aber es wusste ja niemand, wo ich war. Die einzige Möglichkeit, die ich hatte, war, mir selbst dieser Erwachsene zu sein.*
> *Ich hatte früher schon Trost darin gefunden, mit vorzustellen, wie meine Mutter mir Mut zusprach. Wie ich in ihre Rolle schlüpfte und versuchte, ein*

bisschen von ihrer Stärke auf mich zu übertragen. Nun stellte ich mir die erwachsene Natascha vor, die mir half. Mein eigenes Leben lag vor mir wie ein leuchtender Zeitstrahl, der weit in die Zukunft reichte. Ich selbst stand auf Ziffer zwölf. Weit vor mir aber sah ich mein eigenes 18-jähriges Ich. Groß und stark, selbstbewusst und unabhängig wie die Frauen in meinem Roman. Mein zwölfjähriges Ich bewegte sich auf dem Strahl langsam nach vorne, mein erwachsenes Ich kam mir entgegen. In der Mitte reichten wir uns die Hand. Die Berührung war warm und weich und gleichzeitig fühlte ich, wie sich die Kraft meines großen Ich auf das kleine übertrug. Die große Natascha nahm die kleine, der nicht einmal ihr Name geblieben war, in den Arm und tröstete sie. „Ich werde dich da rausholen, das verspreche ich dir. Jetzt kannst du nicht fliehen, du bist noch zu klein. Aber mit 18 werde ich den Täter überwältigen und dich aus dem Gefängnis holen. Ich lasse dich nicht allein." In dieser Nacht schloss ich einen Vertrag mit meinem eigenen, späteren Ich. Ich hab mein Wort gehalten." (Kampusch 2010, 171)

Einfache Teilearbeit

Nicht immer ist es möglich, eine umfangreiche Ego-State-Arbeit – wie zuvor dargestellt – in die pädagogische Arbeit zu integrieren. Mangelnde Zeitressourcen, aber auch eine zu hohe Komplexität, bspw. in der Arbeit mit kleineren Kindern oder Menschen mit kognitiven oder geistigen Einschränkungen, können die Arbeit behindern. In diesem Fall kann das Teilemodell einfach auch als Denk- und Veranschaulichungsmodell genutzt und deutlich reduziert werden.

Das hieße einfach, Sätze wie „Heute ist ein Teil von dir ganz erschöpft" oder „Ein Teil von dir wollte gut aufpassen, aber ein anderer Teil hat dich immer wieder abgelenkt" in den Dialog aufzunehmen. Diese werden normalerweise ohne lange Erklärungen gut verstanden und erleichtern oft schon das Gespräch. Denkbar ist auch, mit simplen Sinnbildern wie „die Große in dir und die Kleine in dir" zu agieren, um zunächst erst einmal innere Konflikte in Form jüngerer und älterer Anteile aufzugreifen und diese z. B. mit einem großen und einem kleinen Baustein darzustellen.

Auch Matrjoschkafiguren, also die ineinander schachtelbaren Holzpüppchen russischer Herkunft können gut genutzt werden, um die Entwicklung biografisch entstandener Ego-States als Innenteile der Gesamtpersönlichkeit sichtbar zu machen.

„Der König des Tages ist die äußerste Puppe, im Inneren des Gehäuses kommen immer kleinere Puppen zum Vorschein, alle sehen sie gleich aus, gehören zum gleichen Menschen. Nur sind sie kleiner und deshalb offenbar jünger. So ähnlich, könnte man sich vorstellen, verhält es sich mit den inneren jüngeren Kindern. Unsichtbar für die Außenwelt stecken diese Anteile der Seele im äußeren, ältesten Ich." (Krüger 2011, 134)

Für die Arbeit mit Kindern können Bilderbücher helfen, in denen Figuren enthalten sind, die als Identifikationsfiguren für Ego-States geeignet sind:

- Langen, A.(2000): Die kleine Motzkuh. Coppenrath, Münster
- Langen A. (2007): Der kleine Brülllöwe. Coppenrath, Münster

Folgendes Buch hilft, die Auseinandersetzung mit diesen Selbstanteilen zu veranschaulichen:

- d' Allancé, M. (2000): Robbi regt sich auf. Moritz Verlag, Frankfurt am Main

Für die Arbeit mit Jugendlichen und Erwachsenen können die verschiedenen Monster der Alltags-Bände von Christian Moser eine gute Grundlage zur Veranschaulichung von Ego-States sein:

- Moser, C. (2011): Monster des Alltags, Carlsen Verlag, Hamburg

2.7 Traumabasierte Störungen der Affekt- und Impulskontrolle

Als vergleichbar mit dem Computerspiel ‚Minesweeper' betrachtet Martin Kühn den pädagogischen Alltag mit traumatisierten Kindern und Jugendlichen. „Ein falscher Schritt, ein falsches Wort, eine falsche Geste, Handlung oder Reaktion" (Kühn 2009a, o.S.) kann wie auf einem Minenfeld einen plötzlichen Ausbruch zur Folge haben, der von jetzt auf gleich die gesamte Situation bestimmt.

Ausgelöst durch Trigger – die in ihrer Wirkung effektiv gut mit hochexplosiven Minen vergleichbar sind – oder aktueller Stresspotenzierung sehen sich PädagogInnen immer wieder Extremsituationen mit herausfordernden Verhaltensweisen gegenüber.

Impulsdurchbrüche in Form aggressiver und gewaltbereiter Ausbrüche ebenso wie selbstverletzendes Verhalten (SVV) bis hin zu wiederholten Suizidversuchen können als Signal höchster innerer Alarmbereitschaft auftreten. Denn der menschliche Körper greift auf sein inneres Notfallprogramm mit „traumaspezifischen Bordmitteln" zurück. Die dabei ausgelösten schmerzhaften emotionalen Überflutungen äußern sich in Form von Abreaktionen der aktivierten Kampf- oder Fluchtimpulse oder schmerzlindernder Stressbewältigungsmaßnahmen. Im letzteren Fall kann das SVV oder suizidale Handlungen bedeuten (Huber 2009a, 165 f.). Helfer fühlen sich diesen Bewältigungsformen gegenüber jedoch oft hilflos und empfinden sich an den Grenzen ihrer Handlungsfähigkeit. Bleiben wir bei dem Bild von Martin Kühn, nachdem die Arbeit mit traumatisierten Menschen einem „Spaziergang durch ein psychisches Minenfeld" (Kühn 2009a, o. S.) gleichen kann, so braucht es Fachkräfte, die gute Kompetenzen im *Entschärfen* und *Katastrophenschutz* mitbringen.

Ausgangslage hierfür ist zunächst einmal die Erkenntnis, dass Affekt- und Impulsdurchbrüche eine normale Traumafolgereaktion sein können und somit im Hilfeprozess als implizit eingeplant werden sollten. Denn wenn man – bildlich betrachtet – in einem *Erdbebengebiet* lebt, ist es besser, sich darauf einzustellen und entsprechende Maßnahmen zu treffen, als stetig zu hoffen, dass nichts passiert. Diese Haltung ermöglicht Helfern wie Betroffenen, sich Handlungskompetenzen gegenüber derartigen *Erusionen* im Alltag anzueignen. Wenig nützlich erscheinen diesbezüglich appellative Ansätze („Versprich, dass du das nicht nochmal machst!") und das Androhen von Konsequenzen („Wenn das nochmal vorkommt, dann ..."), die ausschließlich an Verstand und Moral gerichtet sind. Sie dürften auf ein akutes (emotionales) *Erdbeben* wie eine Klimakonferenz wirken, die grundsätzliche gute Absichten erklärt, deren Effekte jedoch frühestens in einigen Jahrzehnten – wenn überhaupt – spürbar werden.

Traumapädagogisches Handeln gegenüber Affekt- und Impulsdurchbrüchen heißt, neben denjenigen stabilisierenden und bindungsorientierten Ansätzen, die bereits in den vorangegangen Abschnitten beschrieben wurden, gemeinsam den *Ernstfall* zu betrachten. Dementsprechend gilt es, Pläne, Strategien und Sicherheitsmaßnahmen zur Bewältigung von unmittelbaren hochdosierten Stresssituationen zu entwickeln.

Im Folgenden sollen hierzu konkrete Anregungen sowohl für den Bereich *präventiver Entschärfungen* als auch für den *Katastrophenschutz* gegeben werden.

Präventive Entschärfungsmaßnahmen

Triggeranalyse

Auslösende Faktoren für Impuls- und Affektdurchbrüche sind in den allermeisten Fällen neben allgemeiner Stresspotenzierung sogenannte Trigger (Schlüsselreize). Diese Reize sorgen für eine Verschiebung der Zeitfenster und rufen unwillkürlich alte Erinnerungen, Gefühle, Affekte so auf, als würden sie in alter Weise eben noch einmal stattfinden – vergleichbar mit einer alten Datei, die plötzlich durch Anklicken hochgeladen wird und vorne auf dem Bildschirm erscheint. Wird also eine *traumatische Datei* angeklickt, wird altes traumatisches Erleben aktiviert, das dann entsprechende emotionale und affektive Ausbrüche auf der *Bildfläche* zur Folge hat.

Auch wenn es im Zusammenhang mit Traumafolgesymptomatiken niemals gänzlich gelingen wird, das *Trigger-Minenfeld* zu räumen und jeden Trigger zu orten, sollte gemeinsam mit der betroffenen Person eine möglichst genaue Analyse ihrer Trigger durchgeführt werden. Triggeranalysen haben dabei eine doppelte Funktion: Für die professionelle Arbeit ergeben sich daraus für Fachkräfte Anhaltspunkte, wie das pädagogische Miteinander möglichst *minenfrei* zu gestalten ist, beziehungsweise wie sie dafür Sorge tragen können, dass explosives Material weitestgehend ausgeräumt wird. Im Zentrum geht es jedoch darum, dass die betroffene Person durch die Analyse die Schlüsselreize besser kennenlernt, die zu emotionalen Überflutungen führen, und selbstverantwortliche Strategien zum Vermeiden oder zur Neutralisierung entwickeln kann (Peichl 2010). Ziel ist es, sich von Triggern nicht mehr überraschen und überwältigen zu lassen, sondern ihnen etwas entgegensetzen zu können.

In Form einer Tabelle zur Triggeranalyse (siehe Anhang 9) können diejenigen äußeren Auslöser und inneren Bedingungen erfasst werden, die bekanntermaßen bei der jeweiligen Person als Trigger fungieren. Dieses können im Außenraum

- bestimmte Worte,
- Gerüche,
- Situationen oder Bedingungen ebenso wie
- Verhaltensweisen,
- Bewegungen,
- Erscheinungsbilder oder
- Sprechweisen von jemandem sein.

Im Innenraum können bestimmte unwillkürliche

- Gedanken,
- Gefühle oder
- Körperzustände (manchmal als Reaktion auf entsprechende Außenreize) eigene potenzierende Triggerwirkungen haben.

Oft ist es nicht einfach, diese Trigger-Liste ins *Blaue* hinein zu erarbeiten – sie sollte eher prozesshaft entstehen. So können Betroffene die Aufgabe erhalten, sich *detektivisch* auf die Suche zu begeben, ihre Trigger im Alltag wahrzunehmen und in die Liste einzutragen. Dies stärkt zugleich die inneren Beobachter- und Distanzierungsfähigkeiten, wie nachfolgend im sogenannten *Achtsamkeitstraining* beschrieben. Ebenso können explosive Situationen, in denen es zu Affektdurchbrüchen kam, im Nachhinein anhand der Triggeranalyse gut reflektiert werden.

Nach dem Aufspüren und Kennzeichnen der Trigger kann überlegt werden, welche Möglichkeiten jemand hat, um bestimmten Reizen aus dem Weg zu gehen, oder welche Strategien, auch *Skills* genannt, ihm jeweils behilflich sein können, um einen Reiz auszugleichen und den darüber ausgelösten Stress zu regulieren.

Achtsamkeitstraining

Impuls- und Affektdurchbrüche entstehen dort, wo Reize negativ bewertet und verarbeitet werden und eine hohe Verschmelzung mit den dabei entstehenden Empfindungen stattfindet. Der Reiz übernimmt quasi die Kontrolle über die Person und diese empfindet sich als Marionette ihrer Emotionen. In der buddhistischen Meditationstradition wird das Beherrschen der eigenen Empfindungen dadurch erlernt, dass Gefühle, Gedanken und Geschehnisse durch eine neutrale innere Instanz (innerer Beobachter, Kernselbst) beobachtet statt bewertet werden. „Wenn wir einen Gedanken genau benennen, nehmen wir Abstand von ihm, wir lösen unsere Identifikation mit ihm auf“ (Beck 2002, 52).

Ebenso ist es mit unseren Gefühlen. Es geht also im Grunde darum, selbstgesteuerte dissoziative Prozesse einzuleiten, die eine Distanz zum Erleben ermöglichen und somit die Intensität des Gefühls deutlich herabsetzen. Viele versierte TraumaexpertInnen empfehlen deshalb das sogenannte Achtsamkeitstraining als gute präventive Übung, um sich nicht von Situationen und Gefühlen einnehmen zu lassen. Achtsamkeitstraining sollte dabei – ähnlich wie schon in Bezug auf imaginative Ressourcen beschrieben – zunächst als regelmäßige Alltagsübung trainiert werden. Dazu können *Achtsamkeitsspaziergänge* (Reddemann/Dehner-Rau 2008) dienen, bei denen während des Spazierengehens alles bewusst wahrgenommen und/oder sich selbst beschrieben wird: Was tue ich? Was sehe ich? Was denke ich? Ebenso können Atembeobachtungen oder Selbstbeobachtungen von Bewegungsabläufen die Achtsamkeit trainieren. Entscheidend ist es, volle Aufmerksamkeit im Hier und Jetzt herzustellen, ohne sich von inneren Prozessen überschwemmen zu lassen und ohne dabei abzudriften.

Ist es jemandem so grundsätzlich möglich, die Kontrolle über seine Wahrnehmung zu gewinnen, kann Achtsamkeit im Sinne gezielter Selbstbeobachtung auch in Stresssituationen genutzt werden. Ziel wäre es dann, die in Stresssituationen anflutenden Gefühle dissoziiert beobachten, wahrnehmen und beschreiben zu können. Dabei geht es nicht darum, ein Gefühl *wegzumachen*, sondern sich ihm in freundlicher Akzeptanz zuzuwenden, ohne ihm die Kontrolle zu übergeben. Aus der Gewaltprävention wissen wir, dass alleine das Erhöhen aufmerksamer Präsenz den Ausbruch von Gewalt häufig verhindert. Möglicherweise kann eben auch das Erhöhen innerer Präsenz uns selbst gegenüber den *gewaltigen Prozessen* in uns Einhalt gebieten.

Weitere Anleitungen und Informationen zu Achtsamkeitsübungen:

- Kabat-Zinn (2007): Gesund durch Meditation. Das große Buch der Selbstheilung. Fischer, Frankfurt
- Thich Nhat Hanh (2004): Jeden Augenblick genießen. Übungen zur Achtsamkeit. Herder, Freiburg

- Reddemann/Wetzel (2011): Der Weg entsteht unter deinen Füßen. Kreuz, Freiburg

Katastrophenschutz – Strategien zur Distanzierung und Selbstberuhigung

Gute Triggeranalysen und Vorübungen in gezielter Aufmerksamkeitslenkung wie durch das beschriebene Achtsamkeitstraining bilden gute Voraussetzungen, in akuten Stresssituationen proaktiv zu bleiben. Im Folgenden sollen einige weitere Strategien im Sinne eines *Handwerkskoffers* benannt werden, die dazu beitragen können, dass starke Erregungszustände durch Distanzierung und Selbstberuhigungsmaßnahmen von den Betroffenen selbst überwunden werden können. Die Möglichkeit, Selbstkontrolle über eine Situation oder ein Gefühl zu gewinnen, ist ein wesentliches Element der Selbststärkung.

Im abschließenden Teil dieses Kapitels werden darüber hinaus einige Methoden erläutert, die Fachkräfte nutzen können, um Menschen in emotionalen Überflutungssituationen bei der Re-Stabilisierung zu unterstützen.

Atemübungen

Viele emotionale Äußerungen sind begleitet von unwillkürlichen Atemmustern (Schluchzen beim Weinen, Luftanhalten bei Schreck). In hohen Erregungszuständen wird der Atem flach und schnell. Durch diese Form der Atmung werden dem Körper Kohlenstoffdioxid und Kalium entzogen, was die nervöse Unruhe und den Erregungszustand weiter ansteigen lässt (Fischer 2011). Eine gute Möglichkeit, Einfluss auf die physiologisch ablaufenden Stressmuster zu nehmen, sind gezielte Atemübungen.

Atemübung 1

Atmen Sie tief durch die Nase ein und möglichst langsam und langgezogen durch den gespitzten Mund wieder aus. Sie können ohne Weiteres 30 bis 60 Sekunden lang ausatmen. Diese Übung sollte möglichst zehn Minuten lang durchgeführt werden und in regelmäßigen Abständen wiederholt werden, bis die beruhigende Wirkung zu spüren ist (Fischer 2011).

Atemübung 2
Die sogenannte Schlürfatmung funktioniert, in dem die Lippen gespitzt werden, als ob man einen Strohhalm umschließen würde. Durch diesen Strohhalm soll nun die Luft langsam, tief und genussvoll mindestens sechs Mal hintereinander eingesogen und langsam wieder herausgelassen werden. Die Schlürfatmung sorgt dafür, dass die Luft wohldosiert in den Körper gerät und so zur Entspannung beitragen kann (Croos-Müller 2011).

Körperübungen

Grundsätzlich hilfreich ist es, in Stresssituationen für Bewegung zu sorgen, um den entstehenden Energiestau abzubauen und zum Spannungsabbau beizutragen. Neben den üblichen Möglichkeiten wie aufstehen, die Sitzposition verändern, gehen, hopsen, springen oder laufen hier einige weitere Anregungen, die sich in der Praxis bewährt haben.

Körperübungen
- mit den Füßen stampfen
- Arme schwingen
- ausgiebiges Dehnen und Strecken
- vor sich hin summen
- beide Hände an den Fingerspitzen mehrfach fest zusammendrücken
- Handflächen gegeneinander stemmen und/oder
- sich sitzend auf den Armlehnen eines Stuhles mehrfach hochziehen

Ablenktechniken

Als gute Stressregulationsmaßnahmen haben sich sogenannte Ablenktechniken erwiesen. Diese können in Triggersituationen dazu beitragen, das innere Stressbarometer wieder abzusenken. Ablenktechniken sind gezielte Maßnahmen, um die eigene Aufmerksamkeit bewusst auf etwas anderes umzulenken. Ähnlich den Achtsamkeitsübungen geht es hier darum, Einfluss auf die inneren Wahrnehmungsprozesse zu gewinnen. Gezielte Ablenktechniken sind dafür da, das Gehirn von denjenigen Inhalten abzubringen, die stressauslösend wirken.

Ablenktechnik
Gezielte Ablenkung kann zum Beispiel darüber erfolgen, dass jemand anfängt, intensiv den Raum um sich herum wahrzunehmen, und sich vorstellt, er solle jemandem alles beschreiben, was sich in diesem Raum befindet und wie es genau angeordnet ist. Statt eines ganzen Raumes kann hier auch ein Gegenstand fokussiert werden, beispielsweise eine Uhr oder ein Bild an der Wand, die nun detailliert betrachtet werden. Noch einfacher geht es, sich im Raum ein Muster zu suchen und darauf Zählaufgaben zu entwickeln. Wie viele Karos hat der Teppich? Wie viele Kacheln die Küchenwand? Wie viele Punkte die Raufasertapete? Diese Übung kann so lange durchgeführt werden, bis die innere Erregung nachlässt.

Skills, Notfallliste und Notfallkoffer

Der Begriff *Skills* bedeutet *Fähigkeiten* und bezeichnet in der Traumaarbeit Aktivitäten, die dazu geeignet sind, extreme und unangenehme Gefühle besser ertragen und umleiten zu können (Striebel 2008). Skills können nicht während einer unerträglichen Situation erfunden werden. Sie sollten vorab mit der betroffenen Person als Notfallprogramm entwickelt werden, auf das sie zurückgreifen kann, wenn intensives Stresserleben, Flashbacks oder andere dissoziative Zustände auftreten. Skills sind demnach Handwerkszeuge, die im Rahmen von Selbstbefähigung Folgendes ermöglichen können:

- eine Akutphase überwinden,
- Selbstverletzungsdruck abwenden und
- von suizidalen Gedanken ablenken.

Welche Skills diesbezüglich geeignet sind, ist sehr unterschiedlich. Das Entwickeln von Skills ist dementsprechend ein individueller, kreativer Prozess, in dem über Erproben diejenigen Aktivitäten herausgefunden werden können, die sich persönlich und situativ (nicht jeder Skill ist für jeden Zustand gleichermaßen geeignet) als wirkungsvoll erweisen. Die folgende Auswahl von Skills soll als Anregungsgrundlage dienen. Sie wurden teils aus vielfältiger Fachliteratur übernommen und teils in der Praxis gemeinsam mit Betroffenen entwickelt und erprobt.

Zufügen starker Sinnesreize auf den verschiedenen Sinneskanälen

- taktil-kinästhetisch (Tastsinn): mit einem Eiswürfel auf den Armunterseiten entlang streichen, einen Igelball kneten oder über die Haut rollen, ein Gummiband auf die Haut schnipsen lassen, sich mit einer Bürste abrubbeln, heiß oder kalt duschen oder baden
- gustastorisch (Geschmacksinn): etwas Scharfes (Meerettich, Chili, Senf, Fisherman extra stark), Bitteres (pure Kräuter, Muskatnuss) oder Saures (Ascorbinsäure, Zitrone) auf die Zunge legen
- olfaktorisch (Geruchsinn): einen scharfen oder beißenden Geruch (zum Beispiel Ammoniak oder Essig) einatmen
- auditiv (Hörsinn): laute, schrille, disharmonische Geräusche, Töne, Klänge, Musik hören oder produzieren

Derartige Skills ermöglichen meist eine schnelle Reorientierung und sind insofern als einleitende Stressreduzierungsmaßnahmen oft hilfreich.

Achtsamkeits- und Ablenk-Skills

Hiermit sind all jene Aktivitäten gemeint, die dazu beitragen können, durch Fokussieren und Aufmerksamkeitsverschiebung den Gegenwartsbezug wieder herzustellen.

Achtsamkeits- und Ablenk-Skills können sein

- Zählübungen: von 100 in 7er Schritten rückwärts zählen oder eine Strecke abschreiten und dabei Schritte zählen

- persönliche Reorientierung: sich selbst laut beschreiben, wie man heißt, wie alt man ist und wo man sich gerade befindet
- bewusstes Essen: das langsame Lutschen einer Rosine oder eines Dauerlutschers
- lautes Sprechen: das Beschreiben von Wahrnehmungen (vier Dinge, die ich sehe, vier Dinge, die ich höre; dann wieder drei Dinge, die ich sehe, höre, dann zwei, dann eins (Peichl 2010, 74)
- Atemübungen: bewusstes Ein- und Ausatmen (wie zuvor beschrieben)
- Schreibübungen: Abschreiben eines Textes oder Gedichts aus einem Buch
- Zeichenübungen: ein Muster auf einem Rechenpapier erstellen

Ressourcen-Skills

Ressourcen-Skills beinhalten all jene Aktivitäten und positive Anker (→Kap. 2.4), die die betroffene Person schnell ablenken beziehungsweise mit positiven Energien oder Erinnerungen in Verbindung bringen.

Mögliche Ressourcen-Skills

- ein Kraftlied hören
- einen Lieblingsduft (Parfüm, Aromaöl) einatmen
- ein Erinnerungsfoto anschauen
- sich eine Lieblingsgeschichte laut vorlesen
- ein Lieblingsessen zubereiten
- einen Heilstein erfühlen
- eine Imaginationsübung durchführen
- einen geliebten Menschen anrufen
- ein Kuscheltier festhalten und bewusst streicheln
- ein Mandala ausmalen
- ein warmes Bad nehmen oder
- einen Spaziergang machen

Alltags-Skills

Manchmal kann es hilfreich sein, gewisse Alltagsaktivitäten und routinierte Abläufe als Skills zu nutzen.

Folgende Tätigkeiten können Alltags-Skills sein

- Geschirr abwaschen
- T-Shirts bügeln
- die Badewanne schrubben
- einen Geschirrschrank ein- und ausräumen
- alle Schuhe putzen
- sich am ganzen Körper einölen oder
- sich einmal vollständig umziehen

In der Arbeit mit den Skills geht es zunächst einmal darum, im Brainstorming mit jemandem Ideen zu sammeln, was mögliche Skills sein könnten. Hilfreich ist es dann, zunächst entlang der Triggeranalyse zu überlegen, welche Skills in welchen Situationen schnell greifen und situationsgerecht (also auch alltagskompatibel) angewendet werden könnten (Schreien kann zwar ein guter Skill sein, kann aber im öffentlichen Raum ungünstige Nebenwirkungen haben). Darüber hinaus ist es hilfreich, sowohl eine **Notfallliste** als auch einen **Notfallkoffer** zu erarbeiten.

Notfallliste

Um in komplexen Stresssituationen nicht erst überlegen zu müssen, welche Skills helfen können, hat es sich in der Praxis bewährt, vorab eine Notfallliste anzufertigen.

Anlegen einer Notfallliste

Diese Liste kommt immer dann zum Einsatz, wenn über einzelne Skills nicht genügend Beruhigung hergestellt werden kann. Sie ist gedacht als Stressabbau-Stufenplan. Es werden hierbei zehn Aktivitäten hierarchisch untereinander geschrieben, die die Person in umfassenden Stresssituationen Schritt für Schritt nacheinander durchgeht und umsetzt. Vorteil dieser Liste ist, dass sie zum einen schnelle Orientierung gibt und zum anderen über einen längeren Zeitraum und damit dosiert Wirkung erzeugen kann. Die Liste sollte so konkret wie möglich sein, also beinhalten, z.B. welche Schokolade genau gegessen wird oder welche Freundin angerufen werden soll.

Notfallkoffer

Um möglichst schnellen Zugriff auf einige Gegenstände zu haben, die als Skills fungieren können, ist es hilfreich, einen Notfallkoffer anzulegen, in dem eine Auswahl der erarbeiteten Skills und vor allem der für den Notfallplan benötigten Materialien vorhanden ist.

Zusammenstellen eines Notfallkoffers
Es gilt, das entsprechende Aromaöl, den Lieblingspudding, die Ressourcen-CD oder die Telefonliste mit wichtigen Rufnummern in diesem Koffer jederzeit parat zu haben. Darüber hinaus kann es hilfreich sein, als kleine *mobile Version* ein *Notfalltäschchen* zu haben, in dem zwei bis vier kleine Skills für unterwegs zusammengestellt sind (z.B. Schnippsgummi oder ein *Skilllied* auf dem MP3-Player).

Skills, Notfalllisten und Notfallkoffer sollten mit den Betroffenen regelmäßig überprüft werden. Ebenso wie sie prozesshaft entwickelt werden müssen, nutzen sie sich in der Anwendung auch ab und verlieren ihre Wirkung. Skills sollten also regelmäßig im Rahmen der individuellen Hilfeplanung reflektiert und modifiziert werden.

Weitere Anregungen zum Thema Skills:

- www.borderline-forum.net
- www.skillsshop.ch
- Knuf/Tilly (2011): Borderline: Das Selbsthilfebuch. Balance, Bonn

Hilfreiche Imaginationen

Für **Imaginationsgeübte** können auch einige Imaginationsübungen oder Visualisierungstechniken zur Stressreduzierung beitragen. Neben den bereits in →Kap. 2.4 dargestellten Übungen zu sicheren Orten und inneren Helfern eignen sich zur Distanzierung besonders gut die mehrfach in der Trauma-Literatur beschriebene

- **Tresorübung** und
- **Fernbedienungstechnik.**

Tresorübung

Bei der Tresorübung geht es darum, sich imaginativ einen „Aufbewahrungsbehälter für belastete Erinnerungen" (Besser 2008, 80) zu entwickeln. Es wird also ein Platz geschaffen, der dafür geeignet ist,

> *„was einen belastet, erst einmal wegzupacken. Da man aber weiß, dass man es noch einmal betrachten will, gibt man es in den Tresor. Dort ist es sicher aufbewahrt und kann so lange dort bleiben, bis man sich damit beschäftigen kann oder will. Man stellt sich einen Tresor vor, und dort kann man dann Bilder, innere Filme, alles Unangenehme, mit dem man im Moment nicht fertig wird, erst einmal deponieren."* (Reddemann 2010, 51)

Folgende Übung kann die Tesorsuche unterstützen.

Finden eines Tresors
Ein Tresor kann dabei für jeden etwas ganz anderes sein: eine vergrabene Kiste unter der Erde, ein Container oder eine Aufbewahrungsschachtel, die irgendwo in der Ferne an einem Ort oder bei einer Person liegt. Im Rahmen von Imaginationsübungen kann dieser Ort individuell ausgeschmückt werden, um dann in Akutsituationen aufgerufen werden zu können, um sich aufdrängende Bilder darin verwahren zu können.

Insgesamt erscheint die Metapher des Tresors wirkungsvoll und kann manchmal auch in vereinfachter Form ohne vorherige intensive Übung als hilfreiches Bild in eine belastende Situation eingeführt werden. „Stell dir mal vor, du packst jetzt alles, was gerade an unangenehmen Gefühlen und Bildern ist, in einen Tresor. Stell dir vor, wie du es darin ablegst, wie du die Tür schließt …“

Fernbedienungsübung

Ebenfalls als gute Distanzierungstechnik eignet sich das Einführen einer Fernbedienung (Besser 2008). Das Bild der Fernbedienung ist gedacht als Symbol dafür, Einfluss auf sein *inneres Programm* nehmen zu können.

Vorstellung einer Fernbedienung

Die Imagination bezieht sich darauf, innere Filme auf eine Leinwand oder einen Fernseher zu produzieren. Damit wird zunächst Distanz hergestellt. Im nächsten Schritt geht es darum, dass die Person sich vorstellt, eine Fernbedienung in ihrer Hand zu halten, mit der sie Einfluss nehmen kann. Sie kann also den Film schneller laufen lassen, stoppen, den Ton lauter oder leiser stellen und den Ausknopf betätigen. In meiner Arbeit mit der Fernbedienungstechnik gerade mit Kindern und Jugendlichen hat es sich als unterstützend erwiesen, eine derartige Fernbedienung nicht nur zur visualisieren, sondern sie materiell zu erstellen oder eine ausgediente Fernbedienung dafür zu nutzen. Alleine das Ausarbeiten und Überlegen, welche Knöpfe für was gelten, wirkt vorab als gute Ressource gegenüber plötzlich eingeschalteten Programmen. Ein wichtiges Element ist meines Erachtens dabei, Programmknöpfe zum Umschalten zu belegen. Da das Gehirn sich eben nicht mit nichts beschäftigen kann, ist das Ausschalten eher schwierig und die Filme tauchen schnell wieder auf. Wechselt man jedoch das Programm, ist es möglich, dass ein unangenehmer Film verschwindet. Es werden also auf der Fernbedienung einzelne Programmknöpfe festgelegt, die jeweils zu einem programmierten Film führen. In der Vorarbeit kann dann das Ablaufen und Betrachten der Filme – bei Knopfdruck der Taste 1 ein Ausschnitt aus Pippi Langstrumpf oder bei Knopfdruck der Taste 3 ein wunderschöner Ausflug mit einer Betreuerin – geübt werden.

Je präsenter und detaillierter diese Filme besprochen wurden, desto besser werden sie in Akutsituationen abrufbar.

KatastrophenhelferInnen – Unterstützung bei Reorientierung und Stressregulation (Handwerkszeug für HelferInnen)

Einige Flashbacksituationen führen zu einer vollständigen Zeitreise der betroffenen Person. Das bedeutet, dass ein komplexer Kontrollverlust stattfindet. Die Person empfindet und verhält sich vollständig so, als wäre sie jetzt in der realen alten Situation. Sämtliche Realitätsbezüge ihrer jetzigen Identität (Wer bin ich?, Wie alt bin ich?) und ihrer Umgebung (Wo bin ich?) sind abhanden gekommen. Es ist, als ob jemand den Kinosaal verlässt und ähnlich wie in Woody Allens Film ‚Purple Rose of Cairo' zum Protagonisten und Akteur des laufenden (alten) Films wird.

Komplexe Flashbacksituationen sind daran erkennbar, dass Menschen stark dissoziert wirken, sich körperlich in hoher Erregung (Zittern, Schwitzen) oder völliger Erstarrung (wie unter Schock) befinden und/oder Verhaltensweisen äußern, die objektiv betrachtet situationsunangemessen erscheinen wie

- wildes Um-sich-Schlagen,
- sich unter einem Tisch verstecken,
- hysterisches Schreien und Rufen oder
- zur Salzsäule erstarren.

Hier ist notwendig, zunächst für Reorientierung zu sorgen. Der folgende Stufenplan enthält einige Anregungen, die von vielen Fachleuten und Betroffenen so oder ähnlich als hilfreich beschrieben werden.

Stufenplan zur Reorientierung

1. *Kontaktaufnahme*: Aus der Distanz heraus (um den Anderen nicht zu erschrecken) Kontakt aufnehmen, indem sich der Person kurz vorgestellt wird: „Ich bin …".
2. *Orientierung*: Kurze Mitteilung darüber, wo sich jemand befindet: „Du bist hier in Sicherheit. Es ist heute der 23.10.2011 und wir sind im Wohnzimmer der Jugendwohnung in der Amselstraße 5."

3. *Aktivierung*: Danach kann versucht werden, die Person zu aktivieren, indem leicht verständliche Aufforderungen gegeben werden („Versuch mal, so gut du kannst, die Augen zu öffnen, deine Hände zu bewegen …").
4. *Weitere Aktivierung*: Ist die erste Aktivierung gelungen, ist es hilfreich, die Person aufzufordern, sich im Raum umzusehen und beispielsweise eine vorgegebene Zahl an Gegenständen zu benennen.
5. *Selbst-Reorientierung*: Zur Selbst-Reorientierung kann die Person nun noch einmal gefragt werden, wie sie heißt, wie alt sie ist und ob sie weiß, wo sie sich befindet.
6. *Aufklärung*: Dann erfolgt ein kurzes Aufklären des Anderen, dass er gerade einen Flashback hatte und dabei in einem alten Film war.
7. *Kontakt halten*: Dann erfragen, ob es möglich ist, Blickkontakt aufzunehmen und den Kontakt zur Person halten.

Nach dieser Phase der Reorientierung ist es meist unerlässlich, weitere Maßnahmen zur Stabilisierung und Stressregulation einzuleiten. Gut ist es, wenn im Rahmen von Hilfeplanung für derartige Situationen Strategien zuvor abgesprochen wurden. So können zur Unterstützung Skills von der Fachkraft eingesetzt oder angeregt werden, die beiden in einer derartigen Situation gleichermaßen (Handlungs) Sicherheit vermitteln.

2.8 Erste Hilfe bei Akuttrauma

In sozialpädagogischen Handlungsfeldern bedeutet die Arbeit mit Traumatisierungen zumeist die Auseinandersetzung mit langfristigen Traumafolgestörungen, die vor dem Hintergrund sequenzieller und/oder komplexer Traumatisierungen entstanden sind. Demgemäß stellen die in diesem Kapitel bisher aufgezeigten Leitlinien traumabezogener Interventionen Gerüst und Handwerkszeug, um diesbezüglich für Stabilisierung und heilsame Entwicklungsprozesse sorgen zu können.

Gleichwohl werden professionelle HelferInnen aber auch mit Situationen konfrontiert, in denen das traumatische Ereignis nicht in der Vergangenheit der Betroffenen liegt, sondern akut durch

- einen Unfall,
- ein Gewalterlebnis,

- den plötzlichen Verlust eines nahen Menschen oder
- die Zeugenschaft einer Katastrophe

ausgelöst wird. In einigen Tätigkeitsfeldern Sozialer Arbeit ist die Gefahr für Akuttraumatisierungen zusätzlich erhöht, da die Zielgruppen aufgrund

- sozialer Umstände,
- persönlicher Lebenslagen oder
- Verhaltensweisen

ein deutlich potenziertes Risiko haben, in traumatisierende Situationen zu geraten.

Um auf diese Geschehnisse vorbereitet zu sein und Betroffene oder Angehörige angemessen unterstützen zu können, sollen in diesem Abschnitt als Ergänzung zu den vorherigen dargestellten rehabilitativ wirksamen Interventionen Anregungen für die *Erste-Hilfe-Versorgung* in der Akutphase gegeben werden.

Grundsätzlich sind viele Menschen in der Lage, sich vor allem von einem Monotrauma im Rahmen eigener Selbstheilungsprozesse gut zu erholen. Aber auch bei Menschen, die nicht erstmalig, sondern erneut traumatischem Erleben ausgesetzt sind, bietet die erste Phase nach einer Traumatisierung gute Möglichkeiten dazu, den regenerativen Kräften im Menschen heilsame Unterstützung zu leisten. Eine angemessene Akutversorgung enthält gute Chancen, dass eine normale akute Belastungsreaktion abklingen kann, ohne in eine klassische chronifizierte oder verspätete Posttraumatische Belastungsstörung (PTBS) überzugehen (→Kap. 1.2). Das Hauptziel helfender Interventionen unmittelbar nach einem Trauma liegt in der Unterstützung der Selbstheilungskräfte der Betroffenen. Das kann durch das Schaffen von Sicherheit und Beruhigung auf den physischen und psychischen Ebenen erreicht werden.

Schockphase

Die Schockphase tritt meist unmittelbar nach dem traumatischen Erleben auf und dauert zwischen wenigen Minuten und einigen Stunden bis Tagen.

Im Akutzustand sind Schockanzeichen an bleicher Hautfarbe,

schneller und flacher Atmung, starkem Zittern, leerem Blick, Verwirrtheit, Schwindel, Übelkeit oder Erstarrung zu erkennen (Fischer 2007; Krüger 2007). In diesem Zeitraum geht es primär darum,

- Präsenz zu signalisieren („Ich bin da!“),
- gegebenenfalls für Reorientierung zu sorgen (jemanden aufzuklären, wer er ist, wo er sich befindet und wer man selbst ist, ihm mitzuteilen, dass er in Sicherheit ist oder Hilfe erwartet wird),
- die oder den Betroffene/n aufzuklären, dass Körperphänomene wie Zittern und hemmungsloses Weinen ganz normale und gesunde Reaktionen sind, die dem Körper jetzt helfen, den Stress abzubauen („Es ist alles in Ordnung!“),
- für Ruhe und Wärme zu sorgen (ihm oder ihr eine Decke umzulegen, ein heißes Getränk anzubieten, ihn oder sie zum Hinsetzen/Hinlegen aufzufordern) und
- eine reizarme Umgebung herzustellen.

Oft ist körperliche Berührung als beruhigendes Signal hilfreich, sie sollte aber zuvor angekündigt werden beziehungsweise um Erlaubnis hierzu gefragt werden.

Entscheidend ist in dieser Situation, ein ruhiges, sicheres Auftreten der helfenden Person, um weitere Verunsicherungen und Verängstigungen zu vermeiden. Insgesamt gilt: „Die Nähe von Bezugspersonen ist in der Regel die beste Medizin!“ (Krüger 2007, 116).

Stressmanagement in den ersten 4–6 Wochen

Nach dem Abklingen der ersten Schocksymptomatiken zeigt sich bei vielen Menschen über Stunden und Tage bis hin zu vier bis sechs Wochen eine **akute Belastungsreaktion**, einhergehend mit intensiven Übererregungszuständen, Schlaflosigkeit/Albträumen, starken emotionalen und affektiven Durchbrüchen, die zwischen intensiver Trauer und extremer Wut schwanken, erhöhter Schreckhaftigkeit oder intensivem Grübeln (→Kap. 2.3). Auch in dieser Phase geht es insbesondere um das Signal von Sicherheit, das Anbieten verlässlicher Beziehungspräsenz sowie um nachhaltige Fürsorge für Körper, Geist und Seele.

Ruhe und Schlaf

Ruhe ist die Voraussetzung, um unsere „spontanen und körpereigenen Prozesse“ zum Einsatz zu bringen (Fischer 2011, 31). In den ersten drei Tagen ist der Schlaf die entscheidende Quelle, aus der der Körper Kräfte zur Regeneration entwickeln kann. Entsprechend gilt es, alles zu unterstützen, was der/dem Betroffenen dazu verhilft, sich auszuruhen und in möglichst lange Schlafphasen einzutreten. Unterstützend können hier auch pflanzliche Beruhigungsmedikamente oder medizinisch verordnete leichte Schlafmittel sein.

Bewegung und Ernährung

Korritko und Pleyer zitieren in ihrer Veröffentlichung zu traumatischem Stress das Ergebnis einer amerikanischen Untersuchung. In ihr hatten Menschen, die Opfer der Terroranschläge am 11. September 2001 in New York City geworden waren, angegeben, dass vor allem Massage, Akupunktur und Jogging ihnen geholfen hatten, die Ereignisse der Katastrophe zu bewältigen (Korritko/Pleyer 2010).

Mit diesem Ergebnis wird die herausragende Bedeutung des Körpers im Zusammenhang mit traumatischem Erleben noch einmal sehr offensichtlich. Die in der *traumatischen Zange* aktivierten Notfallprogramme hinterlassen akut und langfristig ihre Spuren auf den Körperebenen. Zur Bewältigung der traumatischen Situation produziert der Körper hochdosiert Adrenalin, Noradrenalin und Cortisol. Diese dienen der Energieaufladung und führen zu einer maximalen Aktivierung des gesamten Organismus mit entsprechender Anspannung der für Flucht- oder Kampfhandlungen notwendigen Muskulatur. Da diese aber im Trauma zu unterbrochenen Handlungen werden, bleiben sie quasi im Organismus stecken (Fischer 2011). Der Körper verbleibt somit in extremer Übererregung und Anspannung, als wäre die Gefahr noch nicht vorüber, und signalisiert die ständige Bereitschaft, erneut auf die traumatische Situation zu reagieren. Diese grundsätzliche Dysregulation des Körpers ist im akuttraumatischen Zustand extrem ausgeprägt. Entsprechend ist Erste Hilfe auf der Körperebene besonders wirkungsvoll und kann Menschen dabei helfen, ihr inneres Gleichgewicht wiederzuerlangen. Besonders geeignet sind Bewegungsaktivitäten wie

- Laufen,
- Gehen,
- Traben oder
- Radfahren,

die ohne größere Anstrengung dem Körper signalisieren, dass er sich in Freiheit befindet und die Gefahr vorüber ist (Fischer 2011). Gleichzeitig findet bei derartigen Bewegungsabläufen eine gleichmäßige Stimulierung der rechten und linken Hirnhälfte statt. Dieser Prozess hilft, die in der traumatischen Situation heruntergefahrene linke Gehirnhälfte, die zur Verarbeitung des Erlebten erforderlich ist, wieder in Betrieb zu nehmen und die durch die Amygdala (Alarmzentrum) stark übererregte rechte Hirnhälfte zu entlasten und *herunterzufahren*.

Auch gezielte Atemaktivitäten können die Körperregulation positiv beeinflussen. Gezieltes Gähnen beispielsweise kann dem Körper bei der Spannungsregulation helfen, da sich beim Gähnen die Muskulatur ausdehnt und somit Bewegung und Entspannung zur Verfügung gestellt werden, die Anspannungen regulieren können. Ebenso können alle Atemtechniken, wie sie in Kap. 2.7 dargestellt wurden, in dieser Phase nützlich sein.

Um das durch ein Trauma erschütterte Fundament wieder zu stabilisieren, braucht der Körper gute Nährstoffe. Ausgewogene Nahrung ist der *Schmierstoff* für das reibungslose Funktionieren der physischen und psychischen Abläufe. Sie ist die Voraussetzung für das biochemische Gleichgewicht des Körpers, von dem aus somatische und emotionale Prozesse gesteuert werden. Unmittelbar nach einem traumatischen Erleben ist dieses Gleichgewicht im Körper normalerweise durcheinander geraten. Fischer weist daraufhin, dass eine „gravierende Folge des Traumas die Überhöhung der Säurewerte im Blut ist“ (Fischer 2011, 93). Entsprechend empfiehlt er neben der Reduktion aller säure- und giftanreichernden Lebens- und Genussmittel (Alkohol, Tabak, Zucker, Kaffee, Fleisch) vor allem eine basische Ernährung (Kartoffeln, Gemüse, Obst), um die körpereigene Abwehr zu unterstützen (Fischer 2011).

Aufklärung und Resonanz

Auch in der Akutphase ist Psychoedukation wichtig. Dabei geht es weniger um eine vertiefte Aufklärung über Traumafolgestörungen im Allgemeinen als vielmehr um Normalisierung und Entängstigung bezüglich der Akutsymptomatiken. Betroffene, die unter den Symptomen einer unmittelbaren posttraumatischen Stressreaktion leiden, brauchen vor allem die Information, dass ihre Symptome normale, vorübergehende Stresssymptome sind, die dem Körper helfen, das Erlebte zu verarbeiten. Dabei ist es bedeutsam, darüber aufzuklären, dass die meisten Menschen sich spätestens nach vier bis acht Wochen von traumatischem Erleben erholen (Korritko/Pleyer 2010, 70).

Sachliche Erklärungen mit kurzer Darstellung der neurobiologischen Abläufe helfen beim Einordnen und geben dem Gegenüber das Gefühl, dass alles normal und somit unter Kontrolle ist. Anregungen, was der Betroffene selbst tun kann, um zur Verbesserung der Symptomatik beizutragen (Schlaf, Ernährung, Bewegung, Atmung), unterstützen den Stabilisierungsprozess, da sie das Gefühl des Ausgeliefertseins zugunsten von erlebter Einflussnahme verändern können. Wichtig ist es, deutlich zu machen, dass die aktuellen Anzeichen in keinster Weise Hinweise auf eine Pathologie (Krankheit) oder eine sich entwickelnde langfristige Störung sind. Auch verfrühte Anregungen wie der Vorschlag, zu einem Therapeuten zu gehen, führen in dieser Phase eher zur Verunsicherung als zur Stabilisierung.

Unterstützend wirkt neben der kognitiven Aufklärung emotionale Zuwendung in Form von guter Resonanz. Dazu gehört, denjenigen, die nach dem Trauma das Bedürfnis haben zu erzählen, aufmerksam zuzuhören, Verständnis und Anteilnahme zu signalisieren, ohne jedoch in intensives, detailliertes Nachfragen zu gehen. Einige Menschen mögen oder können zunächst nicht erzählen, was sie erlebt haben und was in ihnen vorgeht. Hier ist es wichtig, sie nicht mit Fragen zu bedrängen, aber gegebenenfalls Angebote zu machen, die die Sprachlosigkeit überwinden können. Dazu kann es gehören, dem Innenleben des Anderen Worte zu geben, indem auf der Grundlage von Traumawissen Vermutungen geäußert werden, wie es demjenigen geht und was vielleicht gerade in ihm vorgeht. Hier gilt es, gut portionierte Angebote zu machen, um den Anderen nicht zu überfordern oder zu überfluten.

Neben diesen Basisansätzen sollte der äußere Rahmen möglichst viel Sicherheit bieten (→Kap. 3.1). Immanent ist hier die Ritualisierung von Tages- oder Wochenabläufen, also das Bemühen, vertraute Alltagsstrukturen (soweit bewältigbar) beizubehalten. Gleichzeitig sollte die oder der Betroffene die Möglichkeit erhalten, alles, was, in seinen/ihren Möglichkeiten steht, selbst zu machen. Äußere Unterstützung dazu anzubieten, ist grundsätzlich wichtig und hilfreich. Überfürsorge führt jedoch dazu, dass das im Trauma verletzte *Selbstwirksamkeits- und Handlungskompentenzerleben* sich nicht regenerieren kann. Ein primäres Ziel in dieser Phase muss es sein, dass die betroffene Person schnellstmöglich ihre Selbstermächtigung zurückerlangt. Dies kann nur gelingen, wenn die unterstützenden Personen ein sensibles Angebot zwischen Unterstützung und Ermutigung zur Verfügung stellen.

Diese Ermutigung zur Eigenaktivität kann sich auch auf Tätigkeiten richten, in denen sich der Mensch kreativ und gestaltend erlebt. Alle Aktionen, die die Möglichkeit bieten, sich auszudrücken (schreiben, malen, musizieren, tanzen) oder die eigene Schaffenskraft zum Ausdruck bringen (backen, tonen, sortieren) können hier – entlang der eigenen Ressourcen – förderlich sein. Für Kinder befindet sich dieser kreative und gestaltende Raum oft in der Möglichkeit des Spielens.

Korritko und Pleyer (2010) weisen darauf hin, dass Betroffene vielfach die Erfahrung machen, dass in der ersten Zeit unmittelbar nach dem traumatischen Ereignis viel soziale Zuwendung vorhanden ist. Allerdings ändert sich dies meist nach zwei bis drei Wochen. Angehörige, aber auch Helfer erleben sich jetzt zunehmend hilflos und reagieren den Betroffenen gegenüber mit Verharmlosung, Bagatellisierung und *Beruhigungsappellen* bezüglich seiner Nöte. Viele Leidtragenden reagieren darauf, in dem sie möglichst schnell versuchen, soziales Funktionieren herzustellen. Dafür notwendige emotionale Abspaltungen blockieren dabei oftmals den regulären psychischen Verarbeitungsprozess.

Professionelle Hilfen sind in dieser Phase entsprechend notwendig (Korritko/Pleyer 2010), um kompensatorisch noch notwendige Anteilnahme zu leisten, sowie direkten Bezugspersonen und Angehörigen Hilfestellungen und Aufklärung zu bieten. Diese können dazu beitragen, die beginnende Hilflosigkeit abzufangen und die Handlungsfähigkeit zu erweitern.

Weitere Anregungen und Selbsthilfemöglichkeiten für Betroffene und Angehörige:

- Fischer, G. (2011): *Neue Wege aus dem Trauma.* 7. Aufl. Patmos, Ostfildern
- Krüger, A. (2007): *Erste Hilfe für traumatisierte Kinder.* Patmos, Düsseldorf
- Reddemann, L., Dehner-Rau, C. (2007): *Trauma.* 3. Aufl. TRIAS, Stuttgart
- Levine, P. A. (2008b): *Verwundete Kinderseelen heilen.* 4. Aufl. Kösel, München

2.9 Psychotherapeutische Hilfen

Dieses Kapitel will einen Überblick über die zentralen traumatherapeutischen Hilfen geben, die im 21. Jahrhundert zur Anwendung kommen. Damit möchten wir sozialpädagogische Fachkräfte in die Lage versetzen, ihre KlientInnen hinsichtlich geeigneter therapeutischer Angebote zu beraten. Da die Notwendigkeit einer eigenständigen Traumatherapie erst in den letzten beiden Jahrzehnten erkannt wurde und sich daraufhin unterschiedliche Vorgehensweisen entwickelten, verfügen nicht alle der hier vorgestellten Ansätze über eine gleichermaßen gute Forschungslage. Sie beinhalten jedoch umfangreiche klinische Erfahrungen. Eine Zusammenfassung der Wirksamkeitsbelege (Evidenz) befindet sich am Kapitelende.

Traumatherapeutische Konzepte haben sich entweder aus den etablierten Psychotherapieschulen heraus entwickelt – so gibt es sowohl kognitiv-verhaltenstherapeutische Ansätze (TF-KBT – Traumafokussierte kognitiv-behaviorale Therapie) als auch tiefenpsychologische Ansätze (PITT – PsychoImaginative TraumaTherapie) – oder aber gänzlich unabhängig von diesen (EMDR – Eye Movement Desensitization and Reprocessing/Augenbewegungs-Desensibilisierung und Wiederaufarbeitung) beziehungsweise als integrative Ansätze (KIDNET – Narrative Expositionstherapie für Kinder – oder traumazentrierte Spieltherapie). Abgesehen von den ihnen zugrundeliegenden unterschiedlichen Menschenbildern und damit verbundenen Annahmen von Wirkungszusammenhängen unterscheiden sich die Ansätze darin, inwieweit sie den Schwerpunkt auf die Stabilisierungs- oder die Expositionsphase innerhalb des traumatherapeutischen Prozesses legen – wobei grundsätzlich alle Richtungen die Dreiteilung des Therapieprozesses in die Phasen der *Ressourcenaktivierung/Stabilisierung*, der *Traumabearbeitung/-exposition* und der *biografischen Traumaintegration* kennen.

An dem einen Ende der Skala befinden sich Ansätze, die die Notwendigkeit umfangreicher Stabilisierungsarbeit betonen und sie als die eigentliche Traumatherapie verstehen (z.B. PITT). Dabei wird davon ausgegangen, dass eine zu frühe Konfrontation mit dem verdrängten Traumamaterial schädlich ist, die es in jedem Fall zu vermeiden gilt, und dass insbesondere komplex traumatisierte Menschen so tiefgreifend in ihrem Selbstkonzept gestört seien, dass eine Integration der Erlebnisse in den meisten Fällen unmöglich ist.

> *„Eine traumabezogene Therapie ist keineswegs unvollständig, wenn die Traumakonfrontation ausbleibt. Manchmal ist weniger mehr und zwar immer dann, wenn das ‚weise Unbewusste' der Patientin weiß, dass es nicht der richtige Zeitpunkt ist, ‚dem Schrecken zu begegnen' (Reddemann 2002).“* (Appel-Ramb 2008, 149)

Unter bestimmten Umständen kann von einer Integration des traumatischen Materials in das Selbstkonzept und die Biografie in einer Therapie abgesehen werden. Dann ist das Therapieziel viel mehr die erfolgreiche Stabilisierung des/r Patienten/in, der/die damit in die Lage versetzt werden soll, Lebensqualität zurückzugewinnen und das eigene Leben ohne große Einschränkungen weiterführen zu können.

Am anderen Ende des Kontinuums befinden sich Ansätze (EMDR/KIDNET), die die Stabilisierung weniger als eigenständige Therapiephase, denn als notwendige Voraussetzung für die Traumaexposition betrachten. Es wird davon ausgegangen, dass ein Mindestmaß an innerer Stabilität bei den PatientInnen vorhanden sein muss, dass Ressourcenaktivierung und Stabilisierung aber vor allem in der therapeutischen Beziehung entstehen, indem der/die TherapeutIn dem/r Betroffenen als Ressource zur Verfügung steht. Zentral ist, dass er/sie sich sicher fühlt im Umgang mit der Traumaexposition: „Man muss solange stabilisieren, bis der Therapeut stabil ist.“ (Hensel 2011, o.S.)

Auch wenn sich hier kein absoluter Widerspruch ausfindig machen lässt, unterscheiden sich die VertreterInnen der beiden genannten Richtungen doch fundamental in ihrer Einschätzung, was sie ihren traumatisierten PatientInnen zutrauen können. Aus dem

Mund mancher PITT-TherapeutInnen hört es sich so an, als ob bei 95% der Betroffenen eine Traumakonfrontation niemals möglich sein wird und als ob diese auch zur gelingenden Lebensführung nicht automatisch notwendig sei. Hört man einigen EMDR-TherapeutInnen zu, bekommt man eher den Eindruck, dass in 95% der Fälle gar keine explizite Stabilisierung notwendig sei, sondern zügig mit der Prozessierung (Traumaexposition) begonnen werden könne, um die Betroffenen so schnell wie möglich von ihrem Leiden zu erlösen:

> *„Das Trauma ist wie ein Splitter im Finger. Er stört und tut weh. Wenn man ihn entfernt (Traumaexposition), tut es möglicherweise kurz noch ein bisschen mehr weh. Dann hört der Schmerz auf und die Wunde heilt von selbst, wenn der Splitter draußen ist."* (Hensel 2008, 65)

Beide Perspektiven haben etwas bestechend Einsichtiges. Wer wollte dem widersprechen, dass Heilung möglich ist und die Betroffenen ein Recht auf vollständige Heilung haben? Ohne diese grundsätzliche innere Überzeugung entschließt sich wohl niemand, PsychotherapeutIn zu werden. Betroffenen alles anzubieten, was in der eigenen Macht steht, um ihnen zu helfen, sie von ihrem Leiden zu befreien, ist eine ethische Selbstverständlichkeit. Auf der anderen Seite klingt es sehr nachvollziehbar, dass mit Menschen, die bereits Unerträgliches erlitten hatten, ganz behutsam umgegangen werden muss, dass die Schwere ihrer biografischen Erfahrungen gewürdigt werden muss, dass sie nicht weiter gefährdet und möglicherweise retraumatisiert werden dürfen, indem sie dem Heilungsehrgeiz des/r unbedarften TherapeutInnen geopfert werden.

Die unterschiedlichen Perspektiven lassen sich möglicherweise auch mit den unterschiedlichen beruflichen Erfahrungen der jeweiligen TherapeutInnen erklären, was die Traumata ihres Klientels angeht. Vertreterinnen des Stabilisierungsgedankens sind beispielsweise Michaela Huber (2009) und Luise Reddemann (2008a). Beide haben fast ausschließlich mit schwerst-komplextraumatisierten Menschen gearbeitet, die frühkindliche Beziehungstraumata erleben mussten, die sich teilweise in unvorstellbaren Grausamkeiten im Rahmen von ritueller Gewalt fortsetzten. Dass sich die Psyche dabei bis hin zur dissoziativen Identitätsstörung (multiple Persönlichkeitsstörung) aufsplittert und die Schädigungen so schwerwiegend sind, dass sie vollständige Heilung verunmöglichen, ist nachvollziehbar und es macht Hoffnung, dass zumindest eine Stabilisierung erfolgen kann und ein lebenswertes Leben möglich ist. EMDR-TherapeutInnen treffen in ihrer Praxis hingegen auf die ganze Trauma-Bandbreite, angefangen vom Monotrauma durch einen Autounfall bis hin zu frühkindlichen Beziehungstraumata. Dennoch lässt sich der Widerspruch nicht vollständig auflösen, betrachtet man die Erfolge von KIDNET mit schwerst-kriegstraumatisierten Kindern und Jugendlichen, wobei der Ansatz nahezu ohne Stabilisierungsarbeit auskommt.

Im Folgenden sollen die Trauma-fokussierte kognitiv-behaviorale Therapie (TF-KBT), das EMDR (Eye Movement Desensitization and Reprocessing), die Narrative Expositionstherapie für Kinder (KIDNET), die Traumazentrierte Spieltherapie und die Psychodynamisch Imaginative Traumatherapie (PITT) jeweils kurz vorgestellt werden. Bis auf die Spieltherapie, die ein spezifisch kindertherapeutisches Angebot darstellt, kommen alle Ansätze sowohl in der Therapie von Erwachsenen als auch von Kindern und Jugendlichen zum Einsatz. Dabei hat sich das kindgerechte Vorgehen aus der bereits etablierten Vorgehensweise mit erwachsenen PatientInnen entwickelt. Die grundsätzliche Behandlungsmethode und der Ablauf des therapeutischen Prozesses in der jeweiligen Therapierichtung sind also bei Kindern und Erwachsenen vergleichbar. Daher konzentrieren wir uns in diesem Kapitel auf die Beschreibung der Kindervariante. Es folgt eine Übersicht zu der Evidenz der Verfahren (belegte Wirksamkeit). Das Kapitel endet mit einem kurzen Abschnitt zur Pharmakotherapie und zu den Möglichkeiten stationärer Behandlung, insbesondere um sozialpädagogische Fachkräfte dafür zu sensibilisieren, im Bedarfsfall an geeignete Kliniken weiterzuverweisen.

Trauma-fokussierte kognitiv-behaviorale Therapie (TF-KBT)

Die TF-KBT geht von lerntheoretischen Wirkungszusammenhängen aus:

> *„Es wird postuliert, dass das traumatische Ereignis in einem ersten Schritt durch klassische Konditionierung zu einer Kopplung von neutralen Reizen an eine bedrohliche Erfahrung führt. Dies führt dazu, dass bei Einwirkung der konditionierten Reize reflexhaft eine intensive Angstreaktion ausgelöst wird. In einem zweiten Schritt lernen die Betroffenen, durch Vermei-*

dung der auslösenden Reize die konditionierte Angstreaktion zu vermindern bzw. zu verhindern.“ (Landolt 2008, 43)

Diese Vermeidungsreaktion bedeutet immer eine erhebliche Einbuße an Lebensqualität. Sie geht damit einher, dass bestimmte Orte nicht mehr aufgesucht werden können oder bestimmte Erfahrungen nicht mehr gemacht werden können. Das verengt den Radius der Betroffenen. Sie verhindert zudem, dass sich die im Kontext des traumatischen Geschehens herausgebildeten dysfunktionalen Kognitionen von Schuld, Scham und Angst wieder korrigieren können. Die TF-KBT geht davon aus, dass grundsätzlich gilt: Was gelernt wurde, kann auch wieder verlernt werden – und bemüht sich in diesem Sinne um die Veränderung dysfunktionaler Kognitionen und kognitiver Schemata (Landolt 2008). Das hochstrukturierte und einem Manual (Handbuch) folgende therapeutische Vorgehen besteht aus acht aufeinander folgenden Schritten (Landolt 2008).

Tab. 2: Komponenten der Trauma-fokussierten kognitiv-behavioralen Therapie (Landolt 2008, 46)

1	Aufbau eines Rapports und Stabilisierung
2	Psychoedukation
3	Affektbenennung und Affektregulation
4	Übung eines Entspannungsverfahrens
5	Traumaexposition, Traumanarrativ
6	Identifikation und Bearbeitung dysfunktionaler Kognitionen
7	Einübung alternativer Verhaltens- und Copingstrategien
8	Abschluss

Mit der *Splitter- oder Wundenmetapher* (Hensel 2008) wird zunächst eine Veränderungs- und Mitarbeitsmotivation bei dem traumatisierten Kind erzeugt. Die Psychoedukation bringt Kindern und Eltern Entlastung. Das Verstehen der eigenen Situation und der Symptome bedeuten eine „Entpathologisierung“ und eine „Normalisierung“ (Landolt 2008, 47) und stellen somit eine wichtige Ressource dar. Aus der Erfahrung heraus, dass traumatisierte Kinder und Jugendliche in der Regel Schwierigkeiten mit der Affektregulation haben, wird mit ihnen geübt, alltägliche und traumabezogene Gefühle bei sich und anderen zu erkennen und zu benennen.

Anschließend wird ein Entspannungsverfahren eingeübt (innerer sicherer Ort o. Ä., →Kap. 2.4), das zur Angstbewältigung im Alltag und darüber hinaus zur Anspannungsreduktion während der nun folgenden Traumaexposition zur Anwendung kommt. Die Traumaexposition geschieht über das Schreiben eines Narrativs (Traumageschichte), „dessen Anfang und Ende durch das Kind definiert werden. Es hat sich bewährt, mit der Traumageschichte dort zu beginnen, wo alles noch gut war, und dort aufzuhören, wo sich das Kind wieder sicher gefühlt hat" (Landolt 2008, 50). Das Narrativ ermöglicht, ähnlich wie bei KIDNET, eine Verknüpfung der *kalten* (Kontext) und *heißen* (Emotionen, Sensorik) Gedächtnisinhalte. Denn

> *„während die Abspeicherung des Kontextes des traumatischen Erlebnisses [...] dürftig bleibt, brennen sich heiße Gedächtnisinhalte quasi ein. Zudem fehlen unter der Bedingung von traumatischem Stress die normalerweise bestehenden Verbindungen zwischen den Inhalten des heißen und kalten Gedächtnisses beinahe vollständig."* (Ruf et al. 2008, 89)

Werden diese Verbindungen im Narrativ aufgebaut, wird eine kognitive Neuverarbeitung des traumatischen Materials (Traumaintegration) möglich. Das Narrativ wird mehrfach (vor)gelesen oder angehört, bis eine Habituation (Gewöhnung) eintritt. In weiteren Schritten, die bereits der Traumaintegration dienen, werden gezielt die dysfunktionalen Kognitionen identifiziert und korrigiert. Außerdem werden alternative Verhaltensweisen eingeübt, die die inadäquate Vermeidungsreaktion ablösen. Den Abschluss bildet die Rückfallprophylaxe.

Eye Movement Desensitization and Reprocessing (EMDR)

Anders als die TF-KBT hat sich das EMDR ohne Bezug zu einer der bereits vorhandenen Therapieschulen entwickelt. Es hat „keine historischen Vorgänger. Die wohltuende und entspannende Wirkung rhythmischer Rechts-links-Augenbewegungen wurde zufällig von der US-amerikanischen Psychotherapieforscherin Francine Shapiro während eines Spaziergangs an sich selber entdeckt" (Hensel 2008, 61) und weiter beforscht. Das EMDR verwendet ein Standardprotokoll im Erwachsenen-Bereich, das für Kinder bis 12 Jahre altersmodifiziert wurde. Es beinhaltet 8 aufeinander aufbauende Phasen:

1. Anamnese und Behandlungsplanung,
2. Vorbereitung und Stabilisierung,
3. Aktualisierung und Einschätzung,
4. Prozessierung,
5. Verankerung,
6. Körpertest,
7. Abschluss,
8. Überprüfung (Hensel 2008).

In der **Anamnese** geht es sowohl darum, eine *Traumalandschaft* zu erstellen und aktuelle Trigger zu identifizieren als auch darum, die vorhandenen Ressourcen des Kindes zu identifizieren. Die anschließende Psychoedukation sorgt wie bereits in der TF-KBT für ein gemeinsames Verstehensmodell, das zu einem informierten Einverständnis führt.

Zur **Stabilisierung** wird ein *sicherer Ort* imaginiert (Hensel 2008).

Mit der Phase der Aktualisierung (Phase 3) beginnt die Traumaexposition. Dazu wird das Kind gebeten, sich an den schlimmsten Moment des Geschehens zu erinnern. Um den aktuellen Belastungsgrad des Kindes zu erfahren, wird es gebeten, die Gefühle zu beschreiben, die aufkommen, wenn es an diesen Moment denkt und sich dabei die begleitende negative Kognition – zum Beispiel „Ich sterbe. Ich bin verloren, schutzlos" (Hensel 2008, 68) – ins Gedächtnis ruft. Die empfundene Belastung soll dann auf der sogenannten SUD-Skala (Subjective Units of Discomfort-Skala, →Abb. 1) eingeschätzt werden. Es gibt SUD-Skalen für Angst, Wut und Traurigkeit, je nachdem, welche Emotion für das Kind im Vordergrund steht.

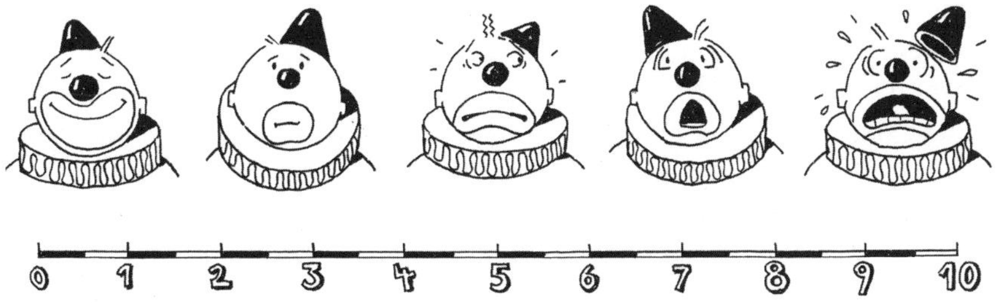

Abb. 1: SUD-Skala für die Angst (Hensel 2008, 69)

Die **Prozessierung** (Phase 4) meint die bilaterale Stimulation über Augenbewegungen oder ein behutsames Klopfen mit den Fingerspitzen (das sogenannte *Tapping*), die offensichtlich einen Selbstheilungsprozess der Psyche anstoßen. Diese Stimulationen sind dem Kind über sich verändernde und zunehmend positiver werdende innere Bilder oder Gefühle spürbar.

Ist der SUD-Wert, der die Belastung des Kindes anzeigt, auf null, wird die bereits vorab formulierte, der aktuellen Situation angemessene positive Selbstüberzeugung, z. B. „Es ist vorbei. Ich bin in Sicherheit“ (Hensel 2008, 68), mit langsamen bilateralen Stimulationen verankert (Phase 5: Verankerung).

Der **Körpertest** (Phase 6) meint, achtsam den Körper auf eventuelle Missempfindungen durchzugehen, die auf *Traumareste* hindeuten.

Sind keine Traumareste vorhanden, klingt die Sitzung mit angenehmen Tätigkeiten aus (Phase 7: Abschluss).

Zur **Überprüfung** werden in der Folgesitzung die Effekte der letzten EMDR-Behandlung noch einmal durchgegangen (Phase 8) (Hensel 2008).

EMDR ist schwer zu beschreiben, insbesondere da zwar inzwischen eine beachtliche Befundlage zu seiner Wirksamkeit vorliegt, jedoch lediglich Theorien zu den Wirkungszusammenhängen. Es ist aber zu vermuten, dass die zur Neuverarbeitung des Traumamaterials notwendige Verknüpfung der *heißen* und *kalten* Gedächtnisinhalte auf diese Weise beschleunigt wird. Weder muss so tief in die schmerzhaften Erinnerungen eingestiegen werden, noch sind viele Wiederholungen notwendig wie bei der Erstellung von Narrativen, da das Verfahren nicht auf die Habituation (Gewöhnung) angewiesen ist. EMDR wird von den Betroffenen daher als wesentlich schonender erlebt als andere Verfahren der Traumabearbeitung. Es lässt sich sowohl als eigenständige Therapieform begreifen als auch bedarfsorientiert in andere traumatherapeutische Angebote integrieren, was auch zunehmend geschieht.

Und auch auf umgekehrtem Wege geschieht eine Annäherung. So verwendet Thomas Hensel bei Vorschul- und Adoptivkindern beispielsweise das Traumanarrativ, um den EMDR-Prozess zu unterstützen (Hensel 2008); und die Screentechnik nach dem KReST-Modell (Körper-Ressourcen und Systemorientiere Traumatherapie) kombiniert EMDR-Elemente mit imaginativen Bildschirm-Techniken (Besser 2008).

Narrative Expositionstherapie für Kinder (KIDNET)

KIDNET (Ruf et al. 2008) ist die kindgerechte Variante der Narrativen Expositionstherapie (NET) und kommt vor allem in (ehemaligen) Kriegs- und Krisengebieten sowie in der Flüchtlingsarbeit zum Einsatz. Das Verfahren wurde auf der Basis neurophysiologischer Erkenntnisse und gezielt kulturübergreifend entwickelt und versteht sich auch als politische Botschaft:

> *„Nicht zu unterschätzen ist auch der Menschenrechtsfokus der (KID) NET […]. Das Bewusstwerden, dass beispielsweise die erlebten Misshandlungen eine grobe Verletzung der Menschen- oder Kinderrechte waren und die Anerkennung dessen […] trägt entscheidend zur Wiedererlangung der Würde des Kindes bei und hat ebenfalls positive Effekte auf die psychische Gesundheit sowie die weitere Entwicklung des Kindes."* (Ruf et al. 2008, 105)

KIDNET arbeitet wie die TF-KBT mit der Erstellung von Traumanarrativen, hat dafür aber mit der *Lifeline* eine besondere Form entwickelt. Das Kind wird aufgefordert, Steine und Blumen auf einer Linie im Raum so anzuordnen, dass sie die Reihenfolge und Intensität der erlebten Belastungen und guten Momente oder positiven Lebensereignisse wiedergeben. Ein Stein (traumatisches Ereignis) nach dem anderen wird dann narrativ bearbeitet (Traumaexposition), um *kalte* (Kontext) und *heiße* (Emotionen, Sensorik) Gedächtnisinhalte zusammenzufügen und somit eine Traumaintegration zu ermöglichen. Tabelle 3 zeigt den Ablauf des Therapieprozesses.

Tab. 3: Der Ablauf der Therapiesitzungen im Überblick (Ruf et al. 2008, 92)

1. Sitzung	• Psychoedukation & Lifeline
2. Sitzung	• erneutes Legen der Lifeline • Beginn der Narration mit den Lebensumständen bei der Geburt • Fortsetzung der Narration und Bearbeiten der ersten „hot spots"
3.–7. Sitzung	• erneutes Legen der Lifeline • Vorlesen der bisher erarbeiteten Narration • Fortsetzen der Narration, dabei Fokussierung auf die traumatischen Erlebnisse in der Lebensgeschichte
8. Sitzung	• Lifeline und Zukunftsblumen für Hoffnung und Wünsche • letztmaliges Vorlesen der Narration und Einfügen der Hoffnungen und Wünsche für die Zukunft in die Narration • Unterschreiben und Übergeben der Narration

Traumazentrierte Spieltherapie

Traumazentrierte Spieltherapie (Weinberg/Hensel 2008) lässt sich sowohl auf der Basis eines humanistischen als auch eines psychodynamischen Verständnisses durchführen, sofern die folgenden Grundsätze eingehalten werden, die die Grundlage jeder professionellen Traumatherapie darstellen: Ein wesentlicher Grundsatz ist die Verpflichtung, für

- objektive Sicherheit im Alltag (keine Traumatherapie bei Täterkontakt) und
- subjektive Sicherheit im Therapiezimmer zu sorgen,

weshalb das Kind im Spielzimmer als allererstes die Aufgabe bekommt, sich einen „Platz, an dem du dich ganz wohl und geborgen fühlen kannst“ (Weinberg/Hensel 2008, 119), zu bauen. Weiterhin betont auch die Spieltherapie die Wichtigkeit der Stabilisierungsarbeit und das Ziel der Traumaintegration, also die Herauslösung des traumatischen Materials „aus der von der Amygdala gesteuerten Abspeicherung“ und seine Überführung in die „hippocampal gesteuerte Abspeicherung“ (Weinberg/Hensel 2008, 114), wobei davon ausgegangen wird, „dass eine vollständige Verarbeitung des Traumas auch auf der analogen Spielebene (Fahrig 1991) möglich ist, ohne dass auf der Realebene eine Traumaexposition erfolgen muss“ (Landolt/Hensel 2008c, 22).

Hinzu kommen nach Weinberg und Hensel (2008) spezifische spieltherapeutische Elemente, die die Besonderheiten traumatisierter Kinder berücksichtigen. Sie beinhalten die Differenzierung zwischen

- erster Realitätsebene (Realität der therapeutischen Situation) und
- zweiter Realitätssebene (Realität des Spiels),
- dem Spielstopp als Steuerinstrument und
- dem gezielten Aufbau guter innerer Instanzen (Retterfiguren) im Spiel.

Im Gegensatz zu den bisher vorgestellten Verfahren ist das Vorgehen nicht manualisiert.

Psychodynamisch Imaginative Traumatherapie (PITT)

Die Kindervariante von PITT (Appel-Ramb 2008) unterscheidet sich von dem Vorgehen in der traumatherapeutischen Arbeit mit Erwachsenen vor allem in der systematischen Einbeziehung der Eltern oder des gesamten familiären Bezugssystems. Wie der Name bereits sagt, arbeitet PITT mit der therapeutischen Wirkung heilsamer Imaginationen, und zwar in allen drei Phasen des Therapieprozesses (Stabilisierung – Konfrontation – Integration).

> *„Der Arbeitsprozess verläuft so, dass der Patient zunächst angeregt wird, nach und nach eine gute innere Gegenwelt zu erschaffen zu der Welt der traumatischen Bilder. Erst dann wird mit den traumatischen Bildern gearbeitet. Schließlich wird, wieder mit Bildern, eine Integration der Schreckenserfahrung in den Lebenskontext herbeigeführt."* (Appel-Ramb 2008, 137)

In der Stabilisierungsphase werden ressourcevolle Imaginationen eines inneren sicheren Ortes, innerer Helfer und eines inneren Tresors geübt. Erwachsene und Kinder ab 10 Jahren lernen, bildlich gesprochen, ihr traumatisiertes inneres Kind „aus den belastenden Situationen herauszuholen, es an einen sicheren Ort zu bringen und es zu trösten" (Reddemann 2002, 77). Mit jüngeren Kindern wird dagegen symbolisch gearbeitet, bspw. durch „Übergangs-Übertragungsobjekte" wie folglich in der *Huggy-Puppy-Studie* beschrieben (Appel-Ramb 2008, 146).

Die Traumakonfrontation nutzt imaginative Expositionstechniken wie bspw. die *Bildschirmtechnik*, um eine Neuverarbeitung des traumatischen Materials anzuregen. Anstelle von *heißen* und *kalten* Gedächtnisinhalten spricht PITT von der Integration

- des Verhaltens,
- der Gefühle,
- des Körper-Erlebens und
- der Gedanken (BASK-Modell, Appel-Ramb 2008).

Die Evidenz (Wirksamkeit) der Verfahren

Wie bereits eingangs erläutert, ist die Befundlage bezüglich der vorgestellten traumatherapeutischen Verfahren unterschiedlich. Besonders viel geforscht wurde bereits im Rahmen der Kognitiven

Verhaltenstherapie, während die psychodynamischen Verfahren lediglich über dokumentierte klinische Erfahrungen verfügen. Eine schmale Befundlage ist aber nicht automatisch mit einer geringeren Wirksamkeit gleichzusetzen, sondern zeugt vor allem von einem unterschiedlich ausgeprägten Forschungsinteresse. Das gilt in besonderem Maße für die traumazentrierte Spieltherapie, die das meisteingesetzte Verfahren zur Traumabehandlung von Kindern bis zu einem gewissen Alter ist (Landolt/Hensel 2008b), aber (noch) nicht in dem gleichen Maße wie die KF-TBK über Wirksamkeitsbelege verfügt. Tabelle 4 gibt einen Überblick über die Evidenz der unterschiedlichen Verfahren für Kinder und Jugendliche.

Tab. 4: Evidenzstufen von Therapieverfahren für Kinder und Jugendliche (Landolt/Hensel 2008b, 303 f.)

Therapieverfahren	Evidenz der Wirksamkeit	Beschreibung der Evidenzstufen
Trauma-fokussierte kognitive Verhaltenstherapie	Ia	Evidenz aufgrund einer systematischen Übersichtsarbeit randomisierter und kontrollierter Studien (evtl. mit Metaanalyse)
EMDR	Ib	Evidenz aufgrund mindestens einer hoch qualitativen randomisierten, kontrollierten Studie
Narrative Expositionstherapie für Kinder (KIDNET)	Ib	
Traumazentrierte Spieltherapie	IIa	Evidenz aufgrund mindestens einer gut angelegten, kontrollierten Studie ohne Randomisierung
Psychodynamisch imaginative Traumatherapie	IV	Evidenz aufgrund von Berichten/Meinungen von Expertenkreisen, Konsensuskonferenzen und/oder klinischer Erfahrungen anerkannter Autoritäten

Im Erwachsenen-Bereich sieht es ähnlich aus. Eine Metaanalyse, in die 38 klinische Studien auf wissenschaftlich hohem Niveau zur Evidenz traumatherapeutischer Verfahren einflossen, belegt die Wirksamkeit von TF-KBT und EMDR, wobei beide Verfahren gleich gut abschnitten, aber tendenziell anderen Therapien überlegen waren (Bisson et al. 2007). NET, die Erwachsenenvariante von KIDNET, kann ebenfalls Wirksamkeitsbelege auf wissenschaftlich hohem Niveau nachweisen (Bichescu et al. 2007; Hensel-Dittmann et al. 2007).

Dass auch kleine Interventionen große Wirkung entfalten können, belegt die *Huggy-Puppy-Studie* (Sadeh et al. 2008, zitiert nach Hensel 2010a):

> *„Das Kind wird mit einer Hundepuppe (Hush-Puppy) bekannt gemacht und es wird ihm vermittelt, dass es dem Hund nicht gut gehe, dass er traurig sei, weil ... (hier werden zum Beispiel die traumatisierenden Umstände benannt...). Dann wird das Kind gefragt, ob es sich um den Hund kümmern wolle. Wenn es zustimmt, wird ihm gezeigt, wie man die Puppe in den Arm nimmt und es bekommt die Puppe mit nach Hause. Die Eltern werden dazu angehalten, das Kind immer wieder daran zu erinnern, sich um die Puppe zu kümmern."* (Hensel 2010a, 66)

Angesichts der immensen Anzahl kriegstraumatisierter Kinder ist die Entwicklung und Beforschung solcher Kurzzeittraumainterventionen sinnvoll und wichtig. Die Ergebnisse der *Huggy-Puppy-Studie* machen Mut: „Die Stresssymptome und die Anzahl schwerer Traumasymptome nahm nach dieser nur zehnminütigen Intervention signifikant ab" (Hensel 2010a, 66).

Pharmakotherapie und stationäre Traumabehandlung

Sozialpädagogische Fachkräfte, die mit traumatisierten KlientInnen arbeiten, sollten sich einen Überblick über die vorhandenen Kliniken und ihr traumaspezifisches Angebot verschaffen. Leider gibt es zurzeit in Deutschland noch viel zu wenige dezidierte Traumastationen. Unter www.trauma-informations-zentrum.de (Stand April 2010) findet sich sowohl eine Klinikliste mit Angeboten für erwachsene PatientInnen als auch eine weitere mit Angeboten für traumatisierte Kinder und Jugendliche.

Die (begleitende) medikamentöse Behandlung posttraumatischer Zustände ist ein komplexes Feld, hat aber erstaunlicherweise „in der psychiatrischen Wissenschaft bei weitem nicht den Stellenwert, den wir bei der Behandlung anderer seelischer Störungen finden" (Dieffenbach 2001, 2). Rainer Dieffenbach (2001) diskutiert in seinem Übersichtsartikel die Möglichkeiten der Medikamentengabe als ausschließlicher Therapie sowie als Ergänzung zur Psychotherapie.

Die Befundlage zum unterstützenden Pharmako-Einsatz im Rahmen der Psychotraumatherapie von Kindern und Jugendlichen ist noch dürftiger. Die wenigsten der im Rahmen der Erwachsenentherapie eingesetzten Medikamente sind bisher für Kinder und Jugendliche offiziell zugelassen, da die entsprechenden Studien für diese Altersgruppe fehlen. Das bedeutet aber nicht, dass ihr Einsatz in der Altersgruppe verboten ist, sondern dass die Verantwortung beim zuständigen Arzt liegt. Eine Auflistung und Beschreibung der Wirkstoffe, ihrer Dosierung, ihrer eventuellen Nebenwirkungen und ihrer Zielsymptomatik findet sich bei Marti (2008).

3 Stabilisierung und Selbstfürsorge im Helfersystem als Schutz vor Sekundärer Traumatisierung

Sekundäre Traumatisierung meint die Traumatisierung allein durch die Berichte über traumatische Ereignisse. Wer

> *„traumatisierten Menschen hilft über ihr Leiden hinwegzukommen, lässt sich nach Pearlman (2002) selber auf eine Transformation seiner Persönlichkeit ein. Diese beinhaltet im positiven Sinne eine persönliche Weiterentwicklung, tiefere Verbundenheit mit anderen Menschen, [...] sowie eine vermehrte Achtsamkeit vielen Aspekten des Lebens gegenüber. Das psychische Trauma stellt jedoch auch einen Angriff auf das Selbst dar und so entsteht bei den Helfenden mit hoher Wahrscheinlichkeit auch ein Bruch des eigenen Bezugsrahmens mit Beeinträchtigungen hinsichtlich Identität, Weltsicht und Spiritualität [...].“* (Frey 2007, 239)

Überall dort, wo professionelle HelferInnen es mit der Betreuung von traumatisierten Menschen zu tun haben, sind sie in der Gefahr, selber Schaden zu nehmen und die gleiche Symptomatik zu entwickeln wie bei einer Posttraumatischen Belastungsstörung (Übererregung/Angstzustände, Vermeidung/Entfremdung und Intrusion/Wiedererleben). Judith Daniels beschreibt das, was dabei passiert, als „‚Ansteckung‘ mit typischen posttraumatischen Symptomen im Verlauf der Arbeit mit traumatisierten Klientinnen“ (Daniels 2011, 27). Ähnliches ist ja auch im Zusammenhang mit *transgenerativen Traumata* in Familien bekannt (→Kap. 1.5). Das folgende Fallbeispiel soll das Phänomen greifbar machen. Es wurde Frey (2007, 236) entnommen.

„Neben meiner therapeutischen Tätigkeit an der Beratungsstelle für Folteropfer war ich zusätzlich mit der Schulung und der Supervision von Fachpersonal betraut worden. Ich habe diese Arbeit gerne angenommen und sie vorerst als eine Bereicherung und Entlastung von der Patientenbetreuung angesehen. Um mich vorzubereiten und einzustimmen, habe ich dazu auch etliche erschütternde Romane zu Folter und Menschenrechtsverletzungen gelesen. Diese verdichteten die Thematik tiefgreifend, anders als es in den „trockenen“ Fachzeitschriften nachzulesen war. Sie haben mich aber auch zunehmend und zusätzlich emotional und gedanklich belastet. Nach einer bedrohlichen, unheimlichen Therapiestunde mit einem Folteropfer wurde ich in der folgenden Nacht durch einen Alptraum geweckt. Minutenlang fand ich mich nicht zurecht, fühlte mich diffus bedroht und hörte Schritte in der Wohnung. Der Zustand klang nur allmählich ab, wie wenn er sich in meiner Erinnerung eingenistet hätte.“

Doch wie entsteht Sekundäre Traumatisierung?

> *„Neben den Symptomen scheint auch die Ätiologie [Ursache, Anm. d. Verf.] der Sekundären Traumatisierung der PTBS zu ähneln: Der relevanteste Risikofaktor ist in beiden Fällen die peritraumatische Dissoziation. Dissoziative Verarbeitung zeigt sich zum Beispiel in emotionaler Taubheit oder einer veränderten Zeitwahrnehmung, während man mit Traumamaterial konfrontiert ist. Das eigene Handeln wird als automatisiert – wie auf Autopilot – erlebt, während die äußere Welt unreal oder traumähnlich erscheint. Dabei wird das Traumamaterial ohne Informationen über Ort und Zeitpunkt des Geschehens und mit einer geringeren Differenzierung zwischen der eigenen und anderen Personen abgespeichert. So wird die Bedrohung als aktuelle, gegen die Helferin gerichtete Bedrohung erinnert.“* (Daniels 2011, 30f.)

Daniels erklärt, auf welche Weise es in der äußerlich sicheren Betreuungssituation, „die durch Vorhersehbarkeit, Kontrolle und Wissen geprägt ist“ (Daniels 2007, 51) (was für die Soziale Arbeit, innerhalb derer auch Drohungen und tätliche Angriffe von Seiten der KlientInnen oder ihrem Umfeld vorkommen und zu primärtraumatischen Situationen für die Fachkräfte führen können, selbstverständlich nicht immer gewährleistet ist), dennoch zu einer dissoziativen, also traumatischen Verarbeitung kommen kann.

Verantwortlich für eine traumatische Verarbeitung trotz äußerlich sicherer Situation sei die für die Arbeit mit hochbelasteten KlientInnen so notwendige *Empathiefähigkeit*. Sie sei dort in der Gefahr, sich zu einem Gesundheitsrisiko zu verkehren, wo sie die Übernahme der klienteneigenen Emotionen ermögliche und somit zu einer Sensitivierung emotionsverarbeitender Gehirnregionen führen könne. Dies sei vermutlich eine Vorbedingung dissoziativer

Verarbeitungsprozesse (Daniels 2011). Das Ausmaß der erlebten Dissoziation entscheide dabei über die Form der späteren sekundärtraumatischen Symptome: Wird in der Situation lediglich eine emotionale Dämpfung erlebt, erlebt sich der/die professionelle HelferIn in späteren Intrusionen vermutlich als hilflose/r ZuschauerIn. Durch erlebte Depersonalisierung während der Schilderung des Traumamaterials entstünden hingegen nicht zuordbare Angst- und Bedrohungsgefühle (Daniels 2007). Daniels betont, „dass Sekundäre Traumatisierung also nicht ein Zeichen mangelnder Professionalität, sondern ein Resultat traumatogener Informationsverarbeitung auf der Basis ausgeprägter Empathiefähigkeit ist“ (Daniels 2007, 33) und als solches, insbesondere aufgrund des hohen Chronifizierungsrisikos nicht weiter tabuisiert werden sollte (Daniels 2007). Sie empfiehlt ein regelmäßiges Screening der Fachkräfte und hat dazu ein Screeninginstrument bereitgestellt (www.sekundaertraumatisierung.de).

Für die Psychotherapie, insbesondere die Traumatherapie, sind diese Zusammenhänge inzwischen bekannt und ihnen wird in der Ausbildung und in der späteren Tätigkeit zunehmend mit Psychoedukation und Psychohygiene entgegengewirkt; für die Soziale Arbeit gilt das leider bisher nicht im gleichen Maße. Dabei zeigt unsere aktuelle Studie (Friedrich, Universität Hamburg), dass fast 16% der in der ambulanten und stationären Kinder- und Jugendhilfe tätigen SozialpädagogInnen bereits im Laufe ihrer Berufstätigkeit sekundärtraumatisiert waren oder es aktuell sind. Vermutlich sind viele Burnout-Diagnosen eigentlich auf Sekundäre Traumatisierung zurückzuführen, da sich die Auswirkungen der beiden Belastungserkrankungen ähneln und die Betroffenen ihr Befinden dadurch auch nicht selten selber als „Burnout“ beschreiben (Pryce et al. 2007, 53).

Aufgrund ihrer Ursachen lassen sie sich jedoch voneinander abgrenzen: Im Gegensatz zu Sekundärer Traumatisierung entsteht Burnout nicht durch belastende Erzählungen, sondern vor allem durch überdauernde belastende organisationale Bedingungen.

3.1 Das Vorkommen Sekundärer Traumatisierung in der Kinder- und Jugendhilfe

Eine aktuelle Studie an der Universität Hamburg zur Prävalenz (Krankheitshäufigkeit) Sekundärer Traumatisierung in der Kinder- und Jugendhilfe unter der Leitung von Sibylle Friedrich, an der Sarah Lansing, Franziska Mitzlaff und Miriam Peetz im Rahmen ihrer Abschlussarbeiten mitgewirkt haben, ist die erste im deutschsprachigen Raum zu dieser Thematik. Insgesamt wurden 108 sozialpädagogische Fachkräfte – überwiegend SozialpädagogInnen, aber auch DiplompädagogInnen, ErzieherInnen, PsychologInnen und andere Professionen – eines großen Hamburger Trägerverbundes mit dem Fragebogen zur Sekundären Traumatisierung FST (Daniels 2006) befragt. Der FST erhebt retrospektiv die Phase der stärksten Belastung professioneller HelferInnen während ihrer Berufstätigkeit und erfasst mit insgesamt 31 Fragen das Auftreten verschiedener Reaktionen der Fachkräfte in der ersten Woche der Belastungsphase. Es handelt sich demnach nicht um eine Erhebung der aktuellen Befindlichkeit (Punktprävalenz), sondern um die Diagnose zurückliegender Erkrankungsphasen (Berufsprävalenz). Die wichtigsten Ergebnisse der Befragung sollen an dieser Stelle vorgestellt werden.

Der FST bildet Summenwerte. Mit einem Summenwert bis einschließlich 64 gelten Menschen als nicht sekundärtraumatisiert, ein Wert zwischen 65 und 82 wird als moderate Sekundäre Traumatisierung gedeutet, bei einem Wert über 82 wird rückwirkend eine schwere Sekundäre Traumatisierung diagnostiziert. Innerhalb unserer Stichprobe gelten danach 8,3% (9 befragte Personen) als moderat und weitere 7,4% (8 Befragte) der Befragten als schwer traumatisiert. Das ergibt zusammen eine Prävalenz für die Sekundäre Traumatisierung von fast 16%. Die ausgeprägten Belastungsphasen, auf die sich die Angaben bezogen, lagen unterschiedlich lange zurück, wobei der Mittelwert bei 2,68 Jahren lag.

Die beschriebenen Symptome unterschieden sich nicht nur in ihrem Ausmaß, sondern auch in der Dauer ihres Vorhandenseins. Nicht nur sekundärtraumatisierte Fachkräfte gaben Belastungsreaktionen an, sondern auch die meisten gesunden Befragten, wenn auch nicht im gleichen Ausmaß. Dauer und Schwere der Belastung hängen zusammen, was bedeutet, dass Personen mit einem hohen FST-Summenwert im Mittel auch über längere Belastungsreaktionen berichten. Im Unterschied zu ihren sekundärtraumatisierten KollegInnen hielten die Belastungsreaktionen bei den gesunden Befragten also in der Regel kürzer an, gingen also in der Mehrzahl der Fälle bereits in den ersten vier Wochen nach der belastenden Traumaexposition wieder zurück.

Es gibt allerdings auch Ausnahmen in beide Richtungen: Es berichten sowohl Personen von sehr hohen Belastungen, die aber schnell wieder zurückgingen, als auch von geringeren, dafür chronischen Belastungen. Diese Befragten gelten nach dem FST aufgrund ihres geringen Wertes gar nicht als sekundärtraumatisiert, geben aber eine Belastungsdauer von über einem halben Jahr an, so dass man sich fragen muss, ob sich damit nicht zumindest ihr Risiko für zukünftige dissoziative Verarbeitungen und damit verbundene Sekundäre Traumatisierungen erhöht.

Unterschiede zwischen Männern und Frauen sowie zwischen unterschiedlichen Altersgruppen bezüglich der Symptombelastung (FST-Summenwert) konnten in unserer Studie nicht festgestellt werden, ebenso keine Unterschiede zwischen unterschiedlichen Berufsausbildungen oder Berufsfeldern (stationär/ambulant/beides) Auch der Beziehungsstatus scheint keine Rolle zu spielen, wohl aber die Qualität sozialer Beziehungen. Hier gibt es einen signifikanten Unterschied zwischen Personen, die nach eigenem Empfinden über ausreichend enge Bindungen verfügen, und Personen, bei denen das nicht der Fall ist. Letztere erreichen einen um 10 Punkte höheren FST-Summenwert. Auch die Stabilität der Beziehungen spielt augenscheinlich eine Rolle; ausreichend enge, stabile soziale Beziehungen scheinen demnach ein Schutzfaktor zu sein.

Erhoben wurde auch die Exposition des Traumamaterials. Knapp 60% der betreuten KlientInnen wurde von den befragten Fachkräften als traumatisiert eingestuft. Von 44% ihrer traumatisierten KlientInnen erfuhren die Befragten Details zum Traumageschehen, auf die Gesamtzahl ihrer Fälle bezogen also von mehr als einem Viertel ihrer KlientInnen.

88% der Befragten nehmen nach eigenen Angaben an Supervisionen teil, wobei ihre Symptombelastung (FST-Summenwert) nicht signifikant geringer ist als die Belastung ihrer KollegInnen, die keine Supervision im Rahmen ihrer Berufstätigkeit erhalten. Auch die Häufigkeit der Supervision scheint keine Rolle zu spielen. Dieses Ergebnis erstaunt, wird doch Supervision als zentrales Element der Selbstfürsorge und damit als wirksamer Schutzfaktor angesehen, der das Risiko einer Sekundären Traumatisierung abzumildern vermag (Fegert 2010 et al.). Und auch unsere Fachkräfte, die zu ihren persönlichen Schutzmaßnahmen befragt wurden, nannten unter anderem die Teilnahme an Supervision. Da die Supervisionsteilnahme sie – glaubt man unseren Daten – letztendlich nicht zu schützen vermag, muss auch über die Entwicklung traumasensibler Supervisionskonzepte nachgedacht werden.

Der von den Befragten selbst eingeschätzte Wissensstand bezüglich des Themas *Traumata* scheint ebenfalls nicht per se einen Schutzfaktor darzustellen. Personen, die mit ihrem themenspezifischen Wissensstand zufrieden waren, waren nicht seltener von Sekundärer Traumatisierung betroffen als Personen, die damit unzufrieden waren. Daraus lässt sich schließen, dass Psychoedukation auch bei den Fachkräften erfolgen muss. Traumarelevante Wissensvermittlung, die den Blick ausschließlich auf den professionellen Umgang mit den traumatisierten KlientInnen richtet, reicht nicht aus, um Sekundärer Traumatisierung vorzubeugen. Es braucht auch Psychoedukation über

- die Prävalenz,
- die Ursachen,
- die Symptome und
- den Verlauf von Sekundärer Traumatisierung sowie
- die Vermittlung von wirksamen Schutzmaßnahmen.

Dennoch ist es bemerkenswert, dass zwei Drittel der Befragten ihren eigenen Wissensstand auf einer Schulnotenskala mindestens als befriedigend bewerteten.

Bei der vorgestellten Studie handelt es sich um eine Pilotstudie, deren Wert darin besteht, das Thema *Prävalenz von Sekundärer Traumatisierung in der Kinder- und Jugendhilfe* erstmalig aufgegriffen zu haben. Selbstverständlich muss die Studie wiederholt werden, um zu sicheren Prävalenzraten zu gelangen. Weitere Studien sollten zudem zusätzlich die aktuelle Befindlichkeit (Punktprävalenz) erfassen, um Verzerrungen zu vermeiden, die durch die Retrospektive entstehen. Der FST kam zuvor lediglich in einer Studie zur Prävalenz der Sekundären Traumatisierung bei PsychotherapeutInnen zum Einsatz (1124 befragte Personen) und ermittelte dort eine mit 29,1% deutlich höhere Prävalenzrate (Daniels 2006), und das, obwohl die befragten PsychotherapeutInnen ebenfalls *nur* von einem Viertel ihrer KlientInnen Traumadetails kannten. Es stellt sich also die Frage, ob in unserer Studie die Prävalenz unterschätzt wurde, insbesondere da die Studie aufgrund ihrer Stichprobenzusammenstellung nicht als repräsentativ gelten kann.

Möglicherweise ist die Art der Traumaexposition im Rahmen eines psychotherapeutischen Settings aufgrund des therapeutischen Auftrags und der damit einhergehenden Beziehungsgestaltung aber auch wesentlich konfrontativer, und die höhere Rate an Symptomen Sekundärer Traumatisierung damit und mit der in der Regel höheren Fallanzahl erklärbar. Doch selbst, wenn spätere Studien die hier gefundene Prävalenzrate von 16% bestätigen sollten, ist diese deutlich zu hoch und Handeln geboten. Dazu kommen die Fälle, in denen zwar (noch) keine Sekundäre Traumatisierung diagnostiziert werden kann, die subjektiv empfundene Belastung aber hoch ist, die Betroffenen also leiden. Auch hier braucht es Handlungskonzepte. Einen Anfang will der folgende Abschnitt machen.

3.2 Selbstfürsorge als Schutzfaktor

Da im Gegensatz zur Psychotherapie das Thema in der Sozialen Arbeit bisher kaum bekannt ist, stellt sich die Frage, wie sich PraktikerInnen, die in der Arbeit verstärkt mit zum Teil schwer traumatisierten Menschen zu tun haben, vor drohender Sekundärer Traumatisierung schützen können. Neben einem fundierten Wissen um die Zusammenhänge, sprich Psychoedukation, schützt vor allem Psychohygiene oder Selbstfürsorge (im Folgenden synonym verwendet). Psychohygiene meint die Sicherstellung von inneren Ressourcen, die als Basisqualitäten vorhanden sein müssen, um körperlich und psychisch so gesund zu bleiben, dass den Anforderungen und Belastungen des Berufsalltags begegnet werden kann, ohne Schaden zu nehmen. So verstanden ist Psychohygiene selbstverständlich in jedem Beruf wichtig . Aber besonders dort, wo Menschen ihr eigenes professionelles Werkzeug sind, wird sie jedoch zur absoluten Notwendigkeit. Das gilt im besonderen Maße in Settings, in denen mit hochbelasteten und traumatisierten KlientInnen gearbeitet wird. Denn aktive Selbstfürsorge sorgt dafür, handlungsfähig im Umgang mit den KlientInnen zu bleiben.

Die inneren Ressourcen und Basisqualitäten lassen sich grob in drei Bereiche einteilen. Sie beinhalten

- die Fähigkeit zur Affektregulation und Selbstberuhigung zum Schutz vor überflutenden Emotionen,

- die Fähigkeit der Selbstannahme, also eines liebevollen Umgangs mit sich selbst und
- das Erleben von Kontrolle und Steuerungsmöglichkeiten (Selbstwirksamkeit).

Traumatische Lebensereignisse und überdauernde traumatische Lebensbedingungen graben diesen Basisqualitäten den Boden ab, lassen – bildlich gesprochen – das Fundament bröckeln. Deshalb geht es in der traumapädagogischen wie auch in der traumatherapeutischen Arbeit immer auch darum, dieses Fundament wieder aufzubauen. Im Rahmen der professionellen Selbstfürsorge ist es hingegen wichtig, es gar nicht erst bröckeln zu lassen, da es die wichtigste Ressource im Schutz vor Sekundärer Traumatisierung darstellt. Abb. 2 verdeutlicht diese Zusammenhänge.

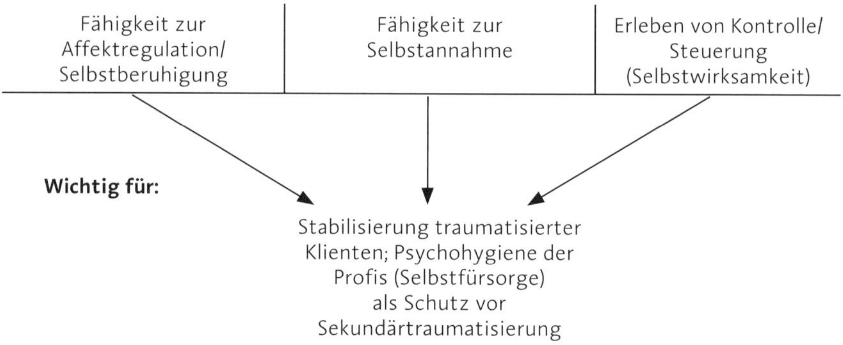

Abb. 2: Innere Ressourcen als Basisqualitäten

Selbstfürsorge sollte demnach fester Bestandteil der beruflichen Identität werden (Barnett in Hensel, KTI 2010, Modul 6). Es ist kein egoistisches oder überflüssiges Anliegen, sich um die eigene Psychohygiene zu kümmern, sondern es wäre vielmehr egoistisch, es nicht zu tun, und damit dafür zu sorgen, im Klientenkontakt nicht mehr nützlich zu sein. Das soll nun wiederum nicht so verstanden werden, als sei Selbstfürsorge lediglich eine weitere Anforderung, die es zu erfüllen gilt, um optimal zu funktionieren. Damit verkehrt sie sich in ihr Gegenteil! Es geht letztendlich darum, sich selber die Erlaubnis zu geben, auch im Berufsleben gut für sich zu sorgen. Denn je besser Fachkräfte mit sich selber umgehen, desto besser können sie auch mit Anderen umgehen.

Bleibt die Frage: Wie? Eher allgemein gehaltene Vorschläge plädieren dafür,

- sich gezielt Zeit für sich zu nehmen,
- Grenzen zu setzten,
- sich mit KollegInnen auszutauschen und
- körperliche und psychische Warnsignale zu beachten (Barnett in Hensel 2010b).

Das ist alles sicherlich nicht falsch, fällt aber oftmals in der konkreten Umsetzung schwer. Im Folgenden sollen darum konkrete Übungen vorgestellt werden, die helfen, achtsam und selbstfürsorglich mit der eigenen Person umzugehen. Sie kommen aus der Stabilisierungsarbeit mit traumatisierten KlientInnen, eignen sich aber auch für die Förderung der Psychohygiene der Profis. Die Übungen können den drei bereits beschriebenen Basisqualitäten

- Schutz vor überflutenden Emotionen,
- Selbstakzeptanz und
- Selbstwirksamkeitserleben

zugeordnet werden.

Übungen zum Schutz vor überflutenden Emotionen

Die Übungen, die innerhalb der Stabilisierungsarbeit traumatisierter KlientInnen der Flashbackkontrolle, inneren Distanzierung und der Selbstberuhigung dienen (Schutz vor überflutenden Emotionen), haben in der Psychohygiene der Profis einen etwas anderen, wenn auch nicht gänzlich verschiedenen Sinn und Zweck: Sie helfen den SozialpädagogInnen dabei, sich von dem berichteten Traumamaterial innerlich zu distanzieren. Zwei Übungen möchten wir vorstellen.

Die 5-4-3-2-1-Übung

Diese Übung (nach Dolan in Hensel/Benzel 2010) hilft dabei, sich von belastenden Gedanken zu lösen und eine Momentzentriertheit und Präsenz zu erreichen. Sie kann jederzeit durchgeführt werden – in der Bahn, im Büro, auf einem Spaziergang oder abends zuhause, um nur ein paar Einsatzmöglichkeiten zu nennen.

Die 5-4-3-2-1-Übung
Richten Sie Ihre Aufmerksamkeit nacheinander auf 5 verschiedene Dinge, die Sie in diesem Raum sehen und die Sie nicht beunruhigen. Anschließend richten Sie Ihre Aufmerksamkeit nacheinander auf 5 verschiedene Dinge, die Sie hören und die Sie nicht beunruhigen. Danach richten Sie Ihre Aufmerksamkeit nacheinander auf 5 verschiedene Dinge, die Sie spüren und die sie nicht beunruhigen – wie beispielsweise den Stuhl, auf dem Sie sitzen oder den Boden, den Sie unter Ihren Füßen spüren.
Jetzt richten Sie Ihre Aufmerksamkeit nacheinander auf 4 verschiedene Dinge, die Sie in diesem Raum sehen und die Sie nicht beunruhigen. Das dürfen, müssen aber keine neuen Dinge sein. Anschließend richten Sie Ihre Aufmerksamkeit nacheinander auf 4 verschiedene Dinge, die Sie hören und die Sie nicht beunruhigen. Danach richten Sie Ihre Aufmerksamkeit nacheinander auf 4 verschiedene Dinge, die Sie spüren und die sie nicht beunruhigen.
Führen Sie die Übung weiter mit 3 Dingen, dann mit 2, abschließend mit 1 Ding.

Gepäck ablegen

Diese Übung (nach Hensel/Benzel 2010) braucht ein wenig Praxis. Einfacher ist es, sie durch jemanden anleiten zu lassen. Ist der Ablauf erst einmal bekannt, kann sie aber auch mithilfe von Selbstinstruktionen durchgeführt werden.

Gepäck ablegen
Stellen Sie sich vor, Sie gehen auf eine Wanderung. Sie haben einen schweren Rucksack dabei. Sie wandern durch die Natur, die Sonne scheint, es ist angenehm warm. Wie fühlt es sich an, mit

dem schweren Rucksack über verschiedenes Gelände zu gehen – auf Waldwegen, über kleine steinige Anhöhen? Spüren Sie mal ganz achtsam nach, wie es sich in Ihrem Körper anfühlt!
Jetzt kommen Sie zu einer Lichtung. Sie ist lichtdurchflutet, der Untergrund ist Wiese. Als erstes legen Sie Ihr Gepäck ab, ziehen vielleicht auch die Schuhe aus, laufen barfuß über die Wiese und spüren das Gras unter Ihren Füßen. Spüren Sie einen Unterschied? Wie fühlt es sich ohne das Gepäck an? Seien Sie mal ganz achtsam, was Sie jetzt in Ihrem Körper wahrnehmen!
Wenn Sie sich ein wenig erholt und entspannt haben, machen Sie sich wieder auf den Rückweg. Wollen sie Ihr Gepäck wieder mitnehmen? Brauchen Sie wirklich alles? Oder reicht auch ein Teil? Vielleicht mögen Sie auch einfach alles zurücklassen – in dem einen Baumstamm ist eine Höhle, die nur Sie kennen und wo es sicher verwahrt ist. Oder entscheiden Sie sich dafür, alles mit zurückzunehmen? Dann möchten Sie den Rucksack vielleicht umpacken? Manchmal bringt alleine das Umpacken schon Erleichterung und der Rucksack fühlt sich leichter an.
Ob mit oder ohne Gepäck ist jetzt der Zeitpunkt gekommen, dass Sie sich von der Lichtung verabschieden und den Weg zurück antreten – den Weg, der Ihnen jetzt schon vertraut ist, zurück über Waldwege und kleine steinige Anhöhen – bis zum Ausgangspunkt Ihrer Wanderung.

Den Unterschied zu spüren zwischen der Belastung durch das Gepäck und die Entlastung, darauf oder zumindest auf Teile davon zu verzichten, ist erhellend und wohltuend. Er steht sinnbildlich für das Erleben von Handlungsspielraum und Entscheidungsfreiheit, die man hat, wenn man sie sich erlaubt. Das führt im besten Fall dazu, neue Strategien zu entwickeln, sich Handlungsspielraum und Entscheidungsfreiheit auch im Berufsalltag, insbesondere im Umgang mit den berichteten traumatischen Klientenerzählungen, zu erhalten oder zurückzuerobern. Zur Einleitung dieser wie auch der folgenden Imaginationsübungen bietet sich eine Entspannungsinduktion an:

- auf den Atemfluss achten,
- Körperschwere an den Stuhl oder den Boden abgeben,
- störende Gedanken wie Wolken am Horizont vorbeiziehen lassen …

Auch die Rückführung aus der Imagination sollte entsprechend unterstützt werden.

Übungen zur Selbstannahme

Neben den Übungen zur Affektregulation und inneren Distanzierung sind im Rahmen der Selbstfürsorge besonders Übungen bedeutsam, die die Selbstannahme stärken. Ein liebevoller Umgang mit sich selbst ist Voraussetzung für einen wertschätzenden und achtsamen Umgang mit belasteten KlientInnen. Die Übungen, die SozialpädagogInnen dabei helfen, einen solchen Umgang mit sich selbst beizubehalten oder zu entwickeln, lassen sich ebenfalls aus der Stabilisierungsarbeit traumatisierter KlientInnen übernehmen, so z.B. die Imagination des *sicheren Ortes/Wohlfühlortes*, zu der sich eine Anleitung in →Kap. 2.4 befindet.

Regentagbrief

Mit dem folgenden *Regentagbrief* (nach Dolan in Hensel/Benzel 2010) soll exemplarisch eine weitere Übung vorgestellt werden. Anschließend erfolgt ein Ausflug zur Arbeit mit dem *inneren Kritiker*.

Regentagbrief

Stellen Sie sich vor, Sie schreiben an einem schönen, sonnigen Tag einen Brief für schlechte Zeiten, an denen das Wetter und die Stimmung trüb und regnerisch sind! Schreiben Sie alles in diesen Brief, von dem Sie wissen, dass es Ihnen beim Lesen gut tun würde: Erlebnisse, an die Sie sich gerne erinnern, Dinge oder Menschen, die Ihnen lieb und wichtig sind, Kraftquellen, die Sie besitzen, Eigenschaften, die Sie an sich mögen, Ihre Träume und Wünsche. Vergessen Sie auch nicht zu erwähnen, wie Sie bisherige Krisen erfolgreich bewältigt haben. Vielleicht haben Sie auch konkrete Handlungsvorschläge, die Sie an sich selber richten, um aus dem Gefühl der Frustration oder Trostlosigkeit wieder heraus zu finden, oder Sie sprechen sich selber Mut zu, geben Trost und Hoffnung, loben sich. Sprechen Sie sich in dem Brief am besten persönlich an, verwenden Sie dafür als Anrede Ihren Namen oder eine Koseform.

Der Regentagbrief wird zuhause an einem Platz verwahrt, wo er bei Bedarf schnell zur Hand ist.

Innerer Kritiker

Auch eine sorgsame Arbeit mit eigenen inneren Anteilen (→Kap. 2.6) kann hilfreich sein. Einen wertschätzenden und liebevollen Umgang mit sich selbst zu pflegen, bedeutet in erster Linie, sich gerade nicht von dem eigenen *inneren Kritiker* dominieren zu lassen. Das zu lernen, ist manchmal gar nicht so leicht. Fast alle Menschen haben im Laufe ihrer Kindheit einen *inneren Kritiker* entwickelt, um den Erwartungen von Bezugspersonen gerecht zu werden. Viele nehmen selber gar nicht mehr wahr, wie schnell und ausdauernd sie sich kritisieren und wie selten sie sich loben. Die folgenden Übungen können dabei helfen, freundlicher mit sich selber umzugehen. Die Arbeit mit dem *inneren Kritiker* schließt den Aufbau *innerer Verbündeter* ein. Der theoretische Hintergrund hierzu wurde in Friedrich (2003) beschrieben. Die humorvolle Identifizierung dieses Persönlichkeitsanteils hilft dabei, Abstand zu gewinnen und zu erkennen: Das ist nur ein Teil von mir! Anschließend sollte ein *innerer Verbündeter* entwickelt werden, der liebevoll und selbstwertstärkend dem *inneren Kritiker* etwas entgegensetzt (Goulding 1996).

Kritiker-Steckbrief erstellen
Name: „Schau-Rückwärts-Esel" (Goulding 1996, 40)
Lieblingstirade: Hättest du doch nur …
Unterschwellige Botschaft: Bedaure dein Leben!
Das Körnchen Wahrheit: Aus Fehlern der Vergangenheit kann man lernen!
Verbündeter: Aslan, der Löwe aus ‚Die Chroniken von Narnia'
Botschaft des Verbündeten: Vertrau auf deine Stärken!

Lobtagebuch schreiben
Sich jeden Abend konsequent zu fragen, wofür man sich heute loben kann, hilft, den *inneren Kritiker gesundzuschrumpfen* und stärkt den oder die *inneren Verbündeten*. Gerade am Anfang ist es hilfreich, die Antworten auch aufzuschreiben. Im Sinne der Selbstfürsorge sollte jedoch darauf geachtet werden, sich nicht ausschließ-

lich für fachliche Leistungen zu loben, sondern bspw. auch für eine gute Life-Work-Balance. Ergänzend macht daher auch die Frage Sinn: „Was habe ich heute genossen?"

Den Verbündeten zuhören

Konnten *innere Verbündete* identifiziert oder entwickelt werden, ist es wichtig, ihnen die Chance zu geben zu wachsen. Unterstützend in diesem Entwicklungsprozess ist, sich jeden Tag wenigstens 5 Minuten die Zeit zu nehmen, den Inneren Verbündeten bewusst zuhören.

Übungen zum Selbstwirksamkeitserleben

Das Selbstwirksamkeitserleben zu erhöhen, ist vorrangiges Ziel jedweder Ressourcenarbeit, nicht nur der direkten Arbeit an den inneren Ressourcen. Das Erleben von Selbstwirksamkeit, also das Empfinden, mit den eigenen Entscheidungen und Handlungen Einfluss auf die Gestaltung der Umwelt und damit auf den Verlauf des eigenen Lebens nehmen zu können, ist in hohem Maße mit Lebenszufriedenheit und psychischem Wohlbefinden verbunden. Die Methoden, die in der Ressourcenarbeit zum Einsatz kommen, zielen daher immer auch auf die Übernahme von Verantwortung für das eigene Leben ab, um Erfahrungen von Kontrolle und Erfolg zu ermöglichen, die sich wiederum positiv auf das Selbstwertgefühl auswirken. Alle diese Aspekte sind sowohl für die Stabilisierung traumatisierter KlientInnen als auch für die Selbstfürsorge in helfenden Berufen hochrelevant.

Das bedeutet, dass in beiden Bereichen grundsätzlich alle bekannten Methoden der Ressourcenerhebung und -aktivierung zum Einsatz kommen können.

Selbstwirksamkeitserleben durch

- Erstellen von Ressourcenkarten, die die eigenen Kraftquellen und Kompetenzen sichtbar machen
- die Analyse des (in)formellen Unterstützungsnetzwerkes mit Netzwerkkarten o.ä. oder
- Entwickeln von Methoden zur Priorisierung, Konkretisierung und Verfolgung selbstgesteckter Ziele

Das Erreichen selbstgesteckter Ziele ist in besonderem Maße mit einer Erhöhung des Selbstwirksamkeitserlebens verbunden. Eine Einführung in die genannten Methoden findet sich bei Friedrich (2010).

3.3 Psychohygiene im Team

Ob jemand am Arbeitsplatz gesund bleibt oder aber körperlich oder psychisch erkrankt, hängt neben der persönlichen Disposition und dem eigenen Umgang mit Stress und Belastungen ganz entscheidend von den strukturellen und menschlichen Bedingungen ab, die er oder sie dort vorfindet. Neben einem gesundheitsförderlichen oder auch im Gegenzug gesundheitsgefährdenden Leitungsstil ist es dabei vor allem das unmittelbare Arbeitsteam, das die Arbeitsatmosphäre entscheidend prägt. Wie wird miteinander, mit Bedürfnissen, Belastungen und Konflikten umgegangen? Gibt es ein gutes Miteinander, eine Unterstützungskultur, oder ein Gegeneinander und Einzelkämpfertum? Wird sich füreinander interessiert, haben Belastungen und Erfolge und schöne Momente gleichermaßen Platz? Nicht nur Einzelne, auch Arbeitsteams sollten sich bewusst Zeit für Psychohygiene nehmen.

Wie kann das konkret aussehen? Zum einen braucht es eine gelebte Unterstützungskultur im Team. Das Wissen um die Fähigkeit und die Bereitschaft der KollegInnen, empathisch zuzuhören, die eigene Sichtweise rückzumelden, auf Wunsch Rat zu geben oder auch tatkräftig einander etwas abzunehmen, ist eine große gesundheitsfördernde Ressource im Umgang mit der täglichen Arbeitsbelastung. Dazu ist es hilfreich, sich zunächst einmal einen Überblick über die zur Verfügung stehenden Fähigkeiten und Qualifikationen der einzelnen Teammitglieder zu verschaffen sowie die Bereitschaft der Einzelnen auszuloten, Wissen o. Ä. an die KollegInnen weiterzugeben. Für bestimmte Arbeitsthemen und Kompetenzen können so AnsprechpartnerInnen benannt und Vereinbarungen getroffen werden, wie im Team vorgegangen wird, wenn jemand Unterstützungsbedarf hat. Da Selbstfürsorge aber auch beinhaltet, die eigenen Ressourcen nicht auszubeuten, sprich, nicht über seine Grenzen zu gehen, ist ein achtsamer Umgang mit diesen Teamressourcen wichtig. Es gilt: Jeder gibt nur so viel, wie es ihm gut tut!

Daneben kann Selbstfürsorge auch in Teambesprechungen erfahren werden, wenn diese entsprechend eingeleitet werden. Anstelle sogleich auf organisationale oder fallspezifische Belange zu sprechen zu kommen, lohnt es sich für ein Arbeitsteam, ein paar Minuten auf einen sanften, ressourcenaktivierenden Einstieg zu verwenden. Ähnlich dem individuellen Genusstagebuch kann sich eine Eingangsrunde im Rahmen der wöchentlichen Teambesprechung der Frage widmen: Was habe ich diese Woche genossen? Oder das Team trifft die Verabredung, dass jedes Mitglied etwas zur Teambesprechung mitbringt, was es genießt. Das können Düfte sein oder die Lieblings-DVD, Fotos von Urlaubsreisen, Badesalz oder Schokolade. Genussmomente sind etwas sehr Individuelles und haben oft mit schönen Erinnerungen zu tun. Sie zu teilen und in ihnen zu schwelgen, ist Genuss fördernd. Das Team lernt sich auf diese Weise noch einmal anders kennen.

Selbstverständlich bieten sich auch andere Fragen für die Eingangsrunde an, so z. B.: „Wofür konnte ich mich in den letzten Tagen loben?", „Wer hat mich diese Woche unterstützt?" oder „Worüber habe ich mich diese Woche bereits gefreut?" Eine andere Idee kommt von Birgit Lang. Sie schlägt einen Perspektivwechsel vor:

> *„Alle Frauen und Männer in diesem Arbeitsfeld wissen oder haben eine Idee davon, was die Arbeit mit traumatisierten Kindern und Jugendlichen Positives für sie bringt. Eine entsprechende Themensammlung kann dabei helfen, den Blick immer wieder darauf zu zentrieren und in Erinnerung zu holen."* (Lang 2009, 218)

Ein thematischer Einstieg ist sinnvoller als mit einer reinen Befindlichkeitsrunde zu starten („Wie geht es mir heute morgen?"), die im Allgemeinen eher die negativen Stimmungen verstärkt und damit wenig zum Wohlbefinden beiträgt. Allerdings darf auf diese Weise keine *geheime Spielregel* entstehen, die die Benennung von Schwierigkeiten und Belastungen verbietet. Auch dafür braucht ein Team Raum, beispielsweise in Form einer regelmäßig durchgeführten kollegialen Beratung. Eine gesundheitsfördernde Teamkultur bedeutet für seine Mitglieder die Erlaubnis zur Öffnung und zum Rückzug und im Notfall Anteilnahme und Unterstützung.

Birgit Lang sieht die Stabilisierung der MitarbeiterInnen weniger als Team- denn als Leitungsaufgabe. Sie plädiert dafür, die traumapädagogischen Prinzipien, die die SozialpädagogInnen im Umgang mit ihren KlientInnen leiten, auf die Ebene der Mitarbeiterführung zu übertragen (2009). „Die Stabilisierung der MitarbeiterInnen ist Grundlage für die Stabilisierung der Kinder." (Lang

2009, 214) Auch der Umgang von Leitungspersonen und Fachdiensten mit den BetreuerInnen sollte sich demnach durch Transparenz und Einschätzbarkeit und durch eine die Selbstwirksamkeit der PädagogInnen fördernde, partizipative Prozessgestaltung auszeichnen. Des Weiteren bräuchten die MitarbeiterInnen „die Gewissheit, neue Wege gehen zu können, um auf entsprechende überraschende Situationen im pädagogischen Alltag kreativ und hilfreich zu reagieren und sich handlungsfähig erleben zu können" (Lang 2009, 214).

Leitungskräfte sollten auch die Individualität ihrer MitarbeiterInnen und die mit den unterschiedlichen Handlungsansätzen verbundenen vielfältigen Ressourcen wertschätzen. Angelehnt an traumatherapeutische Konzepte geht es nach Lang auch in der Mitarbeiterführung um die Förderung

- der Sinnes- und Körperwahrnehmung,
- der Emotionsregulation,
- der Resilienz und
- der Selbstwirksamkeit.

Sie macht konkrete Vorschläge zur Umsetzung dieser Prinzipien: Leitungskräfte sollten es ihren MitarbeiterInnen beispielsweise ermöglichen, das eigene Büro zum sicheren Wohlfühlort auszugestalten, durch erlebnispädagogische Einheiten die Teamresilienz zu fördern und durch gezieltes Genusstraining die Sinne zu schulen (Lang 2009).

Auch Fegert et al. betrachten in diesem Zusammenhang die Leitungsperspektive. Ihrer Meinung nach „sollten die Leiterinnen und Leiter von Institutionen, in denen traumatisierte Kinder und Jugendliche betreut werden, in stärkerem Maße als bisher ihrer Fürsorgepflicht gegenüber ihren Angestellten nachkommen" (2010, 303). Sie empfehlen ein regelmäßiges Screening der BetreuerInnen auf Burnout-Symptome – wir empfehlen stattdessen das bereits genannte Screeninginstrument zur Sekundären Traumatisierung von Judith Daniels – sowie die Sicherstellung regelmäßiger Supervision und Selbsterfahrung zur Reflexion eigener Erlebnisse und Bindungserfahrungen. Das erscheint sinnvoll, weisen doch Studien, die im Rahmen des Frühförderprogrammes *STEEP* (vgl. Suess et al. 2010, Egeland, B., Erickson, M.F. 2004) durchgeführt wurden, darauf hin, dass „unsichere Bindungshintergründe bei MitarbeiterInnen der Jugendhilfe sehr verbreitet sind und eine signifikante

Beeinträchtigung des Interventionserfolges darstellen" (Suess 2010, 274).

In helfenden Berufen gehört Supervision zwingend dazu – zur Qualitätssicherung, aber auch zum Schutz vor Burnout und Sekundärer Traumatisierung. Bestenfalls findet sie bei SupervisorInnen statt, die in der Traumaperspektive geschult sind und Sekundäre Traumatisierung (er)kennen. Die Ergebnisse unserer Studie, aus denen sich schließen lässt, dass die Supervision, wie sie bisher stattfindet, keinen Schutz vor Sekundärer Traumatisierung bietet, deuten jedoch darauf hin, dass traumasensible Supervisionskonzepte bisher eher die Ausnahme sind. Um eine solche Qualität in der Sozialen Arbeit zu befördern, scheint eine gezielte konzeptionelle Entwicklung daher dringend geboten. Neben der teamübergreifenden oder teaminternen Supervision sollten Träger ihren MitarbeiterInnen auch die Möglichkeit zur Einzelsupervision bieten, wenn diese feststellen, dass sie sich in der Fallbetreuung hochbelastet fühlen und die Teambesprechung oder die Gruppensupervision nicht als geeigneten Ort erleben, diese Belastung zum Thema zu machen. Eine solche Möglichkeit, die ja nur im begründeten Einzelfall genutzt würde, kostet die Einrichtung weit weniger als ein/e krankheitsbedingt lange Zeit ausfallende/r MitarbeiterIn.

Wie dieses Kapitel zeigen wollte, ist gelebte Psychohygiene oder Selbstfürsorge in der Sozialen Arbeit eine Querschnittsaufgabe, die die einzelne Fachkraft, das gesamte Team und deren Leitung gleichermaßen betrifft und auch vor der Organisation und ihren Kooperationspartnern nicht haltmacht. Das erscheint zunächst komplex, bedeutet aber auch, dass es möglich ist, an jedem Punkt anzusetzen und damit bereits wichtige Schritte in die richtige, Gesundheit erhaltende Richtung zu tun. Dazu möchten wir ausdrücklich ermutigen.

Schlussbetrachtungen

In einem Seminar zum Thema *Sozialpädagogische Hilfeplanung* meldete sich ein Teilnehmer zu Wort und kritisierte, dass die im Seminar gegebenen Handlungsanregungen ja schön und gut seien, aber in der Praxis nicht umsetzbar, weil die Rahmenbedingungen es nicht hergeben würden, so mit Menschen zu arbeiten. Ausgelöst durch diese Bemerkung entstand eine Diskussion, innerhalb derer deutlich wurde, wie notwendig ein sozialpädagogisches Selbstverständnis ist, das nicht ausschließlich Bedingungen verwaltet. Vielmehr sollte es als Teil seiner Profession betrachten, Bedarfe zu formulieren und sich gegebenenfalls für Veränderungen von Bedingungen einzusetzen, die aus sozialwissenschaftlicher und humanistischer Perspektive inakzeptabel sind. Beitrag sozialpädagogischer Profession kann es sein, neben individuumszentrierten Hilfeleistungen auf strukturelle und gesellschaftliche Bedingungen aufmerksam zu machen, die menschliches Leid produzieren. Darüber hinaus sollte sie eine kapitale Gesellschaft an ihre soziale Verantwortung und Fürsorgepflicht erinnern.

Zweifelsohne hatte der Kollege recht, wenn ihm Seminarinhalt und Alltagsrealität teils im Widerspruch erschienen. Auch die in diesem Buch formulierten Ansprüche und Notwendigkeiten brauchen Voraussetzungen, die nicht alleine von den jeweils vor Ort tätigen Helfern umgesetzt werden können. Es braucht die gesamtgesellschaftliche Verantwortung, um Traumatisierungen und ihre Folgeerscheinungen zu verhindern oder aber zu heilen.

Die präventive gesellschaftspolitische Aufgabe liegt dabei darin, für die Verbesserung von Lebensbedingungen und Werte-Haltungen zu sorgen, die Traumatisierungen nach sich ziehen oder diese begünstigen. Strukturell geht es dabei u. a. um konsequentes Engagement, Risikofaktoren wie

- einen niedrigen sozioökonomischen Status,
- chronische Armut,
- Arbeitslosigkeit oder
- ein niedriges Bildungsniveau (Wustmann 2004)

zu minimieren. Darüber hinaus jedoch braucht es klare Haltungen gegenüber jedweder Form von Gewalt, Unterdrückung und Entwertungen, die die Hauptursachen von Traumatisierungen sind. Selbst wenn es strafrechtliche Verbote von Gewalt gibt, bleibt die Grauzone, innerhalb derer Gewalt und Demütigung geduldet und bagatellisiert werden, groß: Ganze Industriezweige leben vom Verkauf gewaltverherrlichender oder pornografischer Filme und Computerspielen. Und sogar ein großes deutsches Versicherungsunternehmen kauft als „leistungsorientierte Bezahlung" für seine Mitarbeiter „Sexarbeiterinnen" in unterschiedlicher „Gütekategorie" ein (Süddeutsche Zeitung, 29.05.2011). Ein Begriff wie *Döner-Morde*, der anlässlich einer rechtsradikal motivierten Mordserie zu Beginn des 21. Jahrhunderts in Deutschland an mehreren Imbissbesitzern mit Migrationshintergrund öffentlich eingeführt wurde, verharmlost die Tatsache, dass hier Menschen von Menschen aus menschenverachtenden Motiven grausamst hingerichtet wurden (Spiegel online, 17.01.2012). Ferner wird tagtäglich Kindern und Jugendlichen in verschiedenen medialen Formaten suggeriert, dass das Ausspielen von Macht und Demütigungen ein probates Mittel des zwischenmenschlichen Umgangs ist. Dies sind nur wenige Beispiele für die Bagatellisierung von Gewalt und Entwertung in unserer Gesellschaft.

Traumasensible Perspektiven müssen also dort ansetzen, wo gesellschaftliche Milieus einen Nährboden für Feindseligkeiten, Entwertungen und Gewaltbereitschaft bieten. Gleichermaßen ist es Aufgabe eines Sozialstaates, ihren *BasisarbeiterInnen* Bedingungen zur Verfügung zu stellen, die es ermöglichen, ihr Mandat zur Verbesserung von Umständen und individuellen Lebensbedingungen wahrzunehmen. Dies wird gerade in der Arbeit mit traumatisierten Menschen besonders deutlich. Traumafolgstörungen entstehen dort, wo ein Mensch in der *traumatischen Zange* Umständen und Ereignissen schonungslos ausgeliefert ist. Heilungsprozesse wiederum werden nur dort stattfinden, wo Menschen ausreichend Schutz und Sicherheit erfahren und eine Rehabilitation ihrer eigenen Kräfte erleben können. Diese jedoch bedarf, dass Menschen ihre aktuellen Umstände und Lebenssituationen wieder als bewältigbar erleben und somit alte Ohnmacht überwunden werden kann.

Gegenwärtig ist dieser helfende Rahmen vielfach in Gefahr. Massive Sparmaßnahmen im sozialen Sektor verschlechtern zum einen die Lebensbedingungen von Menschen und bringen zum anderen auch für sozialpädagogische Fachkräfte deutlich verschlechterte Arbeitsbedingungen mit sich. Ansprüche, wie sie in diesem Buch formuliert werden – bspw. nach notwendiger Beziehungspräsenz und ausreichender Sicherheit –, können von der einzelnen Fachkraft dauerhaft nur gewährleistet werden, wenn quantitativ ausreichend und qualitativ gut ausgebildetes Personal zur Verfügung steht. Hierzu braucht es eine deutliche Absenkung von Fall- und Schlüsselzahlen ebenso wie Investitionen in die Verbesserung von Ausbildungen, Fort- und Weiterbildungen sowie Supervisionen.

Ressourcenorientierung als zentrale Grundlage wird sich atmosphärisch nur entfalten, wenn auch HelferInnen innerlich und äußerlich mit eigenen Ressourcen in Verbindung sind. Dieses meint zum einen gute materielle und personelle Ausstattungen der Arbeitsfelder, zum anderen aber auch monetäre und zeitliche Mittel, die dafür da sind, in die Gesundheit und Krafterhaltung des Personals zu investieren. Auch die Förderung von Selbstwirksamkeitserleben bei traumatisierten Menschen kann HelferInnen in letzter Konsequenz nur dann gelingen, wenn auch auf den Realebenen – beispielsweise bei der Suche nach einem Therapieplatz oder der Gewährleistung von Leistungen – Erfolge möglich sind. Die Gefahr, dass HelferInnen in der Arbeit mit traumatisierten Menschen selbst an die Grenzen ihrer Wirksamkeit und Handlungsfähigkeit geraten, wird dort begünstigt, wo eigene Hilflosigkeit durch mangelnde sozial-gesellschaftliche Fürsorge gegenüber den KlientInnen ausgelöst wird.

Selbstverständlich darf die Auseinandersetzung mit mangelhaften Bedingungen und Verhältnissen nicht dazu dienen, sich aus der sozialpädagogischen Selbstverantwortung zurückzuziehen und sich auf das Beklagen der Umstände zu reduzieren. Im Gegenteil sollte die Wahrnehmung des Defizits – in ressourcenorientiertem Sinne und sozialpädagogischem Selbstverständnis – zunächst zum Anlass genommen werden, alle eigenen Möglichkeiten auszuloten und auch unter schwierigen Bedingungen zu erkennen, was dennoch möglich ist, und dies konsequent umzusetzen.

So wie dem Seminarteilnehmer zunächst die Inhalte der Veranstaltung konträr zu seiner Praxis erschienen, wird dem Einen oder der Anderen vielleicht auch manches, was in diesem Buch steht, unter den gegebenen Bedingungen schwer realisierbar erscheinen. Das bedeutet aber nicht, dass es nicht geht, sondern lediglich, dass stellenweise Veränderungen notwendig sind, um es umzusetzen! Dieses Buch will demgemäß dazu beitragen, die Erfordernisse einer Arbeit mit traumatisierten Menschen zunächst deutlich wahrzunehmen. Dies soll darüber hinaus einen Fachdialog anregen, der die Erweiterung eigener personaler Kompetenzen und Möglichkeiten ebenso umfasst wie das Ziel, sich gemeinschaftlich für die – aus humanistischer Sicht – notwendigen Rahmenbedingungen stark zu machen.

Vielleicht kann der Inhalt dieses Buches neben seiner praxisorientierten Anleitung entsprechend zugleich auch ein kleiner Beitrag sein, um die anwaltliche Funktion sozialpädagogischer Arbeit zu stärken, indem die Bedarfe für die Arbeit mit seelisch-verwundeten Menschen nicht nur formuliert, sondern auch argumentiert werden können.

Anhang

Anhang 1: Ressourcenlandkarte

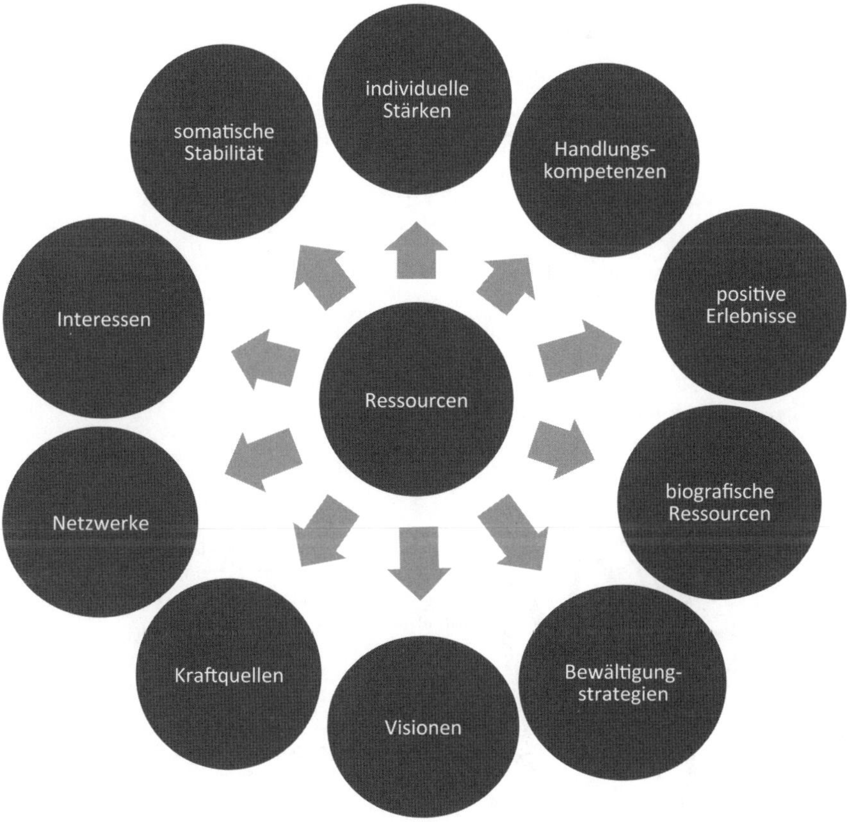

Anhang 2: Individuelle Ressourcen

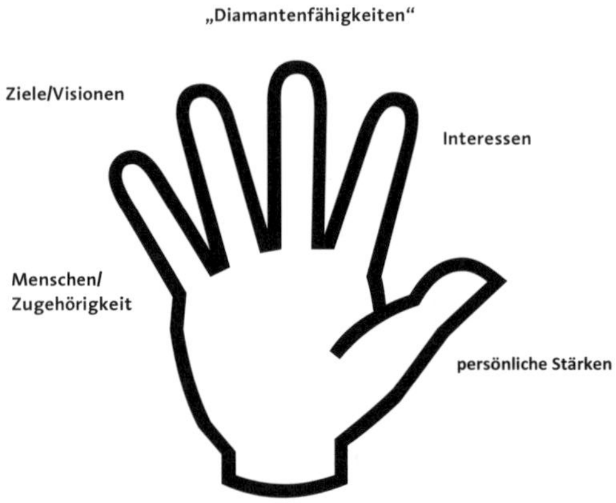

RESSOURCEN-HAND

1. Daumen: Was kann ich gut? Welche besonderen Fähigkeiten habe ich?

2. Zeigefinger: Was begeistert mich? Was erregt mein Interesse?

3. Mittelfinger: Welche speziellen Kompetenzen habe ich „unter besonderem Druck“ (belastenden, herausfordernden, schmerzlichen Situationen) erworben?

4. Ringfinger: Was möchte ich noch erreichen? Wovon träume ich?

5. Kleiner Finger: Wer ist bedeutsam in meinem Leben? Wo fühle ich mich zugehörig (Gruppen, Menschen, Richtungen)?

Anhang 3: Positive Anker/Kraftquellen

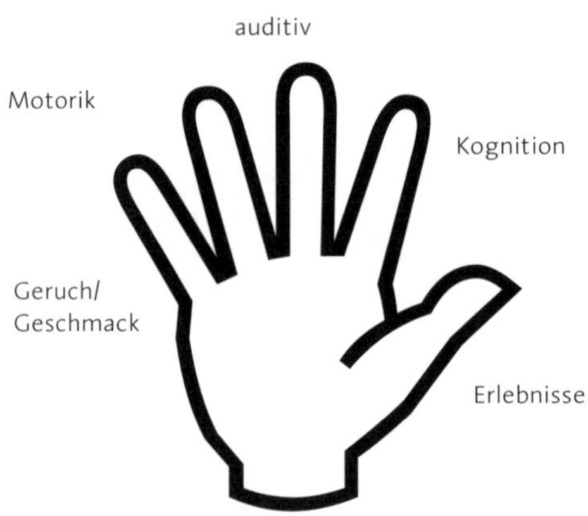

KRAFTQUELLEN-HAND

1. Daumen: Bei welchen Unternehmungen/Erlebnissen kann ich auftanken?

2. Zeigefinger: Welche Gedanken, Texte, Erzählungen, Filme, Literatur sind anregend für mich?

3. Mittelfinger: Welche Geräusche, Lieder, Töne höre ich gern?

4. Ringfinger: Welche Bewegungen und Körperaktivitäten entspannen mich und geben mir Kraft?

5. Kleiner Finger: Welche Gerüche und Geschmäcker lösen Wohlbefinden bei mir aus?

Anhang 4: Hilfreiche Anker

gute Erlebnisse des Kindes, an die es gerne erinnert wirc:	
Rituale, die dem Kind Sicherheit geben:	
Berührungen, die das Kind beruhigen:	
Worte, auf die das Kind gut reagiert:	
Gegenstände/Symbole, die für das Kind nützlich und hilfreich sind:	
sonstige „Spezial-Anker" des Kindes:	
negative Anker (Trigger), die vermieden werden sollten:	

Anhang 5: Imaginationsübungen zur Stabilisierung

1. Der sichere Ort/Wohlfühlort

Machen Sie sich auf die Reise zu Ihrem inneren Wohlfühlort – ein Ort, wo Sie sich rundum sicher und wohl fühlen, der nur für Sie allein bestimmt ist und wo Sie keine Kompromisse eingehen müssen. Sie dürfen ihn sich ganz so ausmalen, wie er Ihnen gut tut. Es kann ein realer Ort sein, den Sie gerne aufsuchen oder an den Sie sich gerne erinnern, oder auch ein fiktiver Ort. Ihr innerer Wohlfühlort kann ein Ort in der Natur sein – eine Wiese, ein Strandabschnitt, ein Waldstück oder ein Gipfel, oder noch ganz anders. Er kann auch ein Ort in der Stadt oder in einem Gebäude sein – ein Garten, ein Zimmer, der Lieblingssessel. Ihr innerer Wohlfühlort kann auf dieser Erde sein oder in fremden Welten. Das Einzige, was zählt, ist, dass er Ihnen gefällt und dass Sie sich dort sicher und wohl fühlen. Sorgen Sie dafür, dass Sie sich ganz in Sicherheit fühlen und geben sie ihrem Ort eine Begrenzung, einen äußeren Schutz ihrer Wahl, der dafür sorgt, dass nur Sie bestimmen können, welche Lebewesen außer Ihnen an diesem Ort sein dürfen.
Stellen Sie sich nun ihren Ort möglichst genau vor: Was sehen Sie, das Sie erfreut? Welche Farben sind da? Was können Sie hören? Gibt es angenehme Geräusche? Was spüren Sie dort an diesem Ort? Wie fühlt es sich an, dort zu sein? Erlauben Sie sich, Ihren inneren Wohlfühlort nach Herzenslust zu gestalten und zu verändern – er gehört ausschließlich Ihnen! Gehen Sie dabei keine Kompromisse ein, sondern spüren Sie ganz achtsam nach, was Ihnen gut tut. Sind die Farben angenehm, die Geräusche, der Geruch, die Temperatur? Wenn alles ganz genau so ist, wie es sein soll, können Sie, wenn Sie mögen, eine Körpergeste bewusst ausführen, zum Beispiel, sich über den Handrücken zu streichen. Diese Geste wird Sie mit Ihrem Wohlfühlort verbinden und ihnen helfen, sich an ihn zu erinnern und zu ihm, wann immer Sie mögen, zurückzukehren (in Anlehnung an Hensel/Benzel 2010; Reddemann 2010).

2. Der innere Garten

Stellen Sie sich bitte ein Stück unberührtes Land mit frischer Erde vor. Es kann klein sein wie ein Blumenbeet oder ein Balkonkasten oder groß wie ein Feld, ein Park o.Ä. Sie sind die Gärtnerin/der Gärtner dieses Erdstücks. Gestalten Sie es jetzt, wie Sie mögen. Viel-

leicht wird es Bäume, Büsche oder Blumen geben ... Vielleicht sind die Gewächse, die Sie in die Erde pflanzen, schon ausgewachsen ... Vielleicht werden Sie einige aber auch erst aussäen ... Vielleicht werden Sie Wasser in Ihrem Garten haben ... Vielleicht gibt es einen Platz zum Ausruhen ... Vielleicht ist Ihr Garten offen nach außen, vielleicht hat er aber auch Zäune oder eine Mauer ... Alles kann so gestaltet werden, wie Sie es möchten.
Wenn Sie später etwas verändern wollen, legen Sie sich in einer Ecke Ihres Gartens einen Komposthaufen an. Dort können Sie alles hinbringen, was Sie nicht mehr haben wollen, so dass es sich in nützliche Erde verwandeln kann.
Wenn Sie nun für heute zufrieden mit Ihrem Werk sind, schauen Sie sich um in Ihrem Garten. Vielleicht, indem Sie ihn noch einmal durchschreiten oder sich an einem ruhigen Plätzchen niederlassen und sich an ihm erfreuen. Nehmen Sie sich vor, Ihren Garten so oft wie möglich aufzusuchen und ihn zu gestalten, wie es Ihren Vorstellungen und Wünschen entspricht (in Anlehnung an Reddemann 2010; Besser 2008).

Ausführliche Variante der Imaginationsarbeit zum inneren Garten:

- Michaela Huber (2006): Der innere Garten – Ein achtsamer Weg zur persönlichen Veränderung. Junfermannverlag.

3. Innere Helfer

Diese Übung der inneren Helfer kann sehr unterschiedlich angeleitet werden. Im Kern geht es darum, das Gegenüber zu ermuntern, sich ein „hilfreiches Wesen“ zu imaginieren, das ihm zur Seite steht, ihn tröstet, begleitet, ermutigt und stärkt. Es kann auch das Bild eines „inneren Coaches“ oder Ratgebers verwendet werden. Dieses Wesen kann ebenso imaginiert werden wie bspw. der Wohlfühlort/sichere Ort. Dabei sollten sich möglichst keine realen Wesen, sondern eher Fantasie/Fabelwesen vorgestellt werden. Diese können in einer Imagination nach den eigenen Wünschen selbst erschaffen werden oder es kann angeregt werden, vertraute We-

sen aus Märchen oder Geschichten dafür zu nutzen. In der Imagination kann dazu eingeladen werden, sich vorzustellen, wie die Person Kontakt zu diesem „inneren Helferwesen" aufnimmt. Es können zum Beispiel konkrete Fragen gestellt werden oder Wünsche geäußert werden, was dieses Wesen für die Person tut (in den Arm nehmen, die Hand halten, zuhören, zu ihr sagen ...).
Für Kinder kann die Arbeit mit einem Ressourcen-Krafttier als „innerem Helfer" hilfreich sein. Hier kann das Kind ermutigt werden, sich ein Fantasietier zu erschaffen, das die Stärken verschiedener Tiere in sich vereint. Es kann darüber gesprochen werden, welche Stärke dem Kind in welcher Situation nützlich sein kann. Zur Verankerung kann dieses Krafttier auch gemalt werden und z.B. als stetiger Begleiter in der Tasche oder als Wächter unter dem Bett mitgenommen werden (Reddemann 2010; Striebel 2008; Vogt 2006 et al.).

Weitere Imaginationsübungen in:

- Luise Reddemann (2010): Imagination als heilsame Kraft. Klett-Cotta

Anhang 6: Psychoedukationsbeispiele

1. Beispiel
„Im Gehirn gibt es drei Teile, die im Idealfall gut zusammenarbeiten. Ein Teil, das ist der älteste, manche sagen Reptiliengehirn (Gehirnstamm oder Stammhirn) dazu, das ist der Kern des Apfels. Dieser Teil hat viele Funktionen, u.a. reagiert er auf Gefahr und stellt Energie bereit, um zu kämpfen oder zu flüchten. Seine Sprache sind Empfindungen wie z.B. der Kloß im Hals, die schweißnassen Hände oder eine große Aufregung. Der zweite Teil, sagen wir das Fruchtfleisch des Apfels, heißt auch Mittelhirn oder Amygdala. Dieser Teil ist für Gedächtnis und Emotionen verantwortlich, seine Sprache sind die Gefühle. Die Amygdala ist auch die Warnzentrale im Gehirn. Der dritte Teil, sagen wir die Schale des Apfels, ist das

denkende Gehirn. Normalerweise ist das denkende Gehirn der Chef. Wenn du aber ganz viel Angst hast, dann schaltet die Warnzentrale (Fruchtfleisch) das Reptiliengehirn (Apfelkern) ein. Der Apfelkern stellt Energie bereit, damit du dich wehren kannst. Und das denkende Gehirn, die Schale des Apfels ist abgeschaltet. Und wenn das ganz oft ist oder früher so war, dann meldet die Amygdala Gefahr, auch wenn keine da ist. Das Reptiliengehirn bleibt eingeschaltet und setzt deinen Körper unter Strom, damit du dich wehren oder flüchten kannst. Du wirst nervös oder bekommst Angst oder schweißnasse Hände, rastest vielleicht aus und weil du nicht weißt, was passiert, denkst du, da hat sich eine Fernbedienung reingehängt, die sendet immerzu Alarm. Die Schale, der Denker hat keine Chance. Es gibt keinen Funkkontakt von der Warnzentrale zum Denker und auch keinen vom Denker zur Warnzentrale." (Weiß 2009a, 160)

2. Beispiel
„Es gibt in deinem Leben einige Erlebnisse, die man „traumatische Erlebnisse" oder „Traumata" nennt. Traumata sind Erlebnisse, die so groß sind, dass sie von unserem Gehirn schwer verarbeitet werden. Das führt dazu, dass in uns auch viele Jahre später immer noch viele starke Gefühle aktiv sind – die vor allem immer dann auftauchen, wenn uns im Alltag irgendetwas begegnet, was uns an diese Erlebnisse erinnert. Das kann ein Geruch sein, eine Bewegung, die jemand macht, ein Wort, das man hört oder ein Gefühl wie damals, zum Beispiel alleine sein oder hilflos sein. In unserem Gehirn und unserem Körper laufen dann „alte Muster" ab – so, als würde die alte Geschichte noch mal passieren. Die Angst gehört zum Beispiel zu den „alten Gefühlen", die immer wieder aufgerufen werden. Deine Angst ist eine *ganz normale Reaktion* auf die traumatischen Erlebnisse in deinem Leben. Deine Angst ist ein altes Muster, das versucht, dich zu *schützen*. Ebenso wie dein Muster, dich zurückzuhalten, statt deine Meinung zu sagen. Früher hat dir das geholfen. Es war gut, dass du das gelernt hast! Jetzt kannst du *neue Muster* dazulernen, die dir helfen können, dass du gute Möglichkeiten findest, mit deiner Angst umzugehen, und die dir helfen, deinen Wunsch, noch mehr *selbstständig* zu machen und dir mehr *zuzutrauen,* zu erfüllen." (C. Scherwath: aus der Arbeit mit einer Klientin mit traumabasierter Angstsymptomatik)

Anhang 7: Anregungen zu ressourcenorientierter Biografiearbeit

1. Übung: Biografie als Quelle von Ressourcen (Schatzsuche)

- Ziele: ressourcevolle biografische Perspektiven entwickeln; positive Selbstbilder unterstützen; Stabilisierung
- Anleitung: Mit einer Packpapierrolle rollt die Person sich ihren *Lebensfaden* aus. Das Blatt wird dann in größere Zeitabschnitte eingeteilt: 0–6 Jahre, 7–12 Jahre, 13–18 Jahre, 18 Jahre bis zur Gegenwart. (Tipp: Größere Zeiträume verringern die Wahrscheinlichkeit, dass bspw. ein konkretes Alter getriggert wird.)
- Nun geht es darum, sich auf *Schatzsuche* in der eigenen Biografie zu begeben und diese Schätze zu bergen. Folgende Schätze sollen gesucht werden:
  Interessen und Freudvolles: Womit habe ich gerne gespielt/meine Zeit verbracht? Was hatte ich an? Was habe ich gerne gegessen? Welche Musik habe ich gehört? Welche/n Geschichte/Film mochte ich? Was habe ich gesammelt? Wovon habe ich geträumt?
  Persönliche Fähigkeiten: Was habe ich in dieser Zeit gelernt? Was waren besondere Kompetenzen, die ich genutzt habe? Welche Leistungen habe ich vollbracht? Hier geht es auch um ganz konkrete Aspekte wie: Rollerfahren gelernt, Seepferdchen-Abzeichen, auf Bäume klettern, Streiche spielen, laut sein oder mich verstecken.
  Beziehungsressourcen: Mit wem war ich gerne zusammen? Was haben wir geteilt? Miteinander unternommen? Wer waren meine Vorbilder/Ideale (auch Popstars u. Ä.)?
  Positive Erlebnisse: Was gab es an besonderen positiven Erlebnissen? Welche Unternehmungen, Reisen oder Veranstaltungen gab es, die ein *Highlight* für mich waren?

Die *Schätze* werden im gemeinsamen Gespräch erhoben. Es sollte nicht systematisch, sondern assoziativ vorgegangen werden, um dem Gegenüber die Möglichkeit zu geben, sich seinen Erinnerungen auf seine Art und Weise anzunähern: „Ich würde zunächst gerne mit dir überlegen, was es in deinem Leben gab, was dich interessiert hat, was dir Freude gemacht hat. Vielleicht fällt dir etwas ein, woran du als kleines Kind Spaß hattest, oder etwas, was dich als Jugendliche/r begeistert hat, schau einfach, wozu dir als erstes etwas einfällt und was dann ..." Dabei auftauchende Erinnerungen können auf kleinen Kärtchen (z. B. Moderationskarten) aufgeschrieben und in die jeweilige Phase gelegt werden. Am Ende der Übung können diese *Schätze* von der Person eingesammelt werden und in ein Schatzkästchen gelegt oder in ein *Schätze-meines Lebens-Buch* geklebt werden. Abschließend kann die Person dazu ermuntert werden, weitere *Schätze ihres Lebens*, die ihr zwischendurch einfallen, aufzuschreiben (hierzu ist es gut, einige leere Kärtchen mitzugeben), um ihr Kästchen oder Büchlein weiter zu füllen.

2. Übung: Ein biografisches Märchen

- Hintergrund und Ziel: Die Kernbotschaft aller Märchen ist, dass Schweres erlebt, aber aus eigener Kraft oder mit zur Verfügung gestellten Ressourcen bewältigt wird und alles am Ende gut ausgeht. Ziel dieser Übung ist es, die eigene Lebensgeschichte in diesem Kontext zu sehen und ihr auf symbolischer Ebene Ausdruck zu verleihen. Diese Form erleichtert häufig das Erzählen, weil durch den symbolischen Zugang auch Empfindung und Erleben zum Ausdruck gebracht werden kann, für die es sonst keine Worte gibt. Das Schreiben und metaphorische Denken schafft dabei die notwendige Distanz („ich beschreibe" statt „ich erlebe"). Gleichfalls versetzt es die Schreiberin in eine *regieführende Position*: Die eigene Geschichte kann in eigener Kontrolle entwickelt, konstruiert und verändert und somit im Rahmen von Selbstbemächtigungsprozessen neu wahrgenommen werden.
- Anleitung: Das Gegenüber wird gebeten seine bisherige Lebensgeschichte in Form eines Märchens zu schreiben. Dabei können Figuren oder Motive aus bekannten Märchen verwendet, aber auch eigene Ideen entwickelt werden.

Zur Unterstützung können Bildkarten dazugenommen werden. Diese können manchmal hilfreich sein, um Assoziationen und Symbole zu finden, die gut zur eigenen Geschichte passen könnten (in Anlehnung an: Gudjons/Pieper et al. 2003).

Material:

- OH-cards (Mythos, Saga, 1001) zu beziehen über: www.oh-cards.com

Anhang 8: Innere Mannschaftsaufstellung

Wie ist der Name?	Welche besonderen Stärken hat er?	Welche Bedürfnisse hat er? Welche positiven Absichten verfolgt er?	In welchen Situationen/ Zuständen ist er hilfreich?	Durch was ist er zu „triggern“ (unwillkürlich aufzurufen)?

Anhang 9: Triggeranalyse/Notfallplan

Reiz von außen:	**Welches Gefühl wird in mir ausgelöst?**	**Welcher Handlungsimpuls taucht dann auf?**	**Welche Selbstberuhigungsstrategie (Skill) hilft?**
Verhalten:			
Bewegungen:			
Erscheinungsbilder:			
Arten zu sprechen/Worte:			
Gerüche:			
Situationen/Bedingungen:			

Literatur

American Psychiatric Association (1996): Diagnostisches und statistisches Manual psychischer Störungen DSMIV. Deutsche Bearbeitung und Einführung von Henning Sass. Hogrefe, Göttingen

Antonovsky, A. (1997): Salutogenese – Zur Entmystifizierung der Gesundheit. DgvT, Tübingen

Appel-Ramb, C. (2008): Psychodynamisch Imaginative Traumatherapie (PITT). In: Landolt, M. A., Hensel, T. (Hrsg.), 135–163

Baer, U., Frick-Baer, G. (2010): Wie Traumata in die nächste Generation wirken. Affenkönig, Neukirchen-Vlyn

Bauer, J. (2006a): Das Gedächtnis des Körpers. 6. Aufl. Piper, München

Bauer, J. (2006b): Warum ich fühle, was Du fühlst. 2. Aufl. Heyne Verlag, München

Bausum, J., Besser, L., Kühn, M., Weiß, W. (Hrsg.) (2009): Traumapädagogik. . Grundlagen, Arbeitsfelder und Methoden für die pädagogische Praxis. Juventa, Weinheim/München

Beck, C. (2002): Zen. Knaur, München

Besser, L. (2011): Fortbildungscurriculum. Unveröffentlichtes Manuskript. Zptn, Hannover

Besser, L. (2009): Wenn die Vergangenheit Gegenwart und Zukunft bestimmt. In: Bausum, J., Besser, L., Kühn, M., Weiß, W. (Hrsg.) , 37–51

Besser, L. (2008): Psychotraumatologie, Traumatherapie, Traumaberatung. Unveröffentlichtes Manuskript zum Fortbildungscurriculum 2008–2010 in Vlotho. Zptn, Hannover

Bichescu, D., Neuner, F., Schauer, M., Elbert, T. (2007): Narrative Exposure Therapy for Political Imprisonment-Related Chronic Posttraumatic Stress Disorder and Depression. Behaviour Research and Therapy 45 (9), 2212–2220

Bisson, J., Ehlers, A., Matthews, R., Pilling, S., Richards, D., Turner S. (2007): Psychologische Behandlungen für chronische posttraumatische Belastungsstörung. Systematische Übersichtsarbeiten und Meta-Analyse. Psychiatry 190, 97–104

Bode, S. (2009): Kriegsenkel. Klett-Cotta, Stuttgart

Bonus, B. (2008): Mit den Augen eines Kindes sehen lernen. Band 2. Die Anstrengungsverweigerung. Books on demand, Norderstedt

Bonus, B. (2006): Mit den Augen eines Kindes sehen lernen. Books on Demand, Norderstedt

Brisch, K. H. (2010): SAFE. Klett-Cotta, Stuttgart
Brisch, K. H. (2009a): Bindungsstörungen und Trauma. In: Brisch, K. H., Hellbrügge, T. (Hrsg.): Bindung, Angst und Aggression Theorie, Therapie und Prävention. Klett-Cotta, Stuttgart, 105–131
Brisch, K. H. (2009b): Bindungsstörungen. 9. Aufl. Klett-Cotta, Stuttgart
Brisch, K. H. (2009c): Schütze mich, damit ich mich finde. In: Bausum, J., Besser, L., Kühn, M., Weiß, W. (Hrsg.), 139–153
Brisch, K. H. (2008): Bindung und Umgang. In: Siebzehnter Deutscher Familiengerichtstag vom 12. bis 15. September 2007 in Brühl. Brühler Schriften zum Familienrecht. Band 15. Gieseking, Bielefeld, 89–135
Brisch, K. H., Hellbrügge, T (Hrsg.) (2009): Bindung und Trauma. Klett-Cotta, Stuttgart
Briscoe, C. (2007): Wie kann man nur so hässlich sein. 2. Aufl. dtv, München

Chopich E. J., Paul, M.(1995): Aussöhnung mit dem Inneren Kind. 11. Aufl. Hermann Bauer, Freiburg
Croos-Müller, C. (2011): Kopf Hoch. Das kleine Überlebensbuch. Kösel, München

Daniels, J. (2011): Sekundäre Traumatisierung in der Traumaarbeit. In: Friedrich, S. (Hrsg.), 27–36
Daniels, J. (2007): Eine neuropsychologische Theorie der sekundären Traumatisierung, ZPPM 3(5), 49–61
Daniels, J. (2006): Sekundäre Traumatisierung – kritische Prüfung eines Konstruktes. Unveröffentlichte Dissertation. Universität Bielefeld
Dieffenbach, R. (2008): Stationäre Behandlung traumatisierter Kinder und Jugendlicher. In: Landolt, M.A., Hensel, T. (Hrsg.), 280–298
Dieffenbach, R. (2001): Medikamentöse Behandlung und EMDR. In: www.traumatherapie.de/users/dieffenbach/maltatext.html, 10.01.2012

Egeland, B., Erickson, M. F. (2004): Lessons from STEEPTM: Linking Theory, Research, and Practice for the Well-Being of Infants and Parents. In: Sameroff, A.J., McDonough, S.C., Rosenblum, K.L. (Hrsg): Treating Parent-Infant Relationship Problems: Strategies for Intervention. Guilford Press, New York, 213–242
Eliacheff, C. (1997): Das Kind, das eine Katze sein wollte. 9. Aufl. dtv, München

Fahrig, H. (1991): Die verändernde Kraft der fantasierten Wirklichkeit. In: Lehmkuhl, U. (Hrsg.): Therapeutische Aspekte und Möglichkeiten der Kinder- und Jugendpsychiatrie. Springer, Berlin, 118–125

Fegert, J. M., Diluweit, U., Thurn, L., Kemper, A., Zieghain, U., Goldbeck, L. (2010): Schlussfolgerungen. In: Fegert, J., Ziegenhain, U., L. Goldbeck (Hrsg.), 301–311

Fegert, J. M., Ziegenhain, U., Goldbeck, L. (Hrsg.) (2010): Traumatisierte Kinder und Jugendliche in Deutschland. Juventa, Weinheim

Findeisen, P. (2006): Die Qualität des Herzens in der Psychotherapie. In: www.caduceus.de/texte/qualitaeten_herz_psychotherapie_2006-11.pdf, 11.02.2012

Fischer, G. (2007): Neue Wege aus dem Trauma. 7. Aufl. Patmos, Ostfildern

Fischer, G., Riedesser, P. (2009): Lehrbuch der Psychotraumatologie. 4. Aufl. Ernst Reinhardt, München/Basel

Fleischhauer, G. (2010): Ich weine und ich lache Tränen. Westkreuz, Berlin/Bonn

Fooken, I., Zinnecker, J. (Hrsg.) (2009): Trauma und Resilienz. 2. Aufl. Juventa, Weinheim/München

Frankl, V.(2005): … trotzdem Ja zum Leben sagen. Ein Psychologe erlebt das Konzentrationslager. dtv, München

Frey, C. (2007): Sekundärer traumatischer Stress bei Helfenden. In: Schnyder, U., Maier, T. (Hrsg.): Psychotherapie mit Folter- und Kriegsopfern. Ein praktisches Handbuch, Verlag Hans Huber, 233–255

Friedrich, S. (Hrsg.) (2011): Umgang mit Traumatisierung an der Schnittstelle zwischen Psychologie, Pädagogik und Sozialer Arbeit. Lulu, Morrisville

Friedrich, S. (2010): Arbeit mit Netzwerken. In: Möbius, T., Friedrich, S. (Hrsg.), 63–105

Friedrich, S. (2003): Den Inneren Kritiker zum Inneren Ratgeber entwickeln. Materialien am Fachbereich Psychologie Uni Hamburg, Nr. 16, Hamburg

Fritzsche, K., Hartman, W. (2010): Einführung in die Ego-State-Therapie. Carl-Auer, Heidelberg

Gahleitner, S. B. (2011): Das Therapeutische Milieu in der Arbeit mit Kindern und Jugendlichen. Psychiatrie, Bonn

Gahleitner, S. B. (2005): Neue Bindungen wagen. Ernst Reinhardt, München

Gordon, T. (1989): Familienkonferenz. Heyne, München

Goulding, M. (1996): Kopfbewohner oder: Wer bestimmt dein Denken? 5. Aufl. Junfermann, Paderborn

Grossmann, K., Grossman, K. E. (2007): Die Entwicklung von Bindungen und von psychischer Sicherheit. Vortrag Konstanz 17.09.2007. DVD. Educultura, Konstanz

Grossmann, K., Grossman, K. E. (2004): Bindungen. Das Gefüge psychischer Sicherheit. Klett-Cotta, Stuttgart

Grossmann, K., Grossman, K. E. (2003): Bindung und menschliche Entwicklung. Klett-Cotta, Stuttgart

Gudjons H., Pieper M., Wagener B. (2003): Auf meinen Spuren. Das Entdecken der eigenen Lebensgeschichte. Bergmann+Helbig Verlag, Hamburg

Haarmann, C. (2008): Mütter sind auch Menschen. 2. Aufl. Orlanda, Berlin

Harris, T. H. (1990): Ich bin o.k. Du bist o.k. Rowohlt Taschenbuch, Reinbek

Hensel, T. (Hrsg.) (2011): Mündliche Aussage im Rahmen des KTI-Seminars (EMDR I) am 27.–28.05.2011, Hamburg

Hensel, T. (2010a): Spezielle Psychotraumatherapie mit Kindern und Jugendlichen. Modul 1: Grundlagen. Unveröffentlichtes Manuskript. KTI, Offenburg

Hensel, T. (2010b): Spezielle Psychotraumatherapie mit Kindern und Jugendlichen (DeGPT). Modul 6: Selbsterfahrung & Psychohygiene. Unveröffentlichtes Manuskript. KTI, Offenburg

Hensel, T. (2008): EMDR (Eye Movement Desensitization and Reprocessing). In: Landolt, M. A., Hensel, T. (Hrsg.), 61–83

Hensel, T. (2007): EMDR mit Kindern und Jugendlichen – Ein Handbuch. Hogrefe Verlag, Göttingen

Hensel, T., Benzel, B. (2010): Spezielle Psychotraumatherapie mit Kindern und Jugendlichen Stabilisierung, Affektregulation und Ressourcenaktivierung. Modul 2: Unveröffentlichtes Manuskript, KTI, Offenburg

Hensel-Dittmann, D. (2007): Kontrollierte Therapieevaluation der Narrativen Expositionstheorie (NET) im Vergleich zu Stress-Impfungs-Training (SIT) bei postraumatischen Belastungsstörungen in Folge organisierter Gewalt. Dissertation. Universität Konstanz

Holmes, L., Holmes, T. (2010): Reisen in die Innenwelt. Kösel, München

Hölzle, C. (2009): Gegenstand und Funktion von Biografiearbeit im Kontext Sozialer Arbeit. In: Hölzle, C., Jansen, I. (Hrsg.), 31–51

Hölzle, C., Jansen, I. (Hrsg.) (2009): Ressourcenorientierte Biografiearbeit. Grundlagen – Zielgruppen – Kreative Methoden. VS Verlag für Sozialwissenschaften, Wiesbaden

Haug-Schnabel, G., Bensel, J. (2005): Grundlagen der Entwicklungspsychologie. 4. Aufl. Herder, Freiburg

Huber, M. (2009a): Trauma und die Folgen. Trauma und Traumabehandlung, Teil 1. 4. Aufl. Junfermann, Paderborn

Huber, M. (2006): Der innere Garten – Ein achtsamer Weg zur persönlichen Veränderung. Junfermann, Paderborn

Hüther, G. (2005a): Bedienungsanleitung für ein menschliches Gehirn. 5. Aufl. Vandenhoeck & Ruprecht, Göttingen

Hüther, G. (2005b): Die Macht der inneren Bilder. Vandenhoeck & Ruprecht, Göttingen

Hüther, G. (2004): Die Strukturierung des kindlichen Gehirns durch Erziehung und Sozialisation. Zukunft für Kinder, Köln 25–27.06.2004. In: Geist in Bewegung. DVD. Auditorium Netzwerk, Müllheim

Hüther, G. (2002): Biologie der Angst. 5. Aufl. Vandenhoeck & Ruprecht, Göttingen

Hüther, G., Korritko, A., Wolfrum, G., Besser, L. (2010): Neurobiologische Grundlagen der Herausbildung psychotraumabedingter Symptomatiken. In: Trauma & Gewalt. Forschung und Praxisfelder, 1. Klett-Cotta, Laudenbach

Kabat-Zinn, J. (2007): Gesund durch Meditation. Das große Buch der Selbstheilung. 4. Aufl. Fischer, Frankfurt am Main

Kampusch, N. (2010): 3096 Tage. List, Berlin

Klein, I., Behrend, C. (2007): Kreativität als Metakompetenz der Resilienz. In: www.rheinahrcampus.de/fileadmin/studiengaenge/kita/Fachtag07/Referate/KLEINkreativität_t_ist_Grundkompetenz-der-Resilenz.pdf, 10.02.2012

Kindl-Beilfuss, C. (2008a): Diamantenübung. Unveröffentlichte Seminarunterlagen, ISFT, Magdeburg

Kindl-Beilfuss, C. (2008b): Fragen können wie Küsse schmecken. Carl-Auer Verlag, Heidelberg

Klöber, G. (2010): Das Schlafverhalten von Betreuten in stationärer Jugendhilfe. In: www.traumapaedagogik.de, 10.02.2012

Knuf, A., Tilly, C. (2011): Borderline – Das Selbsthilfebuch. 5. Aufl. Balance, Bonn

Köckeritz, Ch. (2008): Konsequenzen für die Jugendhilfe – Vollzeitpflege zwischen Ideologie und Realität. In: Stiftung zum Wohl des Pflegekindes (Hrsg.): Bindung und Trauma – Konsequenzen in der Arbeit für Pflegekinder, 67–83

Korittko, A., Pleyer, K. H. (2010): Traumatischer Stress in der Familie. Vandenhoeck & Ruprecht, Göttingen

Krüger, A. (2011): Powerbook. Trauma-Selbsthilfe für junge Menschen. Elbe & Krüger, Hamburg

Krüger, A. (2007): Erste Hilfe für traumatisierte Kinder. Patmos, Düsseldorf

KTI (2011): Übersicht dt.sprachiger Trauma-Screening- und Diagnoseinstrumente für Kinder und Jugendliche. In: www.kindertraumainsti tut.de, 07.01.2012

Kühn, M. (2009a): Minesweeper – Einige Randbemerkungen zum pädagogischen Alltag mit traumatisierten Kindern. In: www.traumapaed agogik.de, 07.10.2009

Kühn, M. (2009b): Traumapädagogik und Partizipation. In: Bausum, J., Besser, L., Kühn, M., Weiß, W. (Hrsg.), 127–136

Lambeck, S. (2006): „Nur" schwere Kindheit oder traumatisiert? In: Hopp, H., Hüther, G., Lambeck, S., Siefert,S. (Hrsg.): Traumatisierte Kinder in Pflegefamilien und Adoptivfamilien. PAN Pflege- und Adoptivfamilien NRW e.V., Ratingen

Landolt, M. A. (2008): Trauma-fokussierte kognitiv-behaviorale Therapie. In: Landolt, M. A., Hensel, T. (Hrsg.), 43–60

Landolt, M. A., Hensel, T. (Hrsg.) (2008a): Traumatherapie bei Kindern und Jugendlichen. Hogrefe, Göttingen

Landolt, M. A., Hensel, T. (2008b): Fazit und Ausblick. In: Landolt, M. A., Hensel, T. (Hrsg.), 301–307

Lang, B. (2009): Stabilisierung und (Selbst-)Fürsorge für pädagogische Fachkräfte als institutioneller Auftrag. In: Bausum, J., Besser, L., Kühn, M., Weiß, W. (Hrsg.), 211–220

Levine, P. A. (2008a): Der Körper trägt die Last des Traumas. In: Hüther, G., Bentzen, M., Levine, A. P. (Hrsg.): Die Gehirnforschung und ihre Bedeutung für Pädagogik, Psychotherapie und Traumaarbeit. DVD

Levine, P. A. (2008b): Verwundete Kinderseelen heilen. 4. Aufl. Kösel, München

Levine, P. A., Hüther, G., Bentzen, M. (Hrsg.) (2009): Die Gehirnforschung und ihre Bedeutung für Pädagogik, Psychotherapie und Traumaarbeit. DVD. Auditorium, Müllheim/Baden

Lindgren, A. (1986): Pippi Langstrumpf. Oetinger, Hamburg

Lionni, L. (1970): Frederick. Middelhave, Köln

Marti, D. (2008): Pharmakotherapie. In: Landolt, M. A., Hensel, T. (Hrsg.), 232–240

Maywald, J. (2004): Eine Brücke in die Zukunft bauen. Biografiearbeit – Unterstützung für Kinder mit traumatischen Trennungserfahrungen. Vortrag auf der 3. Bundestagung Erziehungsstellen am 25.09.2004, Marburg. In: www.agsp.de/html/a51.html, 10.02.2012

Minne, B. (2007): Eichhörnchenzeit. Carlsen Verlag, Hamburg

Miniter, R. F. (1999): Mike. Herder, Freiburg

Möbius, T., Friedrich, S. (Hrsg.) (2010): Ressourcenorientiert Arbeiten. VS Verlag, Wiesbaden

Müller, B. (2010): Professionalität. In: Thole, W. (Hrsg.): Grundriss soziale Arbeit. VS Verlag für Sozialwissenschaften, Wiesbaden, 955–973

Mulisch, H. (2008): Das Attentat. 12. Aufl. Rowohlt, Hamburg

Nestmann, F. (1996): Psychosoziale Beratung – ein ressourcentheoretischer Entwurf. Verhaltenstherapie & Psychosoziale Praxis 3, 359–376

Nhat Hanh, T. (2010): Du bist ein Geschenk für die Welt. Achtsam leben jeden Tag – Ein Begleiter für alle Wochen des Jahres. Kösel, München

Nhat Hanh, T. (2004): Jeden Augenblick genießen. Übungen zur Achtsamkeit. Herder, Freiburg im Breisgau

Niestroj, H. (2009): Chancen der Verarbeitung traumatischer Erfahrungen in Pflegefamilien – Notwendige Hilfen für das Kind in der neuen Eltern-Kind-Beziehung. In: Stiftung zum Wohl des Pflegekindes (Hrsg.): Traumatische Erfahrungen in der Kindheit – langfristige Folgen und Chancen der Verarbeitung in der Pflegefamilie, 135–158

Nischak, A. (2011): Trauma und Biografiearbeit. In: www.nischak.com/Anlagen/Trauma%20und%20Biografiearbeit.pdf, 10.02.2012

Oerter, R., Montada L (2002): Entwicklungspsychologie. 5. Aufl. Beltz, Weinheim/Basel/Berlin

Papoušek, M., Wollwerth de Chuquisengo, R. (2009): Auswirkungen mütterlicher Traumatisierungen auf die Kommunikation und Beziehung in der frühen Kindheit. In: Brisch, K.-H., Hellbrügge, T (Hrsg.), 136–159

Peichl, J. (2010): Jedes Ich ist viele Teile. Kösel, München

Peichl, J. (2008): Die inneren Trauma-Landschaften. Schattauer, Stuttgart

Peichl, J. (2006): Innere Kinder, Täter, Helfer & Co. Klett-Cotta, Stuttgart

Perren-Klingler, G. (2002): Post-traumatisches Wachstum. Eine Antwort auf die Vulnerabilitäts- und Risikokonzepte. In: http://www.institut-psychotrauma.ch, 18.05.2012

Perry, B. D., Szalavitz, M. (2006): Der Junge, der wie ein Hund gehalten wurde. Kösel, München

Prechtl, D. (2007): Wer bin ich – und wenn ja wie viele? Eine philosphische Reise. Goldmann, München

Pryce, J. G., Shackelford, K. K., Pryce, D. H. (2007): Secondary Traumatic Stress and the Child Welfare Profesional. Lyceum Books, Chicago

Reddemann, L. (2010): Imagination als heilsame Kraft. 15. Aufl. Klett-Cotta, Stuttgart

Reddemann, L. (2008a): Psychodynamisch Imaginative Traumatherapie. PITT – Das Manual. 5. Aufl. Klett-Cotta, Stuttgart

Reddemann, L. (2008b): Würde – Annäherung an einen vergessenen Wert in der Psychotherapie. Klett-Cotta, Stuttgart

Reddemann, L. (2007): Überlebenskunst. 2. Aufl. Klett-Cotta, Stuttgart

Reddemann, L. (2004): Eine Reise von 1.000 Meilen beginnt mit dem ersten Schritt. Herder, Freiburg

Reddemann, L. (2002): Imagination als heilsame Kraft. Zur Behandlung von Traumafolgen mit ressourcenorientierten Verfahren. Klett-Cotta, Stuttgart

Reddemann, L., Dehner-Rau, C. (2008): Trauma. 3. Aufl. TRIAS, Stuttgart

Redlich, Alexander (Hrsg.) (2000): Die Erkundung von Kraftquellen im Leben des Menschen – 3 Ressourcen für die psychosoziale Beratung. Fachbereich Psychologie der Universität, Hamburg

Resch, F. (1996): Entwicklungspsychopathologie des Kindes- und Jugendalters. BELTZ, Weinheim

Rheinische Gesellschaft für Innere Mission und Hilfswerk GmbH (2005): Ein sicherer Ort. In: www.rg-diakonie.de/uploads/Ein%sicherer%20 ort.pdf, 10.02.2012

Rogers, C. (1983): Die klientenzentrierte Gesprächspsychotherapie. Fischer, Frankfurt am Main

Rogers, C. (1972): Die nicht-direktive Beratung. Kindler, Berlin

Ruf, M., Schauer, M., Neuner, F., Schauer, E., Catani, C., Elbert, T. (2008): KIDNET – Narrative Expositionstherapie (NET) für Kinder. In: Landolt, M. A., Hensel, T. (Hrsg.), 84–110

Satir, V. (2001): Meine vielen Gesichter. 5. Aufl. Kösel-Verlag, Kempten

Satir, V., Banmen, J., Gerber, J. (2007): Das Satir-Modell. Junfermann. Paderborn

Schechter D. (2009): Gewaltbedingte Traumata in der Generationsfolge. In: Brisch, K.-H., Hellbrügge, T. (Hrsg.), 224–234

Scherwath, C. (2011): Traumatisierte Kinder in Pflegefamilien. In: Friedrich, S. (Hrsg.): Umgang mit Traumatisierung. Lulu-Verlag, 51–75

Schlageter, H. (2010): Wage das Leben! Eröffnungsvortrag der VHS am 28.10.2010 im Stadtverordnetensaal des Rathauses Wiesbaden. In: www.vhs-wiesbaden.de, 10.02.2012

Schmid, M. (2010): Umgang mit traumatisierten Kindern und Jugendlichen in der stationären Jugendhilfe: „Traumasensibilität“ und „Traumapädagogik“. In: Fegert, J., Ziegenhain, U., Goldbeck, L. (Hrsg.), 301–311

Schmitt, T. (2008): Das soziale Gehirn. Eine Einführung in die Neurobiologie für psychosoziale Berufe. Psychiatrie-Verlag, Bonn

Schultz von Thun, F. (2002): Miteinander reden 3: Das „innere Team" und situationsgerechte Kommunikation. 9. Aufl. Rowohlt Taschenbuchverlag GmbH, Reinbek bei Hamburg

Schultz von Thun, F. (1985): Miteinander reden 1: Störungen und Klärungen. 1. Aufl. Rowohlt Taschenbuchverlag, Reinbek bei Hamburg

Schwartz, C. R. (2007): Systemische Therapie mit der inneren Familie. Klett-Cotta, Stuttgart

Seligman, M. E. P. (1975): Erlernte Hilflosigkeit. Urban und Schwarzenberg, München/Wien/Baltimore

Siegel, D. J. (2010): Die Alchemie der Gefühle. Kailash, München

Sorg, R. (Hrsg.) (2003): Soziale Arbeit zwischen Politik und Wissenschaft. LIT, Münster

Spiegel online (17.01.2012):"Döner-Morde" ist Unwort des Jahres. In: www.spiegel.de/kultur/gesellschaft/0,1518,809512,00.html, 3.2.2012

Staub-Bernasconi, S. (2003): Soziale Arbeit als (eine) Menschenrechtsprofession. In: Sorg, R. (Hrsg.), 17–54

Striebel, C. (2008): Schritt für Schritt ins Leben. Engelsdorfer Verlag, Leipzig

Süddeutsche Zeitung (29.5.2011): Sexorgie auf Kosten der Steuerzahler. In: www.sueddeutsche.de/geld/ergo-skandaloese-altlast-sex-orgie-steuer lich-abgesetzt-1.1102907, 3.2.2012

Suess, G. J. (2010): Belastungen durch die Arbeit mit traumatisierten Kindern und Jugendlichen. In: Fegert, J., Ziegenhain, U., Goldbeck, L. (Hrsg.), 268–276

Suess, G. J., Bohlen, U., Mali, A., Frumentia Maier, M. (2010): Erste Ergebnisse zur Wirksamkeit Früher Hilfen aus dem STEEP-Praxisforschungsprojekt „WiEge". In: Bundesgesundheitsblatt, 53, 1143–1149

Suess, G. J., Burat-Hiemer, E. (2008): Erziehung in Krippe, Kindergarten, Kinderzimmer. Klett-Cotta, Stuttgart

Tammerle-Krancher, M. (2009): Traumatisierte Kinder und Jugendliche – erkennen, verstehen, handeln. BHP Verlag, Berlin

Ustorf, A. E. (2008): Wir Kinder der Kriegskinder. Die Generation im Schatten des Zweiten Weltkriegs. Herder, Freiburg

Uttendörfer, J. (2009): Traumazentrierte Pädagogik – Von der Entwicklung einer Kultur des sicheren Ortes. In: www.traumapaedagogik.de, 10.02.2012

Van der Kolk, B., Mc Farlane A. C. (2000): Trauma – ein schwarzes Loch. In: Van der Kolk, B. A., McFarlane, A. C., Weisaeth, L. (Hrsg.), 27–45
Van der Kolk, B., Mc Farlane A. C., Weisaeth, L. (Hrsg.) (2000): Traumatic Stress. Junfermann, Paderborn
Venezia, B. (2000): Erkundung von Familienressourcen. In: Redlich, A. (Hrsg.): Die Erkundung von Kraftquellen im Leben des Menschen – 3 Ressourcen für die psychosoziale Beratung. Fachbereich Psychologie der Universität, Hamburg
Vogt, M. (2006): Kreative Kindertherapie. Unveröffentlichte Unterlagen zum Seminar vom 13–14.06.2006, NIK, Bremen
Vollmer, K. (2005): Das Fachwörterbuch für Erzieherinnen und pädagogische Fachkräfte. Herder, Freiburg

Waterholter, G. (2008): Die systemische Therapie mit der inneren Familie. systhema, 1/2008, 46–53
Weinberg, D. (2010): Psychotherapie mit komplex traumatisierten Kindern. Klett-Cotta, Stuttgart
Weinberg, D., Hensel, T. (2008): Traumazentrierte Spieltherapie. In: Landolt, M. A., Hensel, T. (Hrsg.), 111–134
Weiß, W. (2009a): Selbstbemächtigung – ein Kernstück der Traumapädagogik. In: Bausum, J., Besser, L., Kühn, M., Weiß, W. (Hrsg.), , 157–170
Weiß, W. (2009b): Was hilft? Pädagogische Möglichkeiten zur Korrektur traumatischer Erfahrung nutzen. In: www.traumapaedagogik.de, 10.02.2012
Welter-Enderlin, R., Hildenbrand, B. (Hrsg.) (2006): Resilienz – Gedeihen trotz widriger Umstände. Carl-Auer, Heidelberg
Weltgesundheitsorganisation (WHO)(1991): Internationale Klassifikation psychischer Störungen. ICD 10. Verlag Huber, Bern
Wiemann, I. (2009): Biografiearbeit mit Adoptiv- und Pflegekinder. In: Hölzle, C., Jansen, I. (Hrsg.), 108–122
Wustmann, C. (2004): Resilienz. Beltz, Weinheim/Basel

Internetquellen (letzter Zugriff: 19.04.2012):

www.traumapaedagogik.de
www.jugendarbeit-hamburg.de
www.oh-cards.com
www.simmerl.de
www.donnavita.de
www.borderline-forum.net
www.skillsshop.ch
www.trauma-informations-zentrum.de
www.sekundaertraumatisierung.de

Sachregister